L.-HENRY LECOMTE

UN COMÉDIEN AU XIXe SIÈCLE

FRÉDÉRICK-LEMAITRE

ÉTUDE BIOGRAPHIQUE ET CRITIQUE

D'APRÈS DES DOCUMENTS INÉDITS

DEUXIÈME PARTIE

1840-1876

PARIS
CHEZ L'AUTEUR, RUE DU DÔME, 10

1888

FRÉDÉRICK-LEMAITRE

TIRÉ A 250 EXEMPLAIRES

N° ....

L.-HENRY LECOMTE

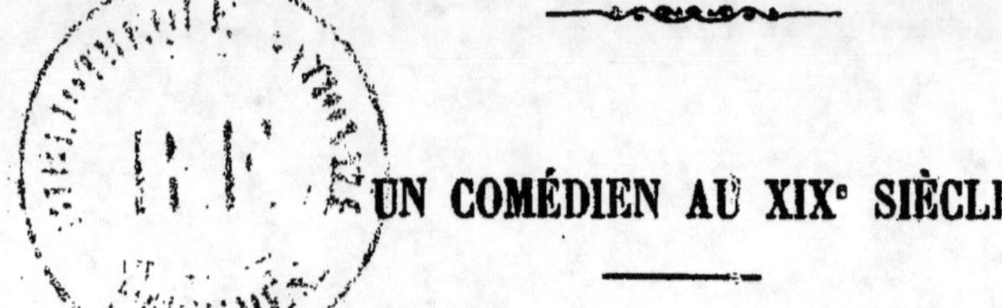

UN COMÉDIEN AU XIXe SIÈCLE

FRÉDÉRICK-LEMAITRE

ÉTUDE BIOGRAPHIQUE ET CRITIQUE

D'APRÈS DES DOCUMENTS INÉDITS

DEUXIÈME PARTIE

1840-1876

PARIS

CHEZ L'AUTEUR, RUE DU DÔME, 10

1888

Un Comédien au XIXe Siècle

FRÉDÉRICK-LEMAITRE

ÉTUDE ARTISTIQUE

DEUXIÈME PARTIE

I

Les suites de *Robert Macaire*. — Daumier. — *Vautrin*. — Confection du drame. — Une idée de Harel. — Première représentation de *Vautrin*. — Effet imprévu. — Le duc d'Orléans aux Tuileries. — Interdiction de *Vautrin*. — Balzac et Frédérick-Lemaître.

Après *Robert Macaire*, de même qu'après *l'Auberge des Adrets*, la librairie et le théâtre s'étaient emparés de la création de Frédérick-Lemaître pour l'exploiter sans vergogne. Onze brochures et quatre pièces commentèrent ou continuèrent les aventures du bandit facétieux. Un dernier honneur lui était réservé. Interdit au théâtre en 1836, *Robert Macaire* devint, à la même époque, une mine de sujets pour la caricature. Daumier surtout se l'appropria avec autant de bonheur que d'audace.

— « Il existe une parenté entre Frédérick-Lemaître et Daumier, dit M. Champfleury, dans son *Histoire de la caricature moderne*. Cette parenté, c'est la flamme dévorante qui sans cesse tend à s'échapper du moule de l'art. Ouvriers ardents, rompant avec toute tradition, n'obéissant qu'à l'inspiration spontanée, tous deux introduisent la grandeur dans le trivial et ramassent dans le ruisseau des guenilles que, par une singulière puissance, ils ennoblissent et rendent héroïques. »

La meilleure des œuvres de Daumier est sans contredit la série des *Cent-et-un Robert Macaire*, composés sur des légendes de Philipon. L'artiste y a placé Macaire dans tous les rangs, dans toutes les situations, complétant, agrandissant même l'étonnante invention de Frédérick-Lemaître. Quelle profondeur, quelle ironie, quelle vérité dans ces dessins où il nous montre tour à tour Macaire sous son double aspect de bandit et de faiseur, de voleur et de puffiste!

Le type original de Macaire devait séduire, après bien d'autres, Balzac lui-même. On n'a point de peine à reconnaître plus d'un trait de sa physionomie sous le masque du Vautrin qui apparaît dans *le Père Goriot* pour jouer un rôle dans divers autres épisodes de *la Comédie humaine*. C'est ce Vautrin — Robert Macaire à la cinquième puissance — que le grand romancier avait choisi comme le héros de son premier drame.

Balzac était alors, comme il le fut toute sa vie, tourmenté par le désir d'une fortune rapide. Après de fâcheuses spéculations en librairie et mille projets inexécutés d'explorations lointaines, il avait songé au théâtre comme au plus ingénieux moyen d'obtenir, par un gros gain, la faculté de se libérer des embarras financiers qui l'accablaient. Aborder la scène était, en apparence, facile pour lui, observateur spirituel, analyste profond, créateur fertile, dont les romans avaient fourni déjà une abondante pâture aux vaudevillistes; il s'en épouvantait, cependant, comme d'un problème qu'une volonté ferme pouvait seule résoudre, et il avait raison. Nullement primesautier, Balzac, privé de cette grande ressource du livre, la facilité de développement, ne devait obtenir d'incontestables succès dramatiques qu'après des essais nombreux. Décidant, avec son esprit pratique, qu'il lui était défendu d'arriver seul au théâtre pour y gagner de l'argent, il réunit un jour quatre de ses amis.

— « Je lis demain à Harel un drame en cinq actes », leur dit-il; — et, comme les assistants affriolés s'asseyaient, dans l'espoir d'une audition préalable : — « La pièce n'est pas faite, poursuivit simplement Balzac, mais j'ai des échéances très-chargées, et nous allons bâcler le *dramorama* pour toucher de la monnaie. Un acte de drame n'a pas plus de quatre à cinq cents lignes; on peut les écrire dans sa journée et dans sa nuit. Gautier fera un acte, Ourliac un autre, Laurent Jan le troisième, De Belloy le quatrième, moi le dernier, et je lirai à midi, comme il est convenu. »

Sur des indications très-brèves, les quatre écrivains se mirent à la besogne qui, naturellement, ne fut pas menée à bonne fin. Quelques phrases seulement de cette improvisation multiple demeurèrent dans le drame définitif qui ne fut achevé que longtemps plus tard, avec la collaboration sérieuse de Laurent Jan. *Vautrin* terminé, Harel, qui n'avait pas moins besoin d'argent que Balzac, le demanda avec instances et l'obtint à la seule condition d'engager Frédérick-Lemaître pour le principal rôle.

Conduit par Gautier aux Jardies, Frédérick fut absolument séduit par la faconde brillante du romancier. Le drame, auquel il indiqua des modifications aussitôt acceptées, ne lui plut pas moins, et c'est avec une joie très-vive qu'il se mit à l'étude.

L'auteur et l'acteur avaient compté sans la censure. Trois fois elle rejeta *Vautrin*; mais Balzac profita de l'arrivée au ministère de M. de Rémusat pour l'apitoyer sur le sort de la Porte-Saint-Martin, fort appauvrie, et obtint ainsi l'autorisation d'y jouer sa pièce. On avertit cependant Harel que si le scandale, rendu possible par l'analogie de *Vautrin* avec *Robert Macaire*, se produisait, l'interdiction serait immédiatement prononcée. Harel, menacé de faillite, ayant par conséquent peu de chose à redouter, tenta sans hésitation l'aventure.

Les répétitions de *Vautrin* furent poussées avec activité. La défiance administrative était si grande que trois commissaires de police assistèrent à la répétition générale où se produisit un incident particulier. Le rôle de Vautrin comportant de nombreux travestissements, Frédérick-Lemaître cherchait, comme de raison, à introduire de la variété dans ses apparitions diverses. Déguisé, au troisième acte, en diplomate cassé, il avait imaginé de figurer, à l'acte suivant, en tambour-major. Indépendamment des artifices de la chaussure, une perruque à la Kléber ajoutait plusieurs pouces à sa taille. Les examinateurs acceptèrent, sans objection, la coiffure de l'artiste et son magnifique costume mexicain dessiné par Louis Boulanger; mais le régisseur Moëssard, assis à l'orchestre près de Harel, dit bas à ce dernier :

— Ne trouvez-vous pas que Frédérick a maintenant un faux air du roi Louis-Philippe?

— Taisez-vous, répliqua le directeur subitement inspiré, là sera le succès de la pièce.

Sans prévenir Frédérick, il fit donner à la perruque inoffensive l'aspect de la coiffure popularisée sous forme de poire par les caricaturistes de l'opposition; puis ses émissaires coururent la capitale, jetant adroitement l'annonce d'un scandale politique. Les démocrates, comme les gourmets littéraires, assiégèrent donc, le moment venu, les portes du théâtre de Harel, et c'est devant une salle regorgeant d'écrivains, d'élégantes, d'artistes, de républicains, que fut déroulée la fable dramatique inventée par Balzac.

14 Mars 1840. — *Vautrin*, drame en cinq actes, par M. Honoré de Balzac. — Rôle de *Vautrin*.

Louise de Vaudrey a aimé le vicomte de Langeac et s'en est fait adorer. Sans espoir de fortune, Langeac, désintéressé comme un amant imaginaire, renonce à Louise pour elle-même, et le duc de Montsorel, confiant quoique diplomate, épouse la délaissée. Mais, sept mois seulement après son mariage, Louise accouche d'un fils à Valence. Montsorel, qui a connu l'intrigue de Langeac avec Mlle de Vaudrey, croit n'avoir pas même eu la virginité physique de sa femme : — « Vous voulez donner à votre enfant un nom et une fortune qui ne lui appartiennent pas, dit-il à la duchesse, vous voulez le faire entrer dans une famille ou la race a été conservée pure jusqu'à moi par des femmes sans tache; cela ne sera pas. Chassez votre fils, oubliez-le, à cette condition seule il vivra. » — L'innocente et maladroite Louise consent à livrer son honneur pour sauver le petit Fernand. Elle fait plus encore; le duc ayant eu un enfant de Juana Mendès la courtisane, elle laisse prendre par ce bâtard la place de l'héritier légitime. Que lui importe! Fernand sera pauvre, abandonné, sans nom, mais il vivra, et la mère compte sur Dieu pour le ramener un jour sur son chemin.

Ce jour bienheureux est venu, quand le drame commence. Louise a rencontré, chez l'ambassadeur d'Espagne, un jeune homme qui lui ressemble de visage et d'accent; on le nomme Raoul de Frescas, mais, sous cette exotique appellation, la duchesse devine Fernand de Montsorel, et la voix du sang, souvent muette ou trompeuse dans la nature, ne ment jamais au théâtre : Raoul est donc Fernand. A douze ans, un forçat libéré, Jacques Collin, l'a rencontré pieds nus, mendiant; pris pour lui d'une immense sympathie, il s'est fait son père, sa mère et veut être sa providence. Il l'a préservé de toute souillure, en a fait un homme d'honneur robuste, et vient de le lancer dans ce monde impitoyable, où il lui est interdit de rentrer, et que Raoul domptera pour son compte et par ses conseils.

Pour l'accomplissement de cette vengeance assez noble, Jacques Collin, sans grand souci des moyens, a reconstitué la société des *Dix-Mille*, brigade de voleurs chevronnés qui ne s'attribuent jamais moins de dix mille francs d'un coup; et, sous le bourgeois pseudonyme de Vautrin, il commande une exploration continue des poches parisiennes à quatre *anciens* : Lafouraille, Philosophe, Buteux et Fil-de-Soie. L'argent ainsi récolté satisfait tous les besoins, tous les caprices de Raoul, mais on cache soigneusement à ce dernier les expédients par lesquels on lui rend la vie heureuse et facile. Vautrin a poli, caressé l'instrument de sa domination; pas un soupçon ne l'a flétri.

A vingt-trois ans, Raoul est le plus beau, le plus loyal, le plus accompli des gentilshommes. Tout marcherait donc à merveille, si le prodigieux échafaudage de Vautrin ne se brisait tout-à-coup contre cet obstacle vulgaire : une femme. Raoul, lancé dans le monde avec une éblouissante adresse, s'éprend follement d'Inès de Christoval, princesse d'Arjos, fille d'un duc espagnol banni par le roi Ferdinand et réfugié au Mexique. La jeune Inès, quoique fiancée au marquis Albert de Montsorel — le bâtard de Dona Mendès — partage bientôt l'amour de Raoul; mais celui-ci n'a point de famille, par conséquent point de nom à offrir. Il s'en plaint à Vautrin. L'ex-forçat maudit bien la fatalité qui renverse ses projets, mais Raoul se désole, parle de mourir, et Vautrin abdique toute ambition pour rendre heureux l'enfant qu'il espérait faire devenir grand.

Sans perdre un jour, Vautrin se présente chez la duchesse de Christoval, affublé d'un uniforme mexicain, et, se donnant pour le général Crustamente, envoyé secret de l'empereur Augustin. Crustamente apporte des nouvelles du Christoval proscrit. Le duc s'est battu courageusement dans le but de maintenir le pays sous l'obéissance de Ferdinand VII, mais le Mexique a cru conquérir son indépendance en se donnant un empereur, et les troupes royales ont été battues. Pris, sur le point d'être fusillé, et sauvé par le vieil Amoagos, riche entrepreneur de mines, devenu, par le hasard révolutionnaire, arbitre des destins du Mexique, M. de Christoval, reconnaissant, a promis la main d'Inès au fils d'Amoagos. Crustamente est muni de papiers qui lui donnent pleins pouvoirs pour conclure le mariage de la princesse avec le jeune Mexicain, momentanément à Paris sous un nom supposé. Sur la demande de Mme de Christoval, Vautrin désigne Raoul comme l'héritier d'Amoagos et justifie le mystère dont ce jeune homme s'entourait par un sentiment romanesque, l'ambition d'être aimé pour lui-même en dépit d'une immense fortune.

La duchesse et l'amoureuse Inès sont enchantées des histoires de Vautrin; Mme de Montsorel, qui pressent toujours dans Raoul le fils qu'elle cherche, se désole; et le marquis Albert, furieux d'être supplanté, propose à son heureux rival un combat mortel et sans témoins. Raoul accepte; mais avant de se battre, aimant mieux perdre Inès que la tromper, il lui fait, dans une lettre, le récit de toute sa vie. Vautrin, qui ne connaît point ce détail, s'occupe à prévenir le duel des jeunes gens, et ne trouve rien de mieux, pour préserver Raoul, que de faire assassiner Albert. Pendant que Lafouraille et Buteux *travaillent* chez le marquis, Vautrin furète indiscrètement dans les papiers de famille et découvre le secret des Montsorel. Ainsi Raoul est le fils de la duchesse! Que va faire Vautrin? Rendra-t-il l'enfant à cette mère qui le pleure depuis plus de vingt années? Mais Raoul apprendra ce qu'est son bienfaiteur; il le méprisera, le détestera peut-être!... A qui Vautrin pourra-t-il s'intéresser alors? Qui pourra-t-il aimer? — Honnête homme à sa façon, Vautrin empêche d'abord l'assassinat inutile du marquis; puis il va trouver Mme de Montsorel. La duchesse, enfin déterminée, pleure en demandant son fils à l'ex-forçat qui hésite à faire tout d'un coup la nuit dans sa vie. Cependant, Louise a l'irrésistible éloquence des mères, elle attendrit finalement Vautrin, et ce dernier, non-seulement lui rend son fils, mais encore lui donne un papier qu'il tient de l'ancien intendant du vicomte de Langeac, et qui prouve que les amants ont cessé de se voir onze mois avant la naissance du fils injustement désavoué. On devine les effets de ce merveilleux présent : Montsorel s'agenouille aux pieds de la duchesse qui pardonne, Raoul serre la main d'Albert et épouse Inès, tandis que Vautrin, béni de tous, mais dénoncé par un pâle complice, retourne au bagne, d'où il annonce clairement une prochaine et définitive échappade.

Ce drame manque de vraisemblance dans la donnée; il renferme, en outre, des inhabiletés et des longueurs, mais les détails en sont fins et le dialogue incisif. On peut croire que, devant un public rassis, les mérites de *Vautrin* eussent équilibré ses maladresses; mais les spectateurs du premier soir, enfiévrés, comme nous l'avons dit, par d'imprudentes promesses, s'intéressèrent médiocrement à l'ouvrage, et la représentation ne se fût peut-être point achevée si le scandale promis eût fait défaut. Il n'en devait pas être ainsi. Frédérick-Lemaître, se déguisant en général mexicain, remarqua bien la modification apportée à sa perruque, mais il la subit, faute de temps pour y remédier, comme une contrariété fort vive, les cheveux corrigés jurant avec la physionomie mauresque qu'il empruntait. Dès l'apparition du « général Crustamente », l'effet désiré par Harel se produisit. La coiffure *à la poire*, à peine indiquée cependant, fut reconnue avec une complaisance universelle; les uns rirent, les autres sifflèrent; le duc d'Orléans, présent à la représentation, quitta précipitamment sa loge, et l'acte s'acheva au milieu d'un violent tumulte.

Tandis que le dénouement de *Vautrin* se jouait sans exciter un intérêt bien vif, le duc d'Orléans entrait aux Tuileries, réveillait Louis-Philippe endormi, et lui disait : « — Mon père, on fait votre charge en plein théâtre, le souffrirez-vous? » — M. de Rémusat, mandé sur l'heure, reçut des instructions en vertu desquelles il signifia le lendemain à Harel la défense de donner une seconde représentation de *Vautrin*.

Ne pouvant publier le motif vrai de cette interdiction, le ministre avait pris pour prétexte l'immoralité de l'ouvrage. Les journalistes que Balzac, ennemi du mercantilisme littéraire, avait plusieurs fois malmenés, enchérirent sur l'accusation ministérielle et accusèrent Balzac d'avoir abordé le théâtre dans l'intention coupable d'y produire de séduisants appels à l'escroquerie et au meurtre. Moins aveuglés par leur rancune, les gazetiers de 1840 eussent pu remarquer que l'idée première de *Vautrin*, procédant de ce grand dogme chrétien, le repentir, était d'une moralité profonde. Ils se courrouçaient naïvement de voir un criminel sur un théâtre populaire sans réfléchir que l'ancienne comédie pivote en général sur des filous impénitents, que les forçats étaient naturalisés au boulevard depuis plus de vingt années, et qu'ils y paraissaient rarement avec des projets aussi vertueux que celui de rendre à la société un bienfait pour un châtiment. Admettant même la vengeance comme unique but de Vautrin, quel tort peut-il faire en patronnant un être pur de toute souillure? — Mais, dira-t-on, Vautrin commet acte de nouvelle bravade envers le monde en ne changeant ni de principes ni de procédés pour accomplir son œuvre. — Qu'on montre donc la possibilité, pour un forçat libéré, d'entendre la morale comme un bourgeois honnête! Balzac admet-il, d'ailleurs, que l'on puisse exercer le vol et l'assassinat, même au bénéfice de la vertu? Au contraire, car Vautrin, vaincu dans la lutte, dit au dénouement : « On ne peut se débarrasser de nous que par la déportation. » Quel professeur de morale dirait mieux que ce criminel connaisseur! Qui a jamais donné un conseil plus énergique et plus sincère! — Sans doute la moralité haute qu'il faut, sous peine d'aveuglement, reconnaître dans *Vautrin*, n'est pas assez dégagée des incidents bouffons de l'action; le drame s'éparpille en fusées d'esprit qui prouvent une préoccupation trop grande du mécanisme artistique; mais ce sont là, en définitive, des imperfections de détails, excusables dans une œuvre de début, et qui motiveraient à peine un blâme courtois.

Donc, rien ne justifie les imputations brutales de la presse envers l'auteur de *Vautrin*, quant au chef d'immoralité. Nous avons précédemment justifié Balzac et son interprète du prétendu délit, cause sérieuse de l'interdiction, la caricature de Louis-Philippe. C'est avec l'aplomb de l'innocence que Frédérick, avisé par Harel, se rendit d'abord au ministère pour essayer de faire lever l'interdit. Les employés l'accueillirent avec de grands rires : « Comme vous avez été drôle! »

disaient-ils; et le directeur des Beaux-Arts, Cavé, introduisant Frédérick dans son cabinet, s'écria, sur un ton d'admiration sincère : « On dira plus tard : sous le règne de Robert Macaire vivait Louis-Philippe! »

De fait, il eût été souverainement injuste de méconnaître le talent et la verve déployés par Frédérick dans le rôle de Vautrin. Les contempteurs et les thuriféraires de Balzac en rendent le même témoignage.

« Frédérick, dit M. Edouard Thierry à la fin d'une ironique analyse publiée dans *le Messager*, Frédérick a été constamment admirable, comédien souple, plein de ressources, plein de finesses, révélant pour la première fois un talent de transformation, de transfiguration, qu'il avait réservé pour cette nouvelle phase de sa carrière théâtrale. Trivial et sublime par le même geste, mélancolique et brutal, radieux de sottise ou pénétré d'onction, Frédérick a peut-être trouvé là sa création la plus complète. Je dis création, car il a libéralement prodigué du sien dans l'œuvre d'autrui. »

— « Frédérick-Lemaître, écrit de son côté Gautier, plus que satisfait de la pièce, Frédérick-Lemaître a été prodigieux, étourdissant, au-dessus de tout éloge. C'est décidément le plus grand comédien du monde : les moindres mots prennent dans sa bouche une profondeur et un accent singulier, et de la phrase la plus insignifiante en apparence, il fait jaillir une lueur fauve inattendue qui éclaire tout le drame. Comme Protée, il prend toutes les formes : tantôt vieux baron allemand, pied-bot et bossu; tantôt ambassadeur mexicain, grand, gros, basané, avec des favoris violents et un toupet pyramidal. Chez lui, à le voir si bonhomme, en pantalon et en veste de nankin avec un chapeau de planteur, vous le prendriez pour Napoléon à Sainte-Hélène ; et tout à l'heure il va se dresser comme un autre Van Amburg, et faire ployer, sous les torrents magnétiques de son regard, toute une messagerie de forçats en révolte. Ironie, tendresse, fureur, sang-froid, toutes les octaves du clavier ont été parcourues par cet acteur sans rival. »

Les félicitations de Cavé et de ses employés ne consolèrent pas Frédérick-Lemaître de l'insuccès qu'obtint sa démarche. Après lui, Balzac et Harel allèrent plaider auprès de M. de Rémusat la cause du théâtre. Victor Hugo les accompagnait : — « On ôte le crime à la tragédie et le vice à la comédie, dit, entre autres choses, le grand poète, comment s'arrangeront les auteurs? » — « Nous ne pouvons rien, nous avons les mains liées, » répondit le ministre. — Quelques jours après la représentation de *Vautrin*, Harel, recueillant ce qu'il avait semé, déposait son bilan, et la fermeture momentanée de la Porte-Saint-Martin devenait définitive (26 mars 1840).

Balzac avait-il cru fermement au succès de *Vautrin?* On peut en douter à la lecture de ces mots qu'il écrivait à Léon Gozlan en l'invitant à la première représentation : « Vous verrez une chute mémorable. J'ai eu tort d'appeler le public, je crois. *Morituri te salutant, Cæsar.* » — Quoi qu'il en soit, le romancier, se tenant pour lésé gravement par l'interdit ministériel, poursuivit avec une ardeur tenace la réparation de ce préjudice. Les lettres ou articles qu'il publia à cet effet ont été recueillis dans l'édition définitive de ses œuvres; nous nous dispenserons de les reproduire pour donner intégralement ici un document inédit, trouvé dans les papiers de Frédérick-Lemaître, et qui offre ce double intérêt de contenir un historique complet de l'incident et de montrer le comédien dans l'emploi, nouveau pour lui, de polémiste :

Avant, pendant et après la représentation de *Vautrin*, le dire général était : « La pièce est immorale, les censeurs l'ont refusée, comment se fait-il qu'on la joue? » — La chose, en effet, paraissait incompréhensible ; je vais l'expliquer. Lorsque la censure eut mis son *veto* sur *Vautrin*, le directeur du théâtre de la Porte-Saint-Martin se rendit auprès de l'autorité supérieure et fit tous ses efforts pour l'émouvoir en sa faveur. Le ministre, que des affaires d'un plus haut intérêt occupaient en ce moment, remit au directeur des Beaux-Arts le pouvoir de juger la question. Ce dernier, dont tout le monde connaît l'obligeance, rendit la pièce au directeur, qui s'était dit forcé de fermer son théâtre si on lui refusait de faire jouer *Vautrin* sa dernière ressource, en lui adressant ces paroles : « Je ne veux pas que l'on puisse m'accuser d'être personnellement, fût-ce involontairement, la cause de la fermeture de votre théâtre, mais je ne dois pas vous cacher que si les représentations de *Vautrin* sont blâmées, elles seront suspendues par une volonté plus forte que la mienne. » — Le lendemain de la première représentation, la majorité de la presse s'éleva contre l'ouvrage et demanda son interdiction. Que devait faire l'autorité? — « Mais la faillite », disent quelques-uns. — Hélas, *Vautrin* eût pu peut-être prolonger de quelques jours l'agonie de la Porte-Saint-Martin, mais depuis bien des années les besoins de toute espèce ébranlaient le trône directorial, et rien ne pouvait le préserver d'un écroulement ni combler un gouffre d'une profondeur de *sept cent mille francs*.

Je pense que la question est résolue relativement à l'administration supérieure et à l'administration théâtrale. Mais, les doutes dissipés, les nuages éclaircis, un point noir apparaît à l'horizon, grossit, s'avance ; un éclair s'allume et nous montre en même temps le mal et la raison de ce mal qui est que « l'acteur chargé du rôle principal a aggravé l'immoralité de la pièce ! » — L'acteur principal est, ne perdons pas ceci de vue, Frédérick-Lemaître, l'auteur-acteur de *Robert Macaire*, qui a eu le tort immense de faire et de jouer une parade aux Folies-Dramatiques, dans un moment de boutade. Se voyant trahi, renié par la licence dramatico-romantique qu'il avait, dans sa jeunesse, protégée et nourrie, Frédérick avait, en effet, cru devoir en finir avec ce monstre spéculateur et parricide et le frapper d'un coup mortel en mettant des lunettes sur le nez du public, comme pour lui dire : « Voyez comme nous sommes laids, quand vous nous laissez aller, corrigez-nous donc ! »

Mais, disons-le, l'artiste, qui voulait réprimer la licence dans l'art scénique, ne fut pas le dernier à s'effrayer de ce que sa bouffonnerie avait donné le jour à une autre licence ; la caricature s'empara de sa défroque, et, sous son masque aristophanesque, ne craignit pas d'attaquer ce qu'il est nécessaire de respecter quand même. Que pouvait faire le pauvre et innocent artiste ? Souffrir en silence, regretter son gai scepticisme, maudire son succès !... Soudain une occasion se présente, un sujet lui est offert, le portrait tuera la charge. Erreur ! il parle, on rit ; il pleure et ses larmes sont accueillies par une hilarité bruyante ; son œuvre reste incomprise. Quelle part lui incombe dans ce fâcheux résultat ? — Le public s'est-il courroucé ? Non, il a ri et applaudi. La presse, ce pouvoir demi-dieu, l'a-t-elle blâmé ? Elle l'a loué au contraire. Qui donc a changé ces applaudissements en sifflets, ces rires en tristesse ? — Hélas ! l'éternel ennemi, l'homme de cour, serviteur maladroit et cupide, qui compromet son maître le premier en faisant son chemin tortueux à la façon des taupes !...

Le plaidoyer de Frédérick-Lemaître s'interrompt à cet endroit, et nous le regrettons. Il eût été curieux de voir ce roi de théâtre juger les acteurs de la comédie politique. Tout incomplet qu'il soit, l'écrit de Frédérick avait sa place marquée dans notre livre ; il dénote chez le comédien autant de verve que de logique ; il donne, en outre, pour la première fois, l'explication d'un fait qui avait paru singulier aux spectateurs de *Vautrin*. Rappelé avec unanimité au tomber du rideau, Frédérick s'était refusé à paraître. On avait attribué sa résolution à quelque caprice ; la vérité est que le public, égayé par Crustamente, avait refusé de prendre au sérieux les phrases émues prononcées par Vautrin au dénouement, et que l'artiste avait été blessé de se voir mieux compris dans la bouffonnerie que dans le sentiment.

Balzac, cependant, continuait d'intercéder auprès de M. de Rémusat dans l'intérêt des victimes du désastre. Il obtint enfin que la Porte-Saint-Martin rouvrirait provisoirement. Des difficultés judiciaires entre les trois locataires de la salle (Crosnier, Harel et un banquier) empêchèrent d'utiliser cette permission qui eut pour effet de faire consumer à Balzac, ainsi qu'à Frédérick-Lemaître, deux mois en démarches inutiles. Pendant ce temps, néanmoins, deux ouvrages furent élaborés par l'écrivain et l'artiste : *Mercadet* et *Richard Cœur-d'Eponge*.

Mercadet, écrit en cinq actes pour Frédérick, fut, comme on sait, mis en trois actes par M. D'Ennery et joué par Geoffroy au Gymnase, en 1852. *Richard Cœur-d'Eponge*, que Balzac annonça comme la véritable préface de *Vautrin*, n'a jamais été représenté ni imprimé, et l'on ne connaît de cette pièce qu'un plan et quelques scènes recueillies par Mme Vve Dutacq. *Richard Cœur-d'Eponge*, drame populaire qui mettait en scène un ardent démocrate, menuisier du faubourg Saint-Antoine, fut pourtant fait en entier. Frédérick-Lemaître, qui devait le jouer pendant la réouverture conditionnelle de la Porte-Saint-

Martin, en posséda le manuscrit plusieurs mois durant. Il ne sortit de ses mains que par suite d'un de ces accidents fréquents dans la vie de l'auteur. Balzac eut un pressant besoin d'argent et crut bien faire de s'adresser, en cette occurence, à l'éditeur Paulin. Frédérick-Lemaître accepta le rôle de négociateur pour un emprunt à long terme. Peu confiant dans la solvabilité de Balzac, M. Paulin exigea le dépôt du manuscrit de *Richard Cœur-d'Eponge* en garantie des mille francs qu'il avançait, et Frédérick y consentit, sur l'invitation précise de Balzac qui, probablement, ne retira jamais son gage.

Une série de tribulations communes avait établi entre Balzac et Frédérick-Lemaître, ces deux penseurs, une intimité compréhensible. Quels rêves furent discutés, quels plans dressés, quels principes posés dans leurs entretiens? Frédérick seul eût pu le dire; mais le secret de ces tête-à-tête a disparu avec lui, et c'est pour nous une raison nouvelle de regretter que ses *Mémoires* soient restés à l'état de projet.

II

Campagne de Frédérick à l'Ambigu-Comique. — Un procès. — Frédérick traite avec la Renaissance. — *Zacharie*. — Querelles. — Nouveau procès. — Réconciliation. — Une représentation orageuse. — Frédérick-Lemaître retourne à la Porte-Saint-Martin.

Sûr enfin que la Porte-Saint-Martin demeurait close, Frédérick-Lemaître dut chercher dans quelque autre théâtre l'emploi de son talent. MM. Cambe et Chatel, directeurs de l'Ambigu, l'engagèrent d'abord pour une représentation de *Ruy Blas* et six représentations de *Kean* qui furent données en juillet 1840 (1*). Ces représentations, pour chacune desquelles Frédérick recevait trois cents francs, eurent un succès tel que leur nombre fut aisément triplé. La reprise de *Trente ans*, donnée dans les mêmes conditions, au mois de septembre, obtint les mêmes résultats; il s'ensuivit, entre Frédérick-Lemaître et MM. Cambe et Chatel, un traité régulier les liant du 10 février 1841 au 31 décembre 1842; mais l'administration de l'Ambigu fit faillite avant même que cet engagement reçût un commencement d'exécution.

(*) Les chiffres intercalés dans le texte indiquent le numéro d'ordre des *Pièces justificatives* réunies à la fin du volume.

L'année 1841 débutait mal pour Frédérick-Lemaitre. Non-seulement deux scènes importantes lui faisaient défaut, mais une altération subite de sa santé lui attira, vers cette époque, un désagréable procès. Engagé conditionnellement pour douze soirées par M. Baptiste, directeur des théâtres de Nancy et de Metz, le comédien, frappé en scène d'un froid glacial, avait dû regagner Paris après la première de ses représentations. M. Baptiste, désappointé, contestant d'ailleurs l'indisposition de Frédérick, assigna celui-ci devant le Tribunal de commerce en paiement de 8.000 francs de dommages-intérêts. La cause fut appelée le 11 février. Présent à l'audience, Frédérick expliqua lui-même qu'après avoir joué par un froid de seize degrés centigrades, il avait été pris d'une maladie d'estomac et contraint de repartir sans délai, qu'aucun engagement positif ne le liait à M. Baptiste et que ce dernier n'avait conséquemment aucune indemnité à réclamer. Les juges consulaires reconnurent la bonne foi complète de l'artiste en prononçant l'arrêt suivant :

Considérant que des conventions n'existent entre les parties que lorsqu'elles sont obligées l'une envers l'autre ;
Que, dans l'espèce, les parties n'étaient pas liées, puisque Frédérick-Lemaître a positivement refusé de souscrire à l'engagement que Baptiste sollicitait par correspondance ;
Considérant qu'il est d'usage que, lorsque les artistes s'engagent envers les directeurs de province pour des représentations accidentelles, toutes les conditions sont arrêtées et détaillées d'une manière nette et positive ;

Que ces engagements stipulent le jour où les représentations doivent commencer ; qu'ils déterminent le nombre de pièces et de représentations qu'elles doivent avoir ; qu'ils fixent le chiffre des sommes accordées à l'artiste ou sa part dans les recettes; qu'ils règlent, en un mot, toutes les dispositions spéciales à la nature de ces engagements;

Que, dans l'espèce, aucune de ces conditions n'a été arrêtée; qu'ainsi Frédérick-Lemaître n'était pas plus engagé avec Baptiste que celui-ci ne l'était envers lui;

Considérant que Frédérick-Lemaître, qui avait fait le voyage à ses frais, n'avait pas intérêt à discontinuer les représentations;

Qu'on ne peut supposer qu'il ait à dessein, et sans cause légitime, quitté immédiatement Nancy, alors que la première représentation avait été fructueuse; que si même il y avait une convention arrêtée entre les parties, l'état de maladie de Frédérick-Lemaître aurait été, après constatation, considéré comme une circonstance de force majeure;

Considérant enfin qu'il est établi au procès que Frédérick-Lemaître n'a quitté Nancy que pour donner des soins à sa santé, ainsi qu'il est prouvé par les pièces, et qu'il n'a paru sur un théâtre que vingt-sept jours après son retour à Paris;

Par ces motifs, le Tribunal déclare Baptiste non-recevable en sa demande, et le condamne aux dépens.

La fermeture de l'Ambigu n'eut point, pour Frédérick-Lemaître, de conséquences bien graves; Anténor Joly qui reconstituait, après séparation avec M. de Villeneuve, le théâtre de la Renaissance l'engagea, le 14 février, pour remplir le principal rôle dans un drame de M. Rosier, intitulé *Zacharie, ou l'Avare de Florence.*

Ce n'était pas la première fois qu'Anténor Joly songeait à s'attacher de nouveau Frédérick-Lemaître. Nous avons entre les mains le brouillon d'un acte qui devait, en novembre 1840, associer Frédérick à Joly comme acteur et comme directeur de la scène, à des conditions fort avantageuses. Cet acte était resté sans signatures et Frédérick avait été supplanté, dans l'emploi d'administrateur, par M. Lefèvre, régisseur de province. Un levain de discorde existait donc entre le comédien et le directeur de la scène, et leurs rapports quotidiens s'en ressentirent, si bien qu'un jour Frédérick, irrité d'une observation malséante, quitta brusquement le théâtre en annonçant l'intention de n'y plus reparaître.

Zacharie était su, annoncé même sur l'affiche, quand se produisit la retraite de Frédérick-Lemaitre. Anténor Joly furieux traduisit le comédien devant le Tribunal de commerce, demandant qu'il jouât *Zacharie* sous peine de 2.000 francs par jour de retard, et qu'il payât, en outre, 20,000 francs de dommages-intérêts, à raison des relâches auxquels son refus condamnait la Renaissance. A cette assignation Frédérick répondit par une sommation à Joly d'avoir à lui payer le dédit de 6.000 francs stipulé dans son engagement, pour inexécution de diverses clauses dudit traité.

Le Tribunal, abrégeant les débats vu l'urgence, entendit les parties le lendemain même de leur rupture (26 mars).

Me Durmont, avoué d'Anténor Joly, prit, le premier, la parole en ces termes :

Rien n'est plus simple que cette cause ; il s'agit de l'exécution d'une convention intervenue entre M. Anténor Joly et M. Frédérick-Lemaître. Par cette convention, qui porte la date du 14 février dernier, M. Frédérick-Lemaître s'est engagé pour trois mois à remplir le rôle de Zacharie dans *l'Avare de Florence* qui devait être représenté du 5 au 10 mars ; le directeur a garanti à M. Frédérick-Lemaître vingt-cinq représentations par mois pendant les deux derniers mois de l'engagement. M. Frédérick-Lemaître devait toucher 200 francs par représentation et 50 francs par chaque répétition, payables chaque jour. Un dédit de 6.000 francs a été stipulé, ainsi qu'une amende de 2.000 francs pour chaque représentation que l'acteur ferait manquer.

Tout le monde connaît les embarras et les tribulations qui ont assailli M. Anténor Joly pour la réouverture du théâtre de la Renaissance. On sait qu'il devait donner une pièce de M. Léon Gozlan que la censure a défendue le jour même de la représentation et que cette circonstance lui a occasionné des pertes considérables qui pouvaient de nouveau compromettre l'existence du théâtre. M. Anténor Joly a lutté avec courage contre l'adversité, il a obtenu de M. Rosier une pièce, *l'Avare de Florence,* sur laquelle il fonde les plus grandes espérances. Il a monté cette pièce avec soin, et, pour être plus sûr du succès, il a chargé du principal rôle un acteur d'un grand talent. Il s'est imposé envers cet artiste de grands sacrifices ; je vous les ai fait connaître en vous lisant le traité, et, quelque lourds qu'ils soient, M. Anténor Joly les a exécutés et les exécutera jusqu'à la fin. Il croyait de son côté pouvoir compter non-seulement sur le talent, mais encore sur le zèle de l'artiste. La pièce est donnée, les rôles distribués, et vous avez vu que M. Frédérick-Lemaître devait être prêt à la jouer le 10 mars. Le traité ne contient pas de réciprocité de la part de l'administration, et cela se conçoit, l'administration ne peut jamais s'engager à jouer une pièce à jour fixe, une foule d'obstacles pouvant survenir.

M. Frédérick-Lemaître a répété pour la première fois le 17 février. Il était impossible à un artiste aussi haut placé d'exécuter ponctuellement la clause du traité qui exigeait le paiement jour par jour des 50 francs qui lui étaient alloués par chaque répétition ; aussi ne s'est-il présenté à la caisse qu'après deux, trois ou quatre répétitions ; il a toujours été payé exactement. Il lui est dû aujourd'hui trois répétitions, il en demande quatre ; nous ne contestons pas ce chiffre. Il ne s'est pas présenté à la caisse pour recevoir, et nous pensions qu'il attendait qu'il eût à réclamer une somme plus forte. Mais voici ce qui arrive : M. Anténor Joly est prêt à faire jouer la pièce ; les décorations sont faites, les costumes sont prêts, l'autorisation de la censure est arrivée, la répétition générale est indiquée pour ce soir et la première représentation pour demain. M. Anténor Joly se croyait au terme de ses tribulations, lorsqu'il reçut hier soir une signification par laquelle M. Frédérick-Lemaître se plaint de ce qu'il est en retard 1° de payer quatre répétitions, 2° de jouer la pièce qui devait être représentée le 5 mars ; M. Frédérick-

Lemaître déclare en conséquence qu'il entend se retirer, et fait sommation à M. Anténor Joly de lui payer le dédit de 6.000 francs.

M. Anténor Joly s'est empressé de faire immédiatement des offres réelles de 200 francs pour les quatre répétitions, et je renouvelle ces offres à la barre; il a présenté une requête à M. le président du Tribunal pour être autorisé, attendu l'urgence, à faire assigner aujourd'hui même, d'heure à heure, M. Frédérick-Lemaître pour qu'il soit tenu d'exécuter la convention, sinon condamné à payer 2.000 francs par jour de retard qu'il apportera dans la représentation de *l'Avare de Florence*.

Je vais d'abord examiner les griefs de M. Frédérick-Lemaître quant aux 50 francs par chaque répétition, et qui devaient être payés chaque jour. Qui a dérogé au contrat? c'est vous. Voilà vos quittances qui en font foi. Vous ne vous présentiez à la caisse qu'après trois ou quatre répétitions; pouvions-nous vous forcer à vous faire payer tous les jours? — Vous ne vous êtes pas présenté pour toucher les quatre dernières, vous n'avez pas fait de mise en demeure et vous avez avec intention laissé accumuler ces quatre répétitions afin d'avoir un prétexte à la rupture de votre engagement que vous méditiez sans doute. Quant au retard dans la représentation, si vous connaissiez, messieurs, les tribulations d'un directeur de théâtre, vous sauriez, comme je vous le disais tout-à-l'heure, qu'il est impossible qu'il prenne l'engagement de jouer une pièce à jour fixe. Voyons le traité : il n'y a pas de réciprocité; ce sont d'ailleurs les exigences de M. Frédérick-Lemaître qui ont retardé la représentation.

Le président, interrompant ici Me Durmont donna la parole, pour réplique, à Me Shayé, agréé de Frédérick-Lemaître.

Me Shayé présenta d'abord un moyen d'incompétence, fondé sur ce que Frédérick-Lemaître, n'étant pas négociant, ne pouvait être justiciable du Tribunal de commerce. Il demanda ensuite la nullité de l'assignation, en ce qu'elle avait été délivrée à deux heures moins un quart pour comparaître à deux heures. Puis, abordant le fond :

Je demande à mon tour, dit-il, le dédit stipulé par la convention. M. Anténor Joly, en reprenant la direction du théâtre de la Renaissance, n'a pris d'engagement que pour trois mois. Son traité avec M. Frédérick-Lemaître n'est pas un traité ordinaire, et la position toute particulière dans laquelle se trouvent les deux parties donnent un grave poids aux prétentions de mon client. Des trois mois de l'engagement, un devait être consacré aux répétitions, les deux autres aux représentations.

M. Frédérick-Lemaître avait un grand intérêt à ce que la première représentation eût lieu promptement, l'article 6 du traité lui assurait, quel que fût le sort de la pièce, un minimum de 50 francs par jour pour tout le temps de l'engagement, imputables sur les 200 francs de chaque représentation. Ainsi, tant que la représentation n'est pas donnée, il n'a pas droit à ce minimum. Le 17 février, on a commencé à répéter. Frédérick-Lemaître a chargé sa mémoire d'une pièce en cinq actes, et cependant la représentation n'arrive pas. Chaque jour, M. Anténor Joly fait apposer des affiches qui l'annoncent, mais les obstacles se renouvellent sans cesse.

Le traité ne doit plus durer que six semaines, le bail de la salle expire et rien n'est prêt; les costumes, les décorations, rien n'est terminé, et si vous voulez jouer demain, vous prétendez donc que Frédérick-Lemaître jouera le rôle de *l'Avare de Florence* en habit de ville. Quant aux jetons des répétitions, vous avez lu la convention, elle porte qu'ils seront payés à chaque répétition ou que M. Frédérick-Lemaître est autorisé à se retirer. On en doit quatre. M. Lemaître s'est présenté dix fois à la caisse pour recevoir, il n'y avait pas d'argent; il a écrit au directeur qui lui a répondu d'attendre; et c'est dans cette position que M. Frédérick-Lemaître a assigné M. Anténor Joly en paiement du dédit fixé par le traité.

Suffisamment édifié, le Tribunal régla comme suit le différend :

En ce qui touche la compétence,

Attendu que si Frédérick-Lemaître demande son renvoi, il est constant pour le Tribunal et il n'est pas dénié par lui qu'il est artiste employé par le sieur Anténor Joly, directeur du théâtre de la Renaissance; qu'en cette qualité il est soumis aux dispositions de l'article 634 du Code de commerce, qui porte que les tribunaux de commerce connaîtront des actions contre les facteurs, commis des marchands ou leurs serviteurs pour le fait seulement du trafic du marchand auquel ils sont attachés ;

Que, dans l'espèce, Anténor Joly doit être considéré comme commerçant, et Frédérick-Lemaître comme son commis ou employé ; que, d'ailleurs, Frédérick-Lemaître est lui-même demandeur devant ce Tribunal contre Anténor Joly ; qu'il a donc reconnu qu'entre lui et ce directeur il était intervenu un acte de commerce ;

En ce qui touche l'exception de nullité de l'assignation,

Attendu que Frédérick-Lemaître comparaît sur une assignation qui lui a été donnée ce jour pour deux heures ;

Que l'assignation a été signifiée en vertu d'une ordonnance de M. le président de ce Tribunal, contre laquelle Frédérick-Lemaître ne s'est pas pourvu ;

Attendu, du reste, que si l'article 417 du Code de procédure civile énonce que, dans les cas qui requerront célérité, le président du tribunal pourra permettre d'assigner d'heure à heure, le Code précité n'énonce pas qu'il devra y avoir une heure d'intervalle entre l'assignation et l'heure fixée pour la comparution ;

Qu'il ne prononce pas la nullité de l'exploit qui ne contiendrait pas toutes ces conditions ; que, suivant les dispositions dudit Code, il n'y a de nullités en procédures que celles qui sont prononcées par la loi ; qu'il y a donc lieu de rejeter l'exception proposée ; que, d'ailleurs, l'affaire appelée à deux heures a été remise à quatre heures et demie, et que Frédérick-Lemaître a eu le temps de préparer sa défense ;

Au fond,

Attendu qu'il appert des débats et des pièces produites que, suivant conventions verbales du 14 février 1841, Frédérick-Lemaître s'est engagé envers l'administration du théâtre de la Renaissance à remplir, dans la pièce intitulée *l'Avare de Florence*, le rôle de l'Avare, aux conditions suivantes : d'être prêt à jouer du 5 au 10 mars, sauf le cas de maladie bien constaté, à charge par l'administration de lui payer 200 francs par chaque représentation et 50 francs par chaque répétition, dont la première devait avoir lieu le 15 dudit mois, et de plus à la condition que l'administration du théâtre garantirait à Frédérick-Lemaître au moins 1.500 francs par mois, y compris les représentations à 200 francs ;

Attendu que si Frédérick-Lemaître prétend aujourd'hui

qu'il est délié de son engagement par le motif que la pièce n'a pas été représentée dès le 10 mars, il résulte des conventions précitées qu'Anténor Joly n'avait pas pris l'engagement de faire donner la représentation le 10 mars, mais que Frédérick-Lemaître s'était obligé à être prêt dès ladite époque ;

Attendu, d'ailleurs, qu'à la date du 10 mars, il n'a fait aucune réclamation ; qu'au contraire il a continué à répéter le rôle ; qu'à la date du 20 mars il a reçu le prix des répétitions ; que, par conséquent, s'il y avait eu obligation de la part d'Anténor Joly, il y aurait eu dérogation et consentement de la part de Frédérick-Lemaître ;

Attendu que si Frédérick-Lemaître demande 200 francs à lui dus pour les répétitions, il n'y a pas eu de sa part mise en demeure vis-à-vis de Joly, que celui-ci offre à la barre les 200 francs qu'il reconnaît devoir ;

Attendu, enfin, que Frédérick-Lemaître ne peut pas exciper de la position embarrassée de Joly, qu'il ne fait aucune justification à cet égard, et qu'il a dû connaître au moment des conventions la position où devait se trouver Anténor Joly ;

Attendu que si le Tribunal doit être sévère toutes les fois que les commerçants n'exécutent pas leurs engagements, cette sévérité doit être plus grande encore lorsque l'inexécution vient de la part d'un artiste qui a engagé le directeur à faire des dépenses considérables et qui fait payer son talent 5.000 francs par mois ou 200 francs par soirée ;

Par ces motifs, ordonne que Frédérick-Lemaître jouera le rôle qui lui a été donné dans *l'Avare de Florence*, sinon, et faute de ce faire, le condamne par toutes les voies de droit, et même par corps, à payer à Anténor Joly, conformément au dédit fixé dans les conventions, la somme de 6.000 francs à titre de dommages-intérêts et aux dépens ;

Ordonne l'exécution provisoire du jugement nonobstant appel, sans caution, et, vu l'urgence, sur minute et avant l'enregistrement.

Bien que condamnant Frédérick-Lemaître, ce jugement ne satisfaisait point le directeur, auquel il n'attribuait aucune des indemnités réclamées. Anténor Joly en appela donc devant la Cour Royale, tandis que Frédérick faisait offres réelles de 6.000 francs. Plus acharné que son patron,

Lefèvre afficha *Zacharie* pour le 27 mars, en s'offrant à lire le rôle de Frédérick-Lemaître; ce dernier, informé qu'une annonce fâcheuse pour lui devait être faite au public, en avisa le préfet de police qui défendit la représentation projetée. Le conflit avait atteint sa période aiguë et l'on attendait avec curiosité le dernier mot de la justice, quand les deux adversaires, convoqués par Mᵉ Shayé, agréé au Tribunal de commerce, s'expliquèrent, se tendirent la main et rédigèrent la déclaration suivante :

Les démêlés qui ont existé entre le théâtre de la Renaissance et M. Frédérick-Lemaître viennent d'être terminés par un rapprochement honorable pour les deux parties. Des explications ont eu lieu entre M. Frédérick-Lemaître et M. Anténor Joly : ces explications ont démontré que, de la part de M. Frédérick-Lemaître, il n'y avait eu aucune pensée de manquer à une parole donnée, et, qu'en usant de la clause du dédit stipulé dans son engagement, il avait été déterminé par des motifs dont la gravité a été parfaitement comprise par M. Anténor Joly. Mais M. Frédérick-Lemaître, en apprenant que sa retraite pouvait compromettre le sort du théâtre et celui de ses camarades, s'est empressé de renoncer au droit qu'il tenait du jugement rendu par le Tribunal de commerce, en se mettant à la disposition de l'administration de la Renaissance.

Cette note sera, d'un commun accord, communiquée à tous les journaux pour y être insérée.

Par suite du présent arrangement, les parties rentrent dans l'exécution de l'engagement du 13 Février, lequel aura son cours jusqu'au 15 Mai prochain, et déclarent respectivement considérer comme non avenu le jugement rendu par le Tribunal de commerce le 26 de ce mois, et l'appel interjeté par M. Anténor Joly de ce jugement.

Fait double, ce 31 Mars 1841.

Anténor Joly. Frédérick-Lemaître.

Zacharie fut donné trois jours plus tard. Malmené par la majorité de la presse pendant toute la durée de sa querelle avec Anténor Joly, Frédérick ne pouvait espérer un accueil bien sympathique de la part des spectateurs du premier soir; il était loin cependant de s'attendre à la tempête de sifflets que souleva son entrée. Renonçant alors à commencer son rôle, l'acteur s'approcha de la rampe, demanda le silence par un geste, et, posant la main sur son cœur : « Messieurs, dit-il d'un ton à la fois ironique et attendri, touché de l'accueil tout bienveillant que vous me faites, je tiens à vous déclarer que je n'ai jamais plus manqué à l'honneur et la probité qu'au profond respect que tout comédien doit au public. » — Interrompue d'abord par des injures et des cris, cette allocution s'acheva au bruit des bravos et des rires, et la pièce fut jouée sans autre incident.

3 Avril. — *Zacharie*, drame en cinq actes, par M. Rosier. — Rôle de *Zacharie*.

La scène se passe à Florence, en 1750. L'usurier Zacharie a des biens immenses, acquis plus ou moins honnêtement, mais nul ne sait où gisent ses richesses. Il vit plus que chichement ; son domestique Brick, sa jeune femme Léona même souffrent par sa volonté du froid et de la faim. Cette Léona n'est devenue l'épouse de Zacharie qu'à la suite de la promesse faite par l'usurier de payer les dettes de son beau-père défunt ; le mariage célébré, Zacharie a renié son engagement et Léona s'est refusée à lui accorder les droits d'un mari, avec d'autant plus d'énergie qu'elle aime Raoul, propre neveu de Zacharie, et en est aimée. Par malheur ce Raoul, parti pour la guerre, n'a donné aucune nouvelle depuis trois années ; son décès est donc probable, et la pensée de ce malheur, tout en attristant Léona, réjouit fort Zacharie, qui a spolié Raoul d'un gros héritage. L'usurier vient d'acheter à fonds perdu les propriétés du seigneur Henri de Rialto, quand Raoul bien portant survient et demande à parler à Zacharie. Ce dernier est absent ; Raoul, pour l'attendre, s'enferme dans une pièce voisine, mais il ne voit point son oncle qui rentre à la nuit close et disparaît par une porte secrète qui n'est autre que l'entrée du souterrain où il entasse ses richesses, au milieu desquelles il passe toutes les nuits.

Le jour venu, Zacharie sort de nouveau pour aller faire préparer l'acte qu'il doit signer avec Henri. Raoul, qui s'impatiente d'être seul, quitte sa chambre et se rencontre avec Léona dont il apprend alors le mariage et qu'il veut fuir ; mais la jeune femme se justifie si bien que Raoul jure de la protéger, et, pour commencer sa tâche, fait allumer un grand feu et s'attable avec elle devant un festin que l'affamé Brick va quérir en sautant de joie. Zacharie surprend les convives et frémit en reconnaissant Raoul qui lui réclame aussitôt son héritage : « Ton père ne t'a laissé que sa bénédiction », dit l'usurier. — « Je vous donne deux jours pour vous acquitter », riposte le jeune homme. — Cependant Henri de Rialto se présente et Zacharie lui compte en soupirant une année de pension. Henri n'est pas insensible aux charmes de Léona ; il profite de l'occasion pour le lui dire et Raoul qui l'entend le provoque. — « Tue ce galant, dit à son neveu Zacharie informé de la querelle, et je te donne immédiatement les soixante mille ducats que tu demandes. »

Raoul croit à un retour de tendresse de son oncle, mais il est bientôt désabusé par Henri qui lui apprend que Zacharie a pris des mesures pour les faire disparaître l'un et l'autre ; les deux jeunes gens se serrent la main et s'unissent pour le salut de Léona. Celle-ci, surprise appuyée contre la porte du souterrain qui sert de cachette à Zacharie, est entraînée dans ce souterrain avant que les jeunes gens aient rien pu tenter pour elle ; mais Raoul, guidé par ses cris, fait jouer à son tour le ressort de la porte et pénètre avec Brick dans le caveau de Zacharie.

Léona, connaissant le secret de son époux, ne doit plus remonter au jour. Pour dépister les recherches, Zacharie lui dicte une lettre qui fera croire qu'elle s'est enfuie avec un amant. Raoul, qui paraît bientôt, armé d'une épée, provoque en vain Zacharie ; l'avare s'échappe par une issue connue de lui seul, en condamnant sa femme et son neveu à mourir de faim.

Cependant deux assassins, soudoyés par Zacharie à l'intention de Raoul, s'attaquent par erreur à Henri de Rialto qui les désarme et dénonce Zacharie comme recéleur et accapareur. Le justicier de Florence se rend chez l'avare pour procéder à une perquisition; Zacharie essaie vainement de corrompre le magistrat, celui-ci confisque ses biens et le condamne à une prison perpétuelle. Exaspéré par la perte de son or, Zacharie se précipite, la torche à la main, sur un amas de poudre suffisant pour faire sauter tout Florence, mais Henri prévient la catastrophe en le frappant de son épée, et l'avare meurt en blasphémant pendant que Léona et Raoul sont rendus à la liberté.

La moitié de cet ouvrage a des intentions de comédie, qui se perdent bientôt en de vulgaires procédés de mélodrame. Aucune pensée ne ressort du plan, aucun intérêt ne résulte des détails. *Zacharie*, au résumé, tomba piteusement, entraînant avec lui le comédien qui avait eu néanmoins plusieurs éclairs de génie dans le rôle principal. Après seize représentations médiocres, Frédérick et Anténor Joly annulèrent, d'un commun accord, le traité qui les liait l'un à l'autre.

Le théâtre de la Renaissance ferma définitivement quelques jours plus tard (mai 1841). Frédérick en eut quelque chagrin, bien que ses intérêts fussent saufs : il avait, le 23 mars précédent, conclu avec Théodore Cogniard, directeur nouveau de la Porte-Saint-Martin, un engagement de cinq années pour jouer « tous les rôles de drame, comédie ou vaudeville convenables à son physique et à son talent », moyennant douze mille francs d'appointements fixes et cinquante francs de feu par pièce jouée (2).

III

Les frères Cogniard. — *Jeannic-le-Breton*. — Mlle Clarisse. — *Ruy Blas* à la Porte-Saint-Martin. — Pierrefitte revendu. — Frédérick-Lemaître est supplanté par Bocage. — *Richard Darlington* modifié. — *Pâris le Bohémien*. — Frédérick retrouve Marie Dorval. — *Mademoiselle de La Vallière*. — Trois Marguerite de Bourgogne.

Théodore Cogniard avait comme associé, pour l'exploitation de la Porte-Saint-Martin, son frère Hippolyte. Hommes intelligents et écrivains d'esprit, les frères Cogniard avaient obtenu, dans divers théâtres, de véritables succès. Leur intention, en acquérant un privilége, était d'acclimater à la Porte-Saint-Martin le drame-vaudeville qui faisait la fortune des Folies-Dramatiques, mais ce projet rencontra, dès le début, une certaine opposition dans le public et dans la presse. Les spectateurs s'abstinrent, et la critique déclara sans ambages qu'il était regrettable de voir la Porte-Saint-Martin rompre avec un passé glorieusement littéraire. Convertis par le sentiment exact de leur intérêt, MM. Cogniard durent songer à fortifier leur troupe et leur répertoire, et c'est alors qu'ils traitèrent avec Frédérick-Lemaître, qui leur apportait non-seulement un talent éprouvé, mais encore un bagage dramatique capable d'attirer le plus indolent des publics et de désarmer le plus exigeant des aristarques.

La reprise de *Ruy Blas* fut d'abord décidée, en même temps que Frédérick acceptait de créer, à la suite, le rôle principal d'une pièce élaborée par un débutant, M. Eugène Bourgeois. Cette pièce intitulée *Jeannic-le-Breton, ou le Gérant responsable,* racontait l'aventure d'un brave paysan jeté, par dévouement plus que par intérêt, au milieu des vilenies du journalisme politique. Sa donnée intéressante était malheureusement compromise par l'inexpérience complète de l'auteur; il fallait recourir à l'obligeance d'un arrangeur, et c'est Alexandre Dumas que sollicita Frédérick. Dumas ne savait pas refuser le service de sa collaboration, quand l'ouvrage à parfaire offrait des chances de réussite ; c'était le cas de *Jeannic,* ainsi que le dénote l'acceptation suivante :

28 Mai 1841.

Mon cher Frédérick,

Je consens avec grand plaisir non seulement à revoir, mais même à refaire complètement la pièce de M. Bourgeois intitulée *Jeannic*, et dans laquelle je crois voir un succès, mais à une condition surtout — condition d'honneur — c'est que mon nom ne sera point prononcé.

Puisque vous débutez dans l'ancien répertoire, je crois juste que l'on joue *Kean* et *Richard* avant la représentation de la pièce nouvelle ; faites-en l'observation à ces messieurs.

Quant aux conditions d'argent, vous les connaissez; réglez donc toutes choses en conséquence : je m'en rapporte à nos conventions verbales.

Vous aurez les trois premiers actes du 1er au 5 juillet, et les deux derniers du 10 au 15.

Tout à vous, très-cher.

Alex. DUMAS.

Cinq semaines plus tard, Dumas, installé à Florence, confirmait ainsi sa promesse, en s'excusant d'une remise :

7 Juillet.

Mon cher Frédérick,

Ne soyez pas inquiet de mon silence, quoiqu'il ait eu pour cause première une petite maladie de huit jours par laquelle j'ai payé mon tribut à la chaleur. Je suis maintenant parfaitement remis. Le 15 ou le 18 courant j'aurai achevé mon travail pour le duc d'Orléans, le 20 ou le 24 je me mettrai au vôtre, et, je l'espère, les cinq actes partiront pour Paris par un des premiers courriers du mois d'août.

Passez donc chez Marchant et lisez donc une pièce de moi que vous ne connaissez pas, *Paul Jones*. Je suis sûr que vous trouverez le rôle très-beau, et peut-être se présentera-t-il pour vous une occasion de monter cette pièce quelque part.

Mille choses aux Cogniard. Je ne leur promets pas une bonne pièce — Dieu seul et le pape sont infaillibles — mais je leur promets une pièce pour le 15 août. Ce n'est que quinze jours de retard, vous le voyez.

Portez-vous bien, très-cher. Jouez-moi le plus tôt et le plus souvent que vous pourrez.

A vous,

Alex. DUMAS.

Pendant que *Jeannic* s'édifiait et que *Ruy Blas* se répétait, Frédérick-Lemaitre faisait, au théâtre de la Gaîté, une rencontre qui devait être l'un des incidents principaux de sa vie.

Jouant au hasard, sans espoir de réussite, un mélodrame intitulé *la Grâce de Dieu*, la direction de la Gaîté venait d'obtenir avec cet ouvrage un succès aussi considérable qu'imprévu. Spectateur d'une des premières représentations de *la Grâce de Dieu*, Frédérick fut absolument conquis par la beauté de l'actrice chargée du rôle important de Marie. C'était une fille de vingt ans, nommée Clarisse, qui venait du théâtre du Panthéon et qui, sans mérite transcendant, charmait surtout par des attitudes naïves et un organe caressant. Frédérick eût pu parler à l'ingénue dans les coulisses; il préféra solliciter son attention d'une façon moins banale. Assis tous les jours au premier rang de l'orchestre, il s'amusait, tandis que Clarisse était en scène, à laisser choir sa canne par terre. Les spectateurs s'agaçaient de ce manège, mais le comédien atteignit son but, qui était de piquer la curiosité de Clarisse. On le vit, un soir, occuper son fauteuil accoutumé sans sa canne : il n'en avait plus besoin.

La liaison ainsi commencée devait durer treize ans, publique, acceptée, légitimée presque par la sincérité de passion qui possédait l'un et l'autre des amants, à ce point que Clarisse prit bientôt, au foyer de Frédérick, la place que Mme Lemaitre, de santé fragile et d'esprit faible, laissait à peu près vacante.

C'est, nous l'avons dit, dans *Ruy Blas* que devait s'effectuer la rentrée de Frédérick-Lemaître à la Porte-Saint-Martin. Le drame de Victor Hugo fut repris, le 11 août 1841, avec une grande solennité. On lui fit, au boulevard, un accueil plus chaleureux qu'à la Renaissance, et Frédérick resaisit, par des inspirations nouvelles, l'autorité que son échec dans *Zacharie* avait quelque peu compromise.

Vers la même époque Frédérick revendit, pour 42,000 francs, sa maison de Pierrefitte. Il y avait donné, pendant six années, libre carrière à sa fantaisie. Festins, spectacles, fêtes de nuit s'étaient succédé, au grand plaisir des indigènes, mais au grand préjudice du comédien-propriétaire, contraint à des emprunts successifs dont l'abandon de l'immeuble le libéra tout juste.

Jeannic-le-Breton n'était oublié ni de l'auteur ni de l'artiste. Fidèle à sa promesse, Dumas avait envoyé de Florence, au commencement d'août, les deux premiers actes ; un nouvel envoi suivit bientôt, accompagné de cette lettre :

14 Août 1841.

Mon cher Frédérick,

Voici le troisième acte, le quatrième est presque fini. Vous recevrez les deux derniers dans les premiers jours de septembre.

Je suis content, car je crois avoir fait de l'idée tout ce qu'on pouvait en faire, et de votre rôle un beau et noble rôle. Chauffez les Cogniard s'ils étaient un peu froids, vous me devez bien cela, Frédérick, car c'est pour vous, c'est en souvenir de notre vieille amitié, que j'ai passé par-dessus tous les inconvénients de ces pièces bâtardes, jouées sans mon nom et avec un collaborateur.

Adieu, mon cher Frédérick. Jouez-moi le plus que vous pourrez, j'en ai besoin. J'ai vu avec grand plaisir, sur les journaux, votre belle rentrée dans *Ruy Blas*.

A vous de cœur,

Alex. DUMAS.

En septembre, effectivement, la conclusion de *Jeannic* parvint à Frédérick-Lemaître, avec cette recommandation, qui prouve que Dumas jetait alors son dévolu sur quelque siège académique :

Vous savez, mon cher, que le silence absolu est ma condition. Dans ce moment-ci, une chute ou une œuvre peu littéraire me rejetterait à cent lieues de l'Académie.

Mais, la veille même du jour où *Jeannic* devait entrer en répétition, Frédérick tomba malade assez gravement pour avoir besoin d'un congé de trois semaines. Les frères Cogniard, mécontents de voir s'interrompre les belles recettes de *Ruy Blas*, punirent Frédérick de son tort involontaire en donnant d'abord le rôle de

Jeannic à Jemma, puis, ce dernier reconnu insuffisant, en engageant Bocage. Ils n'étaient pas toutefois sans inquiétude quant à la façon dont Frédérick accueillerait cette dernière représaille, et c'est par lettre qu'ils l'en avisèrent.

Paris, le 26 Octobre 1841.

Mon cher Frédérick,

Bocage est engagé chez nous. Nous complétons notre troupe, en agissant ainsi. Nous voulons que vous sachiez bien qu'il y a dans ce fait une idée d'amélioration, et nous vous apprenons nous-mêmes cette nouvelle. Aujourd'hui nous pouvons lutter avec tous les théâtres. Plus que jamais nous comptons sur vous, sur votre talent; comptez de même sur notre désir bien franc de vous être toujours agréables.

A vous,

COGNIARD frères.

Le procédé manquait de générosité, mais il était correct, et Frédérick eut l'esprit de ne point s'en formaliser. L'événement donna raison à sa philosophie : *Jeannic-le-Breton*, joué par Bocage, parut ennuyeux, fut vertement sifflé et ne fit que passer sur l'affiche. Une reprise de *Richard Darlington* lui succéda, vengeant Frédérick-Lemaître par une réussite éclatante (8 novembre). La pièce avait été revue et corrigée par les auteurs, sur les indications de la censure qui craignait, au moment où chacun parlait de réforme et d'élection, de laisser paraître sur un théâtre l'ombre même du vote universel. Le prologue, la scène des hustings et celle de la forêt étaient supprimés. Les habitués de la Porte-Saint-Martin, qui ne se souciaient peut-être guère de revendiquer leurs droits électoraux, ne purent supporter cette atteinte à leurs droits de spectateurs; il y eut des cris et des protestations que le régisseur n'apaisa point sans peine.

Ruy Blas et *Richard* alternés firent, pendant quatre mois, des recettes abondantes. Vint ensuite un drame nouveau, sur lequel on fondait les plus grandes espérances.

18 Avril 1842. — *Pâris le Bohémien*, drame en cinq actes, par M. Joseph Bouchardy. — Rôle de *Pâris*.

La scène est à Milan, au seizième siècle. Pâris, enfant de Bohème, venu en Italie avec une troupe nomade, a laissé ses compagnons accomplir leurs courses aventureuses et s'est fixé dans les montagnes du Bergamasque, après avoir épousé Sara, jeune Italienne, qui devient la nourrice de Giovanni, fils unique de Jean Visconti, souverain des Etats Lombards. Dix-huit ans se sont écoulés depuis l'époque où Pâris a quitté la vie errante; le duc Jean vient de mourir et son cousin Galéas veut s'emparer de la régence; mais Pâris connaît l'existence d'un testament de Visconti qui exile à jamais Galéas. Ce testament, par malheur, tombe entre les mains de Galéas, qui le brûle. Le duc dont il vole ainsi la dépouille n'est pas mort; il se réveille tout-à-coup de sa léthargie, mais Galéas le fait emprisonner dans les souterrains du palais et s'empare du pouvoir. Qui, dans cette occurence plus que grave, prendra les intérêts du duc et de son héritier? — Pâris, que Galéas a voulu faire assassiner par des bandits qui se trompent de victime; Pâris, qui laisse répandre le bruit de sa mort, et qui fuit secrètement Milan pour aller préparer le châtiment de l'usurpateur.

Le projet de Galéas, en tenant le duc prisonnier, est de le contraindre à écrire un nouveau testament lui donnant la couronne, mais le vieux souverain refuse et Galéas se décide à le faire disparaître tout-à-fait, ainsi que Giovanni. Ce dernier est aimé de Stella, fille du soldat Beppo, complice de Galéas par amour paternel, et Stella devient naturellement l'alliée de Pâris qui s'introduit bientôt au palais ducal sous le déguisement du baladin Lélio, pour mettre Giovanni sur ses gardes. Chassé pour avoir joué quelque scène déplaisante, il reparaît avec les habits du général vénitien Léonessa, grise Galéas, lui prend sa couronne et son manteau, et pénètre ainsi dans le souterrain où gémit le vieux duc.

Cependant la femme de Pâris donne à Galéas la preuve que Giovanni n'est pas le fils du duc, mais son propre enfant substitué, dans un intérêt politique, à une fille mise au monde par la duchesse mourante, et qui a disparu. Galéas, qui n'a plus intérêt à tuer Giovanni, veut cependant le faire déchoir encore dans l'opinion générale en l'unissant à une fille du peuple, et c'est Stella qu'il lui donne. Or, Stella est précisément la fille du duc, que l'on croyait perdue et que Beppo a jadis sauvée. Finalement, grâce à Pâris, qui endosse encore divers travestissements, parmi lesquels celui de l'usurier juif Mazarès, le vieux duc délivré remonte sur son trône, reconnaît publiquement Stella pour sa fille et transmet sa couronne à Giovanni, tandis que Galéas, évanoui de rage, est jeté dans les fers.

La donnée de ce drame manque de nouveauté; les incidents parasites et les événements invraisemblables y sont en outre jetés avec une prodigalité qui fatigue et déroute. Les spectateurs, peu satisfaits de cet imbroglio, chutèrent Bouchardy, tout en applaudissant Frédérick tour à tour émouvant, gracieux et comique dans sa multiple incarnation. Il fallut au plus tôt renouveler l'affiche, et ce fut *Kean* qui recueillit l'héritage du mélodramatique bohémien (2 juin). La pièce de Dumas, trouvant à la Porte-Saint-Martin son véritable public, y obtint un succès plus grand qu'aux Variétés, succès que la presse ratifia avec d'autant plus d'empressement que la fameuse tirade des journalistes avait disparu.

Sur ces entrefaites, Frédérick, ayant appris que Marie Dorval était libre, suggéra à MM. Cogniard frères l'idée de l'engager pour quelques représentations de *Trente ans*. Bien que séparés depuis neuf années, Frédérick et Dorval avaient gardé l'un pour l'autre une sympathie profonde : — « Rejouer avec vous serait *ma turlutaine* », écrivait Dorval à Frédérick; et ce dernier lui répondait : « Avec vous je retrouverais mon âme et mon énergie, car vous comprenez aussi l'art. »

— On conçoit donc l'empressement que mit Frédérick à renoncer à son congé, pour avoir le plaisir de jouer avec sa partenaire favorite. Une lettre des frères Cogniard à Frédérick nous donne les conventions spéciales faites alors entre les directeurs et les deux artistes :

Paris, le 22 Juillet 1842.

Voici, mon cher ami, nos offres définitives :

Cinquante francs de feux à vous et à Mme Dorval, et, à chacun de vous, *un tiers de la recette* excédant 1.200 francs. — Vous nous donnerez 20, 25 ou 30 représentations, à votre choix; mais le chiffre fixé par vous sera invariable. Songez que nous avons 1.400 francs de frais; or, nous partageons après 1.300 francs, car il nous faut compter vos 100 francs de feux. En faisant 2.100 francs de recettes, nous touchons 1.400 francs (juste nos frais) et vous 700 francs. La proportion n'est-elle pas en votre faveur?

Oui ou *non*, bien vite, bien vite. Amitiés.

COGNIARD frères.

On s'arrêta au chiffre de vingt représentations, qui commencèrent le 6 août. *Trente ans* et ses créateurs furent accueillis avec un véritable enthousiasme. Un bordereau de partage nous apprend, en effet, que Frédérick et Mme Dorval touchèrent chacun, pour les quatre premiers soirs, la jolie somme de 3.188 fr. 35, et ces recettes se maintinrent pendant toute la campagne, qui eut pour conclusion le réengagement de Marie Dorval à la Porte-Saint-Martin.

Un séjour productif à Bruxelles, la reprise des *Deux Philibert* et divers emprunts à son répertoire occupèrent, pour Frédérick-Lemaître, la fin de 1842 et les premiers mois de l'année suivante. Une création lui échut alors, dans un drame en vers écrit à son intention par Adolphe Dumas.

Nous avons reproduit, dans la première partie de ce livre, l'article chaleureux écrit par Adolphe Dumas, lors des représentations de Frédérick-Lemaître à Rouen; depuis, le journaliste était venu dans la capitale pour y conquérir une situation littéraire. Plein de fougue et d'audace, en sa qualité de méridional, il avait publié *la Cité des hommes*, poème de 15.000 vers, où sont agitées toutes les questions modernes, tohu-bohu d'utopies et d'idées qui le posa en écrivain philosophe. Mais le théâtre surtout l'attirait; son talent, par malheur, n'avait rien de dramatique, et il devait lutter pendant quinze ans contre les comités de lecture et contre le public sans remporter jamais un succès véritable.

Touché de la sympathie que lui témoignait infatigablement le poète, Frédérick n'avait pas cru devoir refuser le concours qu'il sollicitait de lui; mais le comédien ne se faisait illusion ni sur l'œuvre ni sur l'accueil qu'elle pouvait recevoir du public; la lettre suivante le prouve surabondamment :

Paris, le 20 Janvier 1813.

Mon cher Frédérick,

Vous nous demandez nos intentions bien arrêtées sur *Mademoiselle de La Vallière*, et vous en appelez à notre franchise à l'égard de votre rôle et de la pièce. La question que vous nous posez est bien délicate, mais comme il nous est permis d'y répondre confidentiellement, je vais le faire en toute conscience. *Non*, nous ne croyons pas à un succès d'argent avec *La Vallière*; *oui*, nous avouons qu'il est fâcheux pour vous de rentrer dans cet ouvrage. Vous savez que le caractère littéraire de la pièce nous a seul déterminés à la recevoir. Sans lui reconnaître une grande portée dramatique, nous comptions cependant sur l'effet de quelques modifications que nous avions à demi indiquées. Par malheur, ce dernier travail de l'auteur, loin d'être heureux, loin d'ajouter au drame un acte piquant, a rendu la pièce longue et ennuyeuse. Nous avions dit à Dumas : « Faites disparaître des longueurs, et remplacez les scènes inutiles par des scènes nouvelles *chez Molière* »; Dumas a laissé les scènes inutiles auxquelles il a cousu d'autres scènes inutiles. Tout cela est très-malheureux, mais nous n'y pouvons rien. Nous ne pouvons même pas aborder, aujourd'hui, la discussion de certaines questions secondaires qui pourraient améliorer le drame; nous ne nous entendrions jamais avec Dumas qui croit que ses beaux vers répondent à tout. Déjà aigri par les délais qu'il a subis et dont nous ne sommes pas coupables, il ne manquerait pas de voir, dans l'expression de notre doute, une intention d'échapper à nos engagements; or, avant tout, nous voulons rester intacts sous ce rapport. — Dumas a notre parole; son Molière devait être la seconde création de Frédérick sous notre administration : après *les Mille et une nuits*, nous jouerons *La Vallière*. Voilà notre programme, et nous ne pouvons pas y manquer, quoi qu'il puisse en coûter à vous et à nous. S'il était possible d'indemniser Dumas, en recevant une autre pièce de lui, nous saisirions ce moyen; mais c'est là une question que nous ne pouvons traiter sans devenir suspects à ses yeux. Il faudrait donc que la proposition vînt de lui par vous. Si vous croyez possible d'arriver à ce résultat, tant mieux; mais nous déclinons notre compétence.

Voilà, mon très-cher, ce que nous pensons; est-ce tout ce que vous désiriez savoir? A vous,

Hippolyte Cogniard.

Difficile pour les directeurs, la démarche indiquée l'était plus encore pour l'artiste, obligé du poète; aussi Frédérick préféra-t-il, à la certitude de blesser un ami, la probabilité d'un insuccès personnel.

15 Mai 1843. — *Mademoiselle de La Vallière*, drame en cinq actes, en vers, par M. Adolphe Dumas. — Rôle de *Molière*.

La cour est à Saint-Germain. Mme Henriette d'Angleterre et ses dames d'honneur jouent à colin-maillard avec un certain marquis de Santa-Fior. Parmi les dames se trouve

Mlle de La Vallière, à laquelle ce marquis cherche à faire comprendre que le roi est amoureux d'elle. Arrive la reine-mère, la majestueuse Anne d'Autriche, et bientôt aussi le roi son fils. Les jeux ont cessé. Le roi adresse un compliment à chacune des dames et baise la main de La Vallière, toute tremblante. Mais que signifie ce bruit? d'où partent ces rires indécents? C'est l'antichambre qui se permet des quolibets et des huées et veut empêcher de passer Molière. Il entre cependant; le roi le fait asseoir et l'écoute en riant déblatérer contre les courtisans, tandis que les dames jalouses raillent La Vallière qu'elles devinent aimée de Louis XIV.

Santa-Fior, qui s'intéresse à l'intrigue royale, parle ouvertement à La Vallière de l'amour de Louis. La Vallière, hésitante, écrit deux lettres, une d'adieu et l'autre d'espérance; elle remet la seconde au marquis et laisse la première sur la table. Molière, qui a compris les irrésolutions de La Vallière, tente de retarder sa chute. Mis face à face avec Santa-Fior, il reconnaît celui-ci pour un de ses anciens camarades, Scapin de Montauban, emmarquisé par un trait d'audace. Molière n'en persiste que mieux dans son œuvre de salut qu'approuve et seconde l'éloquent Bossuet. Le roi cependant trouve la lettre laissée sur la table; il se croit congédié par sa belle, se met en colère et fait ses doléances à Molière qui, de son côté, saisit l'occasion pour parler de ses infortunes conjugales. Heureusement Santa-Fior apporte bientôt la seconde lettre, et Louis XIV consolé commande à Molière un divertissement pour célébrer ses royales amours. Mais Bossuet, effrayant La Vallière par le tableau des humiliations qui l'attendent, l'a décidée à se retirer au couvent de Chaillot. Le roi fait arrêter son carrosse et le scandale éclate. Anne d'Autriche chasse La Vallière, mais le roi la retient, la nomme duchesse, s'agenouille à ses pieds devant toute la cour, et l'amoureuse succombe.

Molière a composé *la Princesse d'Elide*, mais il n'est pas moins malheureux pour cela; jusque dans les jardins de Versailles, il entend parler des débordements de sa femme, les gentilshommes en causent tout haut, et, quand il veut leur demander réparation, lui rient au nez. Le spectacle fini, les seigneurs en plaisantent insolemment, mais le roi prend le parti de l'auteur, le complimente et le fait asseoir à sa table. Molière en profite, après un toast au roi, pour apostropher les courtisans avec une audace dont ils se courroucent mais qui amuse le monarque.

L'amour de Louis XIV n'a pas longue durée. La Vallière, déjà retirée de la cour, s'y laisse ramener par Santa-Fior, dans l'espoir de rencontrer son royal amant. Il paraît, en effet, pour essuyer les mille reproches de la délaissée. Fatigué par cette scène, Louis veut bien consentir à un raccommodement, mais il laisse entendre que son cœur est assez grand pour aimer quatre femmes à la fois et La Vallière s'évanouit à cet aveu cynique. Santa-Fior veut consoler la belle qu'il rêve d'épouser, mais Molière, qui éprouve pour La Vallière une vive sympathie, démasque le drôle. Malheureusement le poète, quoique souffrant, est obligé de jouer la comédie au château; il se rend à son devoir et revient bientôt pour agoniser entre les bras de La Vallière désolée et de Bossuet édifié.

Le dénouement se joue à Paris, dans un carrefour, pendant la nuit. Santa-Fior, redevenu Scapin, s'entretient avec un chiffonnier et excite le peuple, dans la personne de ce chiffonnier, à demander l'inhumation de Molière en terre sainte. En effet, le peuple s'ameute et pousse de grands cris à la porte du défunt. Au moment où le convoi se met en marche, une chaise à porteurs se présente : un gentilhomme l'arrête, c'est le roi qui fait sortir de la chaise Mlle de La Vallière et veut l'empêcher de se rendre aux Carmélites où elle se retire. Bossuet, qui l'accompagne, défend sa pénitente avec éloquence, et le roi lui cède passage, après avoir exaucé le dernier vœu de sa maîtresse en donnant à Molière une tombe dans le cimetière Saint-Joseph.

Il y a dans ce drame de l'érudition, des pensées généreuses, des détails gracieux, des scènes émouvantes, mais l'ensemble lui fait défaut. La versification est facile, quelquefois brillante; le style, vif et spirituel d'ordinaire, paraît cependant lourd et affecté dès qu'il veut s'élever: le poète, de plus, s'est joué, avec un abandon complet, des temps, des mœurs et des caractères. Son Molière, tranchant, mal élevé, déclamateur, est particulièrement d'une rare fantaisie. Au demeurant, *Mademoiselle de La Vallière* fit au public, comme elle l'avait fait aux Cogniard et à Frédérick, l'impression d'une œuvre honorable mais manquée. On la donna trente fois, avec des recettes médiocres dont l'auteur ne garda point rancune. La préface de sa pièce témoigne, au contraire, de sa reconnaissance pour les directeurs qui l'avaient accueilli et les artistes qui l'avaient interprété. Parmi ces derniers, Frédérick a naturellement la part la meilleure : — « Frédérick-Lemaître a été digne de l'auteur du *Misanthrope*, écrit Adolphe Dumas. Si l'ombre de Molière est apparue dans cet auditoire, elle aura pleuré des larmes de Frédérick ; et ce n'est pas trop supposer : de tels génies s'évoquent l'un par l'autre. »

La présence de Marie Dorval au théâtre de la Porte-Saint-Martin permit à la direction de composer, vers cette époque, des spectacles intéressants pour la critique. Tantôt Dorval jouait, aux côtés de Frédérick, Mme Duresnel dans *la Mère et la Fille*, tantôt la reine dans *Ruy Blas*, tantôt enfin Marguerite de Bourgogne dans *la Tour de Nesle*. Le public eut même ce régal singulier de voir, dans ce dernier rôle et dans l'espace d'un mois, trois actrices bien différentes : Marie Dorval, Mme Charton et Mlle Georges. Malgré les incontestables qualités déployées par ses rivales, la palme demeura à la créatrice du rôle, belle encore d'autorité et de force tragique.

IV

Rêves artistiques de Frédérick-Lemaître. — Une représentation d'*Andromaque*. — *Les Mystères de Paris*. — *Don César de Bazan*. — *La Dame de Saint-Tropez*. — Une critique judicieuse. — Frédérick-Lemaître à Londres, à Bruxelles et en province. — Un accident. — L'Odéon et la Comédie-Française songent à Frédérick.

Les études premières de Frédérick-Lemaître, sa connaissance et son respect du répertoire classique, lui rendaient pénible l'obligation d'interpréter des œuvres n'ayant le plus souvent, avec la vraie littérature, que des rapports très-vagues. Aussi, de temps en temps, manifestait-il le désir de montrer, dans les pièces de Molière ou de Racine, les faces ignorées de son talent. C'est ordinairement le programme des représentations à bénéfice qui révélait au public et à la presse l'intention du comédien. Nous voyons, par exemple, de 1841 à 1843, les feuilles spéciales annoncer successivement Frédérick-Lemaître dans les rôles principaux de *Don Juan*, du *Misanthrope*, des *Fourberies de Scapin* et de *Tartuffe*. Ces annonces avaient régulièrement pour effet de provoquer, de la part du Théâtre-Français, un *veto* contre lequel Frédérick et les bénéficiaires protestaient en vain, et que la critique attribuait à la peur de comparaisons fâcheuses pour les comédiens du roi. Un jour cependant, soit que Frédérick eût insisté particulièrement, soit que les sociétaires le redoutassent moins dans la tragédie que dans le comique, l'autorisation lui fut accordée de jouer *Andromaque*. Cette représentation eut lieu le 11 novembre 1843, au théâtre de la Gaîté. Mlle Clarisse, au profit de qui elle était donnée, eut lieu de se féliciter du résultat pécuniaire ; le résultat artistique fut, disons-le, beaucoup moins favorable. Frédérick, dans Oreste, et Marie Dorval, qui le secondait, eurent sans doute des inspirations remarquables et applaudies, mais leur composition trop hâtée manquait d'ensemble et étonna les spectateurs plus qu'elle ne les satisfit.

La Porte-Saint-Martin cependant préparait un spectacle d'importance. *Les Mystères de Paris*, d'Eugène Sue, venaient de paraître en volumes après avoir, pendant deux années, tenu en haleine les lecteurs de feuilletons. Plein de situations neuves, d'étrangetés et de catastrophes, le roman semblait devoir s'adapter aisément aux nécessités du théâtre ; c'est ainsi qu'en avaient jugé Sue lui-même et les heureux signataires de *Trente ans* et de *Richard Darlington*. Rien ne fut, au contraire, plus laborieux et plus pénible. Il fallait condenser d'abord en cinq actes la matière de vingt volumes, de façon à conserver les personnages connus et les épisodes à effet ; cette difficulté tant bien que mal surmontée, la censure entra en scène, discutant les répliques, changeant les caractères, retranchant des tableaux, menaçant même d'interdiction la pièce tout entière. Ces tracasseries publiées eurent pour résultat principal de surexciter au plus haut point la curiosité parisienne. La première représentation fut un événement. Dès le matin une queue formidable se forma, de la porte du théâtre à la rue de Bondy; à deux heures de l'après-midi, la circulation fut interrompue sur le boulevard; à six heures du soir, on payait deux cents francs une stalle d'orchestre.

13 Février 1844. — *Les Mystères de Paris*, roman en cinq parties et onze tableaux, par MM. Dinaux et Eugène Sue. — Rôle de *Jacques Ferrand*.

La pièce commence dans une des rues de la Cité. Il est huit heures du soir; de l'immonde cabaret du *Lapin blanc* sortent des cris et des jurements; deux ou trois misérables en assassinent un autre. La victime se dégage; on la poursuit, mais un jeune homme en blouse et un ouvrier en bourgeron prennent sa défense. Le premier est Rodolphe et le second le Chourineur. Rodolphe, attaqué deux jours auparavant par des voleurs, a été sauvé par le Chourineur auquel, se méprenant, il a d'abord *festonné* ces fameux *coups de poing de la fin* qui ont commencé leur connaissance. Dans la bagarre cependant Adolphe a perdu un portrait de femme enrichi de diamants; il prie le Chourineur, qui a déclaré connaître les assaillants, de réclamer d'eux le portrait, sans les diamants. Le Chourineur y consent, non sans avoir protesté de la répulsion profonde qu'il éprouve pour les voleurs; il est brutal, querelleur, mais sa probité n'a jamais été l'objet d'un soupçon. Comme preuve de ce qu'il avance, il fait à Rodolphe l'histoire de sa vie, histoire qui amène le nom de la Goualeuse ou Fleur-de-Marie, pauvre chanteuse des rues que deux scélérats, le Maître-d'Ecole et la Chouette maltraitent à qui mieux mieux, et dont le Chourineur s'est constitué le champion. La nuit vient, sur ces entrefaites; sur la scène déserte s'avance à pas de loup le Maître-d'Ecole que rejoint bientôt Barbe-Rouge : « — Un homme doit venir à neuf heures dit ce dernier; il faut qu'à neuf heures cinq minutes cet homme ait cessé de vivre. » — Le Maître-d'Ecole hésite; il redoute les investigations de la justice : « — La justice ne fera pas de recherches, répond Barbe-Rouge, une lettre de la victime sera mise à la poste ce soir même, elle contiendra l'aveu d'un suicide. » — Le Maître-d'Ecole admire et consent. A neuf heures donc, l'homme paraît, cinq minutes après il est mort, et sa prétendue lettre est jetée à la poste. On a reconnu Jacques Ferrand, dans Bras-Rouge, et, dans l'assassiné, Thomas Seyton, frère de la comtesse Sarah Mac-Grégor.

L'acte suivant nous conduit dans une maison de la rue du Temple, où demeurent le portier Pipelet, sa femme Anastasie, Germain, Rigolette, les Morel, enfin Jacques Ferrand, notaire dans le livre, agent d'affaires dans le drame. Rodolphe vient dans cette maison pour y louer un logement ; Mme d'Harville y vient pour rencontrer Rodolphe, Sarah Mac-Grégor y vient pour démasquer Ferrand; Fleur-de-Marie enfin, conduite par le Maître-d'Ecole, y vient pour entrer au service de l'homme d'affaires. Dans ce cadre sont exposés successivement les roueries de Ferrand, les amours de Rigolette, la misère des Morel, nombre d'épisodes enfin parmi lesquels le suivant offre seul un intérêt véritable. Resté seul après avoir joué plusieurs scènes de fausse probité et de feinte vertu, Ferrand verrouille ses portes, ôte ses lunettes bleues, redresse sa taille courbée, jette, comme il le dit, le masque d'hypocrisie qui depuis dix ans lui couvre la face, et se montre aux prises avec les deux passions qui le dévorent : l'avarice et la luxure.

Rodolphe, afin de soustraire la Goualeuse à la tyrannie du Maître-d'Ecole, la conduit à la campagne, chez Mme d'Harville. Après trois mois de recherches, Jacques Ferrand parvient à connaître la retraite de Fleur-de-Marie qu'il adore ; il ordonne alors au Maître-d'Ecole d'enlever la jeune fille et de la lui amener. La comtesse Mac-Grégor veut aussi faire enlever la Goualeuse, et c'est justement le Maître-d'Ecole qu'elle charge de cette commission. Fleur-de-Marie est donc enlevée et conduite au pont d'Asnières où le Maître-d'Ecole, qu'elle a menacé d'une dénonciation, tente de se débarrasser d'elle. Le Chourineur survient fort à point pour tirer la jeune fille des mains du scélérat; mais la Goualeuse échappe à peine à un danger qu'elle tombe dans un autre. Le bateau que le Chourineur et elle ont pris pour fuir est submergé; un paysan leur porte secours; ce paysan n'est autre que Ferrand, qui recueille la Goualeuse évanouie et la conduit à l'île des Ravageurs. La voilà donc en son pouvoir ;

fou de désirs il se jette à ses pieds, s'abandonnant à toutes les extravagances d'une passion exaltée : repoussé, il se relève furieux, menacant, terrible. Fleur-de-Marie, placée dans cette affreuse alternative d'appartenir à Ferrand ou de mourir, préfère la mort ; elle est cependant sauvée une fois encore par le Chourineur.

Puis la comtesse Mac-Grégor est assassinée par le Maitre-d'Ecole, puis Rodolphe reconnaît dans Fleur-de-Marie la fille qu'il croyait morte, puis le Maître-d'Ecole et ses amis se vengent de Ferrand en lui crevant les yeux, puis enfin les criminels tombent entre les mains des policiers pendant que Rodolphe, Fleur-de-Marie et Mme d'Harville partent en poste pour la principauté de Gérolstein.

Il est difficile d'imaginer une pièce plus défectueuse ; rien n'y est à sa place, rien ne se tient ; c'est une réunion de chapitres décousus, disparates, dont l'un n'est jamais la déduction de l'autre. Les spectateurs désappointés sifflèrent nombre d'épisodes ; les scènes où paraissait Frédérick-Lemaître préservèrent le drame d'une chute complète. Au sentiment de tous, le comédien y fut admirable, et certes il avait quelque mérite à si bien jouer, dans l'état de santé que révèle ce billet de Balzac à Mme Hanka :

Jeudi, 14 Février.

Les Mystères ont fini ce matin à une heure et demie. Frédérick craignait une congestion cérébrale. Je l'ai trouvé hier, à midi, couché ; il venait de se plonger dans un bain de moutarde jusqu'au-dessus des genoux ; il avait deux fois perdu la vue, la veille. *Les Mystères* sont la plus mauvaise pièce du monde, mais le talent de Frédérick va causer une fureur de *mystères*. Comme acteur, il a été sublime : on ne peut pas décrire ces effets-là, il faut les voir.

Nous trouvons, dans les feuilletons dramatiques, la confirmation du jugement de Balzac et l'écho des applaudissements qui avaient récompensé Frédérick-Lemaître au théâtre.

Le roi des comédiens, écrit Jules Janin, c'est Frédérick. Il sait parler à la foule en tumulte; d'un mot et d'un geste il calme le flot ameuté; il est écouté parce qu'il est vrai; il remue toutes les âmes parce qu'il leur parle avec son âme : beau regard, intelligence rapide, profond sentiment de la passion présente, très-vrai dans tout ce qu'il fait, dans tout ce qu'il dit, très-vrai dans son silence. Frédérick-Lemaitre, c'est Jacques Ferrand. Il faut le voir dominant les situations les plus difficiles, hypocrite un instant, et l'instant d'après jetant là son masque d'hypocrisie, plus habile que le romancier lui-même, car où le romancier met des points noirs, Frédérick place des clartés. Qu'il est beau, baignant dans l'or ses mains tremblantes de joie! Qu'il est effrayant, commençant par la terreur son épouvantable séduction sur Fleur-de-Marie. Il faut le voir au dénouement, le geste hagard, les deux mains éperdues, la tête penchée, la voix mêlée de sanglots, furieux, vaincu, touché, criant : Grâce! pitié! et jetant çà et là le regard hideux des yeux crevés. C'est affreux, mais c'est très-beau! Véritablement le comédien, parvenu à cette hauteur, est le drame tout entier.

Quel admirable acteur que Frédérick, s'écrie Gautier, plus enthousiaste encore. Quel sang-froid et quelle passion quand, sous le nom de Bras-Rouge, il vient commander un assassinat au Maître-d'Ecole; comme il a la parole froide, brève, aiguë; comme on sent bien que c'est la cervelle qui parle au bras! Avec quel calme effroyable, au moment où la victime rend le dernier soupir dans l'allée ténébreuse, il jette à la poste la fausse lettre qui doit expliquer le crime par un suicide! Et ensuite, quand on le retrouve dans son étude, débarrassé de ses favoris roux, l'air béat et paterne, l'œil amorti par les lunettes, le dos rond, les mains molles et tremblantes, comme cherchant des papiers par un mouvement machinal, le pas lourd et traînant, on a vraiment peine à croire que ce soit le bandit de tout à l'heure, à l'allure ferme, au poitrail carré, au geste impérieux, hure parmi tous ces groins qui remuent les fanges de la Cité. De quel air attentif, débonnaire et désintéressé, il écoute les foudroyantes confidences de la comtesse Mac-Grégor. Avec quelle rouerie de Shylock, quand il avance au pauvre Morel cinq cents francs dont il a besoin, il emprunte à son clerc Germain les trente-cinq francs qui lui manquent pour compléter la somme. Et lorsque tout le monde est parti, comme

4

il ferme les volets, les serrures, les verrous, pour aller retirer de sa cachette le coffre qui renferme son or! c'est-à-dire tous les vices, tous les plaisirs, toutes les débauches, tous les crimes réduits en petits disques jaunes, rutilants dans l'ombre comme des yeux de lion. Avec quelle volupté démoniaque, quel spasme de tigre mangeant une proie vivante, il plonge dans ce bain fauve ses bras d'athlète, devenus aussi nerveux que ceux de Milon de Crotone! Comme, en jetant ses conserves, il a pris subitement une physionomie hautaine, ravagée, effrayante, moitié satyre, moitié Lucifer! Quelle puissance de séduction, quelle fascination de serpent, et puis quelle rage, quels transports il déploie lorsqu'il peint à Fleur-de-Marie, dans l'île des Ravageurs, la passion irrésistible, inexorable, qu'elle lui inspire. Avec quel accent il lui dit : « Pour te plaire, je serai bon, humain, charitable, j'aurai toutes les vertus si tu m'aimes! » Et voyant que ses supplications prosternées, que ses adorations de sauvage à son fétiche sont inutiles, comme il l'emporte d'un seul geste, d'un seul bond, en maître, en vainqueur, en homme qui redevient lui-même. Dans la scène de l'aveuglement, il atteint aux dernières limites de l'effroi; il est beau et terrible comme Œdipe antique. Pour comprendre et rendre ainsi un rôle, il faut plus que du talent, il faut du génie!

Le grand art de Frédérick-Lemaître, certaines beautés de mise en scène, la vogue surtout qui continuait à s'attacher au roman d'Eugène Sue, maintinrent *les Mystères de Paris* pendant deux grands mois sur l'affiche. Ce n'était là, toutefois, qu'un succès de circonstance, et la pièce devait dormir trente ans avant que l'idée vînt à un directeur de la reprendre.

Dès les premiers jours de sa liaison avec Clarisse, Frédérick s'était préoccupé de parfaire l'éducation artistique de sa compagne. Il dirigeait, à cet effet, l'étude de ses rôles, et l'emmenait dans ses congés pour l'essayer en province dans les pièces de son répertoire. Quand il la vit assez instruite, il lui fit quitter la Gaîté pour la

Porte-Saint-Martin, se réservant de lui faire faire à ses côtés un éclatant début.

Tout en jouant Ruy Blas avec l'ampleur et la passion voulues, Frédérick n'avait pu s'empêcher de regretter parfois le rôle excentrique de Don César. Il voyait, dans l'interprétation alternative de ces deux personnages, le prétexte d'intéressants contrastes. A aucun prix cependant il n'eût laissé placer sur d'autres épaules que les siennes la poétique livrée du valet-ministre. Le problème était donc, pour lui, de jouer Don César dans un ouvrage qui ne fût pas *Ruy Blas*. Ce problème, deux auteurs, stimulés par Frédérick, le résolurent en écrivant une pièce où l'originale création de Victor Hugo était reprise et développée, et dans laquelle un joli rôle attendait Clarisse.

30 Juillet. — *Don César de Bazan*, drame en cinq actes, mêlé de chant, par MM. Dumanoir et d'Ennery. — Rôle de *Don César*.

La scène est à Madrid, sous Charles II. Maritana, jeune et jolie chanteuse, se livre à ses exercices sur la place publique, en présence d'une société nombreuse et choisie. Les plus grands seigneurs, en effet, font cercle autour d'elle pour l'entendre et surtout pour la voir; aussi les pièces d'or pleuvent-elles dans son tambour de basque. Parmi les plus assidus et les plus généreux des assistants se trouve Charles II. Indifférent à la beauté de la reine, il s'est pris de passion pour la chanteuse populaire. Le premier ministre, Don José de Santarem, connaît l'amour de son maître; épris lui-même de la souveraine, il veut donner au roi Maritana pour maîtresse, afin d'exciter à son profit la jalousie de la reine. Maritana n'est que trop disposée à seconder les projets de Don José. Depuis longtemps, elle regarde passer avec convoitise les grandes dames de la cour; se trouvant aussi jolie qu'elles, elle s'est dit qu'un titre et la richesse lui siéraient à merveille; mais quoiqu'ambitieuse, elle a de la vertu, et Don José qui veut la présenter à la cour comprend qu'il ne le pourra faire que sous le couvert d'un mari complaisant. Ce mari, Don José ne sait guère où le prendre, quand Don César se charge de le tirer d'embarras.

Revenu d'un voyage d'aventures, Don César vient de se faire voler au jeu par des manants. Ruiné, déguenillé, quelque peu gris, il n'a plus que le ciel pour abri et le grand air pour nourriture. Il ne s'en soucie guère, et sa philosophie émerveille Don José, qui veut bien le reconnaître et lui tendre la main. Don César cependant devra mettre un frein à ses habitudes tapageuses; on boit encore à Madrid, on y aime plus que jamais, mais on ne s'y bat plus, le roi ayant rendu un édit qui punit de mort les duellistes. Mort par la fusillade en temps ordinaire, mort par la pendaison pendant la semaine sainte. La semaine sainte commence précisément, et Don César, qui n'a point de goût pour la potence, se promet bien d'éviter toute querelle; mais il a du cœur, du courage, de l'humanité et met volontiers son bras à la disposition de ceux qui l'implorent. Or, voici qu'un apprenti armurier, Lazarille, menacé de cinquante coups de bâton pour avoir laissé se rouiller les arquebuses à sa garde, lui demande secours contre son brutal capitaine. Don César intercède poliment, humblement même, pour le coupable; le capitaine repousse, dédaigne, injurie l'aventurier, tant et si bien que l'épée de César sort du fourreau et qu'un duel s'ensuit, qui coûte la vie au soldat insolent. Ce que Don César a de mieux à faire, c'est de reprendre au plus tôt le cours de ses voyages; il le comprend et va se mettre en route quand un alcade survient et l'arrête au nom du roi.

Vingt-quatre heures plus tard, nous le retrouvons jugé, condamné, mais toujours gai, dans une prison où il s'ingénie pour bien employer le temps qu'il lui reste à vivre. Se confesser serait trop long, faire son testament serait trop court. Comme il confie son embarras à Lazarille qui lui tient compagnie, Don José se présente; il apporte à César le moyen d'occuper ses dernières heures. D'abord n'a-t-il aucun désir à exprimer? — « Si, déclare Don César, je voudrais donner un protecteur à Lazarille; je voudrais en outre mourir non pas pendu comme un manant, mais fusillé comme un gentilhomme. » — « N'est-ce que cela, répond Don José, je prends Lazarille à mon service et m'engage sur l'honneur à vous éviter la corde. » — En revanche, Don César devra donner sa main et son nom à une femme qui lui est et lui restera inconnue. Se marier une heure avant de marcher au supplice, cela est drôle, cela séduit Don César; il accepte donc et Don José, ravi de ce consentement, fait donner au prisonnier des habits neufs et servir dans sa cellule un repas somptueux. Don César festine et chante avec les soldats qui le doivent fusiller; le moment venu, il conduit à l'autel sa fiancée enveloppée d'un voile épais en lui disant avec une comique emphase : « A vous ma vie tout entière. » — Quelques instants après, la nouvelle comtesse, qui n'est autre que Maritana, reparaît au bras de Don José et l'on entend une décharge de mousqueterie : « — César est mort », pense avec satisfaction le ministre. Il n'en est rien; Lazarille, chargé de la garde des arquebuses qui devaient frapper Don César, en a retiré les balles. — « J'aime mieux les avoir dans ma poche que dans ma poitrine », dit l'aventurier, et il se sauve en faisant cette réflexion réjouissante qu'étant défunt il n'a plus de créanciers.

Mais il est marié. A qui? Pour le savoir, Don César se présente, sous l'accoutrement d'un moine, au palais de San Fernando où l'on donne une fête et où il sait devoir rencontrer Don José. Se promenant la veille sur la route de Madrid, il a vu, dans un carrosse portant ses armoiries, deux femmes, l'une vieille et laide, l'autre jeune et jolie; il s'est épris de cette dernière qu'il croit son épouse et a tout risqué pour la revoir. Don José est altéré par l'apparition de César qu'il croyait enseveli. Son plan si bien ourdi va-t-il donc échouer? Non; par un trait audacieux Don José présente à César, comme sa femme, la duègue qui occupait une des places du carrosse. Don César abasourdi n'a qu'une idée, celle de fuir la douairière; aussi consent-il avec empressement à signer le traité que lui propose Don José et par lequel il s'engage, moyennant une pension de six mille piastres, à ne jamais revoir la comtesse de Bazan et à renoncer à tous ses droits de mari. Mais, au moment où il dessine son paraphe, on entend une voix demander le carrosse de la comtesse de Bazan, et César stupéfait voit s'avancer ladite comtesse qui n'est autre que la jeune inconnue. Toute la perfidie de Don José lui apparaît alors, et c'est en vain qu'on prétend l'empêcher de rejoindre sa femme; il tire son épée et s'ouvre passage à travers les alguazils du ministre.

Don José a fait conduire Maritana dans une petite maison près d'Aranjuez, que garde Lazarille. Charles II, plus amoureux que délicat, s'y présente à la belle comme étant Don César et réclame ses droits d'époux. Maritana, quoique ignorante de l'intrigue ourdie par Don José, se sent mal à l'aise en présence du monarque morose et se refuse autant qu'elle peut à ses désirs. Elle va céder pourtant quand Don César survient par la fenêtre. Il est sain et sauf, malgré le coup de feu que lui a tiré, dans l'ombre, Lazarille, et ne voit pas sans chagrin un homme dans la maison qu'il sait habitée par sa femme. Quelle n'est pas sa surprise lorsque cet homme, interpellé par lui, déclare avec aplomb être le comte de Bazan. Il va se livrer à quelque violence quand il apprend de Lazarille le nom de son interlocuteur. — « Si vous êtes Don César de Bazan, dit-il alors avec audace, je suis, moi, le roi d'Espagne. » — Et il persifle effrontément le monarque, lui reprochant même de ne vivre que par contrebande. A cela Charles II, tirant César d'un cruel embarras, répond que la grâce du comte de Bazan a été signée le soir même de sa condamnation et déposée aux archives du royaume. Don César, qui peut désormais marcher à visage découvert, va se faire connaître du roi, quand un message pressant parvient à ce dernier; prévenue de son équipée galante, la reine est accourue au palais d'Aranjuez pour le surprendre. Charles II n'a que le temps de la rejoindre pour éviter un scandale; il part donc en ordonnant à Lazarille d'éloigner l'inconnu après lui avoir demandé son nom. Don César, à qui Lazarille est tout acquis, n'a pas de peine au contraire à demeurer dans la maison où il rencontre enfin la comtesse.

Croyant sa femme complice de Don José, César l'accable d'abord de son mépris et de sa colère, mais Maritana se justifie. Coupable d'ambition, elle n'a cependant point trempé dans l'infâme machination dont le comte est victime. D'ailleurs elle ignore encore lequel des deux hommes qui se sont présentés à elle sous le nom de Bazan est véritablement son époux et son maître. César a un moyen infaillible de prouver son identité, c'est de répéter à Maritana les paroles qu'il lui a dites dans sa prison et qu'elle a seule entendues. Cette preuve donnée, Maritana somme Don César de la défendre au lieu de l'insulter. Ses accents réveillent dans l'âme de l'aventurier les nobles sentiments depuis longtemps endormis : c'est un vrai gentilhomme qui protégera désormais la comtesse.

Charles II cependant n'a point renoncé à ses projets ; il s'introduit une fois encore chez Maritana, mais celle-ci le connaît, le démasque et déclare préférer la mort à ses caresses. Elle veut se garder chaste et pure pour Don César son mari : — « Mais Don César est mort », objecte le roi. — « Pas encore, sire », répond César lui-même qui survient. Bouillant, emporté, il craint de ne pouvoir maîtriser sa colère et jette son épée. Il faut une vengeance pourtant à ce mari que la main royale vient de souffleter ; il la trouve en racontant à Charles II qu'étant allé au palais d'Aranjuez pour solliciter la reine en faveur de Maritana, il a surpris Don José aux genoux de la souveraine et lui parlant d'amour : l'outrage fait au gentilhomme a donc eu pour expiation l'insulte faite au roi. Terrifié, Charles II veut courir à Aranjuez, mais Don César a fermé toutes les portes. Au comble de la fureur, le roi tire son épée, mais César termine son récit en déclarant qu'il a tué le ministre impudent : — « J'ai sauvé votre honneur, dit le comte au monarque, disposez maintenant du mien. » — Charles II ne peut se montrer moins généreux qu'un simple gentilhomme ; il salue Maritana, nomme le comte de Bazan gouverneur de Grenade, et retourne à Madrid, laissant Don César aux genoux de la femme qu'il a conquise.

La donnée de ce drame est heureuse, les situations y sont bien amenées et le dialogue contient nombre de mots spirituels et gais. *Don César de Bazan* obtint, le premier soir, un succès considérable. Mlle Clarisse retrouva, dans le rôle tour à tour dramatique et chantant de Maritana, les applaudissements que lui avait valus Marie de *la Grâce de Dieu*. Quant à Frédérick-Lemaître, jamais, au jugement de tous, il n'avait été plus énergique et plus doux, plus émouvant et plus fantaisiste, plus varié et plus complet que dans le personnage de Don César.

Don César de Bazan est, après *Trente ans*, la pièce que Frédérick-Lemaître a le plus fréquemment jouée. A soixante-douze ans il s'y montrait encore absolument remarquable, et l'on a conservé la mémoire des effets principaux qu'il tirait de son rôle.

Son costume d'abord est resté comme un chef-d'œuvre de composition. Feutre incolore, bosselé, surmonté de plumes lamentables; pourpoint rose passé, orné de crevés involontaires; chausses dépenaillées, bas sans soutiens; çà et là quelques vestiges de dentelles jaunies ou de rubans avariés; par-dessus le tout une cape effiloquée, réduite à l'état d'amadou par le soleil et la pluie, criant misère par nombre de lucarnes, mais relevée cavalièrement par une solide rapière : on eût dit le Cid revu par Callot.

Son entrée était la chose du monde la plus étonnante. Sur une ritournelle de pots cassés et de jurons, il franchissait avec colère le seuil de la posada où des fripons l'avaient dévalisé. Aussi gris que furieux, d'ailleurs; son panache en saule pleureur taquinant sa moustache, son épée battant la breloque sur ses mollets, sa main décrivant en l'air des dégagements chimériques et des contre de quarte imaginaires, il titubait fortement, gardant sous les haillons une certaine élégance, homme de race et non bandit. Son impassibilité, sa philosophie mordante allumaient alors dans la salle des explosions de joie. Vient l'incident de Lazarille et du capitaine. Don César s'étonne, puis s'irrite de l'insolence de son interlocuteur que protège la semaine sainte; le duel l'affriande, mais la corde le rend sage; le capitaine est trop grossier pourtant, le grand d'Espagne et son plumet se redressent; c'était chose curieuse à voir que la stupéfaction du déguenillé à l'épithète de mendiant qu'on lui adresse et sa révolte hautaine contre le soldat mal-appris. L'arrestation de César était une chose non moins singulière. Pris entre deux demi-cercles d'alguazils, Frédérick réglait sur leurs pas cadencés ses pas chancelants, les regardant sous la moustache tantôt avec ironie, tantôt avec tendresse, jusqu'au moment où, mis décidément au pouvoir de la justice, il arrachait de son feutre délabré des plumes qu'il distribuait comme souvenirs au populaire.

L'acte de la prison est écrit sur la même note amusante; Frédérick y était bruyant, bravache, hâbleur, complétant par une mimique originale les sous-entendus du rôle. Avec quel entrain il entonnait sa chanson dernière, s'interrompant avec dignité pour entendre la lecture de son arrêt, et reprenant avec insouciance son refrain bachique au départ des juges! Dans tout cela pourtant, rien de bas, rien de grotesque: Garofa relevait constamment Zafari. Les guenilles disparues, le seigneur d'amour renaissait, un peu vieux, mais toujours vert. Certes il devait avoir dansé avec Lindamire, le cavalier qui offrait si galamment le poing à Maritana; il s'était couvert devant le roi, le grand d'Espagne qui se découvrait si noblement devant une femme!

De la comédie cependant l'action se précipite dans le drame; le déclassé fait place à l'hidalgo; il y a là un chevalier qui renverse à coups d'épée les combinaisons et les artifices du ministre entremetteur, il y a là un gentilhomme qui demande à une grande dame compte de son blason, un mari qui demande à sa femme compte de son honneur. Ce changement d'allures n'était pas pour embarrasser Frédérick, à l'aise dans toutes les situations et sous tous les costumes. Il fallait le voir jouant avec Charles II comme avec une marionnette inoffensive. Qu'il était plaisant, prenant par réciprocité le nom du roi, faisant des effets d'embonpoint et de panache pour singer cette majesté fourvoyée! Qu'il était effrayant, graduant à quatre reprises l'énergie de cette défense : « Vous ne sortirez pas »! Et quand, à la scène finale, l'époux outragé s'efface devant le sujet respectueux et soumis, quelle dignité dans sa soumission, quelle noblesse dans son respect!

Ceux qui ont vu Frédérick-Lemaître dans ce rôle complexe ne trouveront pas étonnant qu'à l'origine *Don César de Bazan* n'ait quitté qu'après quatre-vingt-dix jours l'affiche de la Porte-Saint-Martin. La pièce qui lui succéda n'avait pas mis les auteurs en dépense d'idées. C'était la simple reproduction du drame conjugal joué quelques années auparavant au Glandier et qui avait passionné la France. Certaines publications ne permettent plus aujourd'hui de conserver le moindre doute sur la culpabilité de Mme Lafarge; il n'en était pas de même en 1844, l'habile criminelle ayant su créer autour d'elle une légende attendrissante. Beaucoup de gens la plaignaient, certains même la déclaraient victime d'une erreur judiciaire; rien de surprenant donc à ce que des spéculateurs dramatiques transportassent à la scène son émouvante histoire. La censure gêna bien quelque peu leur projet en les contraignant à des changements de noms, de temps et de lieux, mais l'héroïne qu'ils avaient choisie n'en resta pas moins reconnaissable, et c'était pour eux la chose importante.

23 Novembre. — *La Dame de Saint-Tropez*, drame en cinq actes, par MM. Anicet-Bourgeois et d'Ennery. — Rôle de *Georges Maurice*.

L'action se passe en 1781, à Paris d'abord, puis à Saint-Tropez. Le comte d'Auberive a vendu la moitié de ses biens et emprunté quatre cent cinquante mille livres à l'armateur Georges Maurice pour payer les dettes de son fils mort insolvable. Au jour de l'échéance, ne pouvant rembourser une aussi forte somme, il abandonne son hôtel à Georges; celui-ci, généreux jusqu'au bout et ne pouvant faire accepter un don au vieux comte, lui demande la main de sa fille. Hortense d'Auberive aime un jeune médecin, Charles d'Arbel, mais elle se sacrifie pour sauver son père de l'indigence. Les deux époux s'installent à Saint-Tropez où bientôt la présence de Mme Maurice allume la haine dans le cœur du paysan Antoine Caussade, qui espérait pour son fils l'héritage de l'armateur. Georges, marié, ne laissera-t-il pas tout à sa femme? Antoine parvient à s'emparer d'une lettre d'adieu écrite par Hortense à Charles et met cette lettre sous les yeux de Georges. Mais il ne suffit pas au traître d'avoir jeté le désespoir dans l'âme de M. Maurice : cette fortune, qui de nouveau lui est promise et que lui assure un testament, il la lui faut avant qu'une réconciliation ait ramené Georges aux pieds d'Hortense. Antoine a du poison; il en verse à l'armateur et part. La rumeur publique accuse Hortense qui, nuit et jour, veille au chevet de son époux. Maudite, repoussée, elle ne voit partout qu'horreur et abandon. Cependant Antoine, qui est de retour d'une mission dont Georges l'a chargé, mais qu'il n'a pas accomplie, veut frapper un coup décisif, de peur que le moribond, touché par les larmes de sa femme, ne lui rende son estime et, partant, sa fortune. Ce dernier crime perd Antoine. Georges le surprend versant le poison dans une potion qui lui est destinée; il appelle, on accourt, le meurtrier se tue en sautant par une fenêtre et l'épouse innocente est justifiée aux yeux de tous. Georges la confie lui-même à Charles d'Arbel et meurt en implorant son pardon.

L'innocence de Mme Lafarge était, nous l'avons dit, soutenable à cette époque. Ce n'est donc pas l'idée du drame qui motiva l'accueil médiocre qu'on lui fit, mais l'inhabileté avec laquelle cette idée avait été mise en œuvre. Platitude du dialogue, maigreur des situations, banalité des moyens, tout se réunissait pour accroître la responsabilité du principal interprète. Frédérick-Lemaître, sortant vainqueur de l'épreuve, anima de son souffle vigoureux cette production anémique, et provoqua, en divers endroits, les applaudissements de la salle entière. Le coup de théâtre du dénouement, cette scène ingénieuse où Georges Maurice voit dans une glace Antoine Caussade, son ami, verser le poison qui le tue par degrés, fut surtout pour lui l'occasion d'un triomphe. Sa mimique effrayante, le cri terrible qui lui échappait firent courir dans la salle un immense frisson. Cet épisode suffit pour assurer à la pièce, si faible qu'on la jugeât, soixante bonnes représentations.

Un blâme cependant se glissa dans le concert d'éloges que valut à Frédérick-Lemaître sa création de Georges. Il émanait de l'homme intéressé mais clairvoyant dont nous avons maintes fois déjà relevé les agissements. — « Au dernier acte de *la Dame de Saint-Tropez*, écrivait Charles Maurice, dans son journal devenu *le Coureur des Spectacles*, lorsque l'armateur frappe sur le bras du coupable et fait tomber la tasse empoisonnée, Frédérick tue l'intérêt de la situation en donnant à supposer, par la vigueur de ce mouvement, qu'il va avoir la force de se défendre contre son assassin. Il achève le contre-sens en se posant ensuite comme un athlète pour lutter contre celui qui s'apprête à l'étreindre. C'est dans l'intention contraire que les auteurs avaient fait fermer les portes de la chambre par l'abominable Caussade. Quelle crainte éprouverait le public si l'affaiblissement de la victime la livrait sans espoir aux tentatives de son bourreau ! » — D'où qu'il vienne, un bon avis est recevable ; Frédérick fit son profit de celui-ci avec une modestie dont Charles Maurice le récompensa par la déclaration suivante : — « Il est de notre impartialité de signaler la condescendance de Frédérick qui, voulant bien prendre en considération nos remarques sur son jeu vers la fin de la pièce, l'a modifié et a rendu la scène beaucoup plus terrible en donnant à toute sa personne un air d'affaiblissement conforme aux ravages qu'a dû faire le poison. Deux choses sont pour nous à constater ici : que le drame y gagne en intérêt, et qu'il n'appartient qu'à un artiste supérieur de se montrer si noblement docile à la critique, quand il possède tout ce qu'il faut pour faire adopter ses erreurs ; un comédien sans talent ne l'oserait pas. »

Les frères Cogniard jouaient de bonheur ; trois drames avaient suffi pour occuper toute une année. Pour leur assurer ce résultat, Frédérick-Lemaître avait consenti à reculer de deux mois son congé annuel ; les directeurs, en échange, firent à Frédérick l'amabilité de monter une féerie dont le succès allongea ledit congé d'une façon notable. Libre de février à septembre 1845, Frédérick en profita pour parcourir l'étranger et les départements. Londres, où John Mitchell, directeur de Saint-Jame's Theatre, l'avait engagé pour douze représentations, payées mille francs chacune (3), reçut d'abord sa visite. Il y débuta par *la Dame de Saint-Tropez*, qui fut assez mal accueillie, et joua ensuite *Trente ans*, *Don César* et *l'Auberge des Adrets* avec un succès considérable. Il avait un vif désir de paraître dans *Ruy Blas*, mais on défendit l'œuvre de Hugo comme étant de nature à choquer la reine. Sa Majesté cependant se prêtait volontiers aux licences du théâtre ; on l'avait vue, comme une simple bourgeoise, pleurer à *Trente ans*, rire à *Don César*, et c'est à sa demande que *l'Auberge des Adrets* avait été reprise, — mais n'est-ce point, pour les courtisans de tous pays, une nécessité de se montrer plus royalistes que les rois mêmes?

De Londres, Frédérick-Lemaître alla à Bruxelles, où son répertoire et lui furent fêtés pendant un mois; puis il revint en France où l'attendaient des applaudissements et de belles recettes. Lille, Le Havre, Lyon, Chalon, diverses villes encore lui firent successivement l'accueil le plus favorable.

On aurait tort de supposer que Frédérick-Lemaître abandonnait au hasard le sort de ses tournées. Tout, au contraire, était préparé, réglé par lui avec un soin méticuleux. La lettre suivante, adressée à M. Fleury, directeur des théâtres de Lyon, nous donne à ce sujet des détails convaincants :

7 Juin 1845.

Mon cher ami,

C'est dans trois semaines que commencera notre association. Je pense que vous allez bientôt mettre à l'étude quelques-unes de mes pièces. Je suis d'avis de commencer par *la Dame de Saint-Tropez*. Si cette pièce obtient le même succès à Lyon que partout où je la joue, elle doit nous donner quelque temps; néanmoins il faut, je crois, tenir prêtes les autres pièces dans l'ordre suivant : 2° *Kean*, 3° *Ruy Blas*, 4° *Don César*, 5° *Trente ans*, 6° *les Mystères de Paris*; puis *Richard*, *la Tour de Nesle*, *le Barbier du roi d'Aragon*, *la Mère et la Fille*, *Othello*.

Pour Mlle Clarisse : *la Grâce de Dieu*, *la Dot de Suzette*, *les Deux sœurs de charité*, *la Chanteuse des rues*.

Cela fait seize pièces à nous deux; en cas d'insuffisance, nous aviserons. Je partirai pour Lyon dans les derniers jours de ce mois, afin d'y être le 1er Juillet; mais je pense qu'il nous faudra trois ou quatre jours pour soigner *la Dame* : mon début ne pourrait donc se faire que le 7. A cet égard dites-moi votre désir. Vous savez que je n'aime pas faire du gâchis, par système et par amour pour l'art : il faut servir à point.

Répondez-moi, faites-moi part de vos idées, enfin entendons-nous bien pour arriver au succès.

Mille compliments,

FRÉDÉRICK.

La sollicitude du comédien s'étendait à tous les détails de l'exécution. Décors, figuration, musique de scène, rien ne lui paraissait négligeable. Quelques jours après son arrivée à Lyon, il demandait à l'orchestre du théâtre des Célestins de répéter les airs d'entrée de *la Dame de Saint-Tropez*.

— Mais nous ne répétons jamais ces choses-là, objecta le chef; bien mieux, nous avons joué hier *le Barbier de Séville* sans répétition préalable.

— Je m'en suis aperçu, répondit simplement Frédérick.

Le musicien comprit et se mit à son pupitre.

Cette *Dame de Saint-Tropez*, pour le succès de laquelle Frédérick se donnait tant de peine, faillit lui être fatale, à Lyon même. Au moment où Caussade est trahi par le jeu de glaces que l'on sait, la main de l'acteur, dans un mouvement brusque, porta sur une tasse qui se brisa. Le sang jaillit en abondance et la représentation ne put continuer. On croyait une artère atteinte ; il n'en était rien, par bonheur, et Frédérick en fut quitte pour porter pendant quelque temps le bras droit en écharpe.

Le traité de Frédérick-Lemaître avec la Porte-Saint-Martin touchant à sa fin, le comédien songeait à le renouveler aussi avantageusement que possible, quand des propositions lui furent faites simultanément par l'Odéon et par la Comédie-Française. L'Odéon, dont Bocage venait d'être nommé directeur, réservait à Frédérick une création dans l'*Agnès de Méranie* de Ponsard; la Comédie-Française, menacée du départ de Rachel et de la retraite de Firmin, se décidait, pour combler ces vides, à traiter avec l'artiste que la critique recommandait à son choix depuis nombre d'années. Il y eut, à cette double nouvelle, concert de félicitations dans la presse, félicitations pour le comédien et pour ceux qui voulaient le placer dans un milieu digne de son talent. Au premier bruit, Alexandre Dumas s'était empressé de faire au créateur de *Kean* et de *Richard Darlington* cette offre sympathique :

10 Octobre 1845.

Mon cher Frédérick,

Si vous étiez engagé au Théâtre-Français, je prends vis-à-vis de vous et vis-à-vis de Cavé l'obligation — si toutefois le Théâtre-Français y consent — de vous faire votre pièce de début, en vers ou en prose, en tragédie ou en comédie, au choix du ministre.

Tout vôtre,

Alex. DUMAS.

Pour des motifs différents, les négociations de l'Odéon et de la Comédie-Française avec Frédérick-Lemaître eurent le même résultat négatif. Bocage n'offrait qu'une situation dépendante et des appointements dérisoires; les comédiens du roi prétendaient n'abandonner à leur nouveau camarade aucun des rôles en leur possession. Or l'intention de Frédérick était de s'essayer, sur la première de nos scènes, dans les personnages les plus importants et les plus divers de l'ancien répertoire; Geffroy gardant Tartuffe, Provost disposant d'Harpagon, Samson et Régnier détenant Scapin et Figaro, quels débats, quels orages n'eût pas dû subir Frédérick pour composer des représentations intéressantes! Il s'effraya de cet avenir de querelles, et les sociétaires combattirent plus que mollement les hésitations de l'homme auquel ils faisaient à contre-cœur amende honorable.

Le dénouement naturel de cette comédie en partie double fut un traité nouveau entre MM. Cogniard et Frédérick-Lemaître, traité qui attachait Frédérick à la Porte-Saint-Martin du 1er avril 1846 au 30 septembre 1849, moyennant seize mille francs d'appointements fixes pour huit mois de chaque année et soixante francs de feux par représentation (4).

V

Ruy Blas enlevé puis rendu à la Porte-Saint-Martin. — *Michel Brémond*. — Incident de *l'Ecole des Familles*. — Mort de Harel. — *Le Docteur noir*.

Le succès des féeries et des pièces de second ordre avait rendu MM. Cogniard assez froids pour les œuvres de haut style. Ils en furent punis, un jour, d'une façon qui fit du bruit dans le monde des lettres. Blessé de voir que, pendant trois années, on n'avait pas jugé bon de donner une représentation de *Ruy Blas*, Victor Hugo déclara retirer ce drame de la Porte-Saint-Martin. Ce fut dans tous les journaux un *tolle* furieux contre les administrateurs négligents. Ils s'en émurent et firent des excuses dont le grand poète se contenta d'autant plus que la Porte-Saint-Martin constituait pour son ouvrage le meilleur des cadres et que, dans sa pensée, *Ruy Blas* et Frédérick étaient inséparables. Une reprise du drame termina l'incident; elle eut lieu le 18 février 1846, au bénéfice de Clarisse qui tenait pour la première fois le rôle de la reine, et scella par une forte recette et de longs bravos la réconciliation du poète avec le théâtre.

Pour rentrer également en grâce auprès de la critique, MM. Cogniard firent suivre *Ruy Blas* d'une œuvre moins éloquente sans doute, mais noble, morale et littéraire avant tout. Elle avait pour auteur un pair académicien qui, poursuivi longtemps par l'esprit de parti, n'en a pas moins laissé la réputation d'un homme de vrai talent, et, ce qui vaut mieux, d'un homme de grand cœur.

7 Mars 1846. — *Michel Brémond*, drame en cinq actes, en vers, par M. Viennet. — Rôle de *Michel Brémond*.

Fils d'un laboureur, domestique à seize ans, Michel Brémond a aidé son maître, le comte de Solange, à forcer le secrétaire d'un oncle avare ; arrêté, il a tu le nom du principal coupable et s'est laissé condamner à cinq ans de galères. Son temps fait, il a passé en Amérique, pour conquérir une énorme fortune. Il revient alors en France où, sous le nom de Norris, il fonde de grands établissements industriels et procure l'existence à des milliers d'ouvriers. Père de deux enfants charmants, Edouard et Adèle, il répand partout des bienfaits et arrache à la misère et au désespoir de nobles cœurs malheureux. Pour commis principal, par exemple, il a pris le fils d'un banqueroutier, le jeune Derbain, qui a consacré sa vie à payer les dettes de son père, et il a placé près d'Adèle, plutôt comme amie que comme femme de chambre, sa propre nièce, Justine, à laquelle il fait donner une bonne éducation.

Dans la brillante position qu'il s'est faite, Norris doit compter autour de lui beaucoup d'amis, de flatteurs, de parasites. Parmi les premiers on distingue le comte de Solange — celui-là même pour lequel il fut condamné — vieux maréchal-de-camp d'une humeur aussi folle qu'enjouée, né avec les vices et la légèreté qui semblaient le partage de la noblesse à la fin du siècle dernier ; la marquise de Verseuil, sœur de Solange, coquette surannée qui ne songe qu'au luxe, à la dissipation ; enfin Dorneval, philanthrope hypocrite sous la Restauration, enrichi à force de bassesses, faiseur d'affaires et agioteur s'il en fût.

Norris a projeté de marier Adèle au marquis Adolphe de Verseuil, petit-fils de l'homme qu'il a dépouillé jadis, et d'unir Justine Brémond à Derbain; mais Derbain chérit en silence Adèle et Edouard aime secrètement Justine. Cependant le mariage d'Adèle avec Adolphe va se conclure, malgré les réticences aristocratiques de Mme de Verseuil, malgré les petites jalousies d'Adolphe peu satisfait de l'intimité fraternelle qui règne entre sa fiancée et Derbain, quand survient un rival inattendu : c'est Dorneval. Lui aussi, quoique présenté chez Norris par Solange et lié avec la famille Verseuil, fait une déclaration à Adèle et annonce briguer sa main. Le motif qui le guide n'est rien moins qu'honorable. Compromis par des spéculations imprudentes et placé entre le déshonneur et le suicide, il a imaginé de raffermir son crédit en entrant dans la famille de Norris. Pour se donner des auxiliaires, il flatte la passion d'Edouard et de Justine qu'il a découverte, mais c'est sur un moyen plus sérieux qu'il compte pour l'emporter sur les Verseuil.

Servi par ses observations particulières, par la remarque faite plusieurs fois que le récit de certains faits se rapportant aux Brémond produisait un pénible effet sur Norris, et par les confidences d'un prêtre qui a longtemps habité Toulon, il se persuade que Norris a une grande faute à se reprocher et il lui dit avec audace : « Donnez-moi votre fille ou je révèle à tous le secret qui vous pèse. » — Norris est d'autant plus indigné que quelques instants auparavant, ayant appris la position fâcheuse de Dorneval, il lui a généreusement offert 200.000 francs pour éviter la faillite; il se jette sur des armes pour châtier le misérable; Derbain accouru au bruit désarme son patron, mais cette intervention n'intimide pas Dorneval qui s'éloigne en accordant une heure de réflexion au malheureux Norris.

Excité par la reconnaissance, Derbain court après Dorneval et le provoque; la fortune est contraire au jeune homme qu'on ramène blessé chez Norris, où l'on se dispose à signer le contrat de Verseuil et d'Adèle. Dorneval y pénètre derrière lui, et, au moment où Norris prend la plume : « — Mettez Michel Brémond ! » s'écrie le méchant homme. Ce mot produit l'effet de la foudre sur les assistants qui tous connaissent la faute de Brémond et son séjour au bagne. Pour comble de malheur, Dorneval, vainement poursuivi par Edouard, a le temps, avant d'être conduit en prison pour dettes, d'envoyer à un journal le récit de l'aventure. Paris, la France, le monde entier connaîtront bientôt le secret que Norris espérait dérober à tous jusqu'à son dernier soupir. Que devenir après un tel scandale? S'expatrier est le parti le plus sage. Norris va le prendre quand, grâce à Derbain, les ouvriers et tous ceux qui ont dû à Norris leur travail et leur bien-être, viennent le supplier de ne pas les abandonner. Réconforté, Norris prend alors une détermination courageuse : il restera pour achever sa vie entre Édouard qu'il marie à Justine et Adèle qui épouse Derbain, au milieu de ceux qui l'aiment et l'estiment malgré tout.

Le sujet de cette pièce n'est pas très-neuf, on pourrait lui trouver de grandes analogies avec *l'Honnête criminel* et *les Deux forçats*, mais sa pensée philosophique est d'un ordre plus élevé. Si l'auteur proteste avec énergie contre l'injuste flétrissure qui poursuit un coupable après sa faute expiée, rachetée même par des années de vertu, il n'oublie pas de présenter, comme compensation, les conséquences funestes d'un acte mauvais sur la destinée de toute une famille. La moralité de l'œuvre ressort clairement de l'aveu fait, au dénouement, par Brémond même :

Soyons toujours jaloux de la publique estime;
Que la peur d'en déchoir nous éloigne du crime;
Si par le repentir on peut la recouvrer,
Au sentier de l'honneur s'il est beau de rentrer,
Souvenez-vous qu'au prix de ma fortune entière,
Je voudrais racheter ma pureté première :
Croyez-en les tourments dont je fus assailli,
Il vaudrait mieux cent fois n'avoir jamais failli.

Cette réserve est d'autant plus louable qu'il eût été facile au poète de se jeter dans des déclamations furibondes et d'obtenir des applaudissements aux dépens du goût et de la vérité. Le drame d'ailleurs est conduit avec art, les personnages bien observés agissent logiquement, le style enfin a tantôt de la vivacité tantôt de l'énergie.

L'association de Viennet, écrivain classique, et de Frédérick-Lemaître, chef reconnu de la déclamation romantique, était en elle-même chose assez curieuse. Indépendants tous deux de caractère et de langage, l'auteur et le comédien s'étaient néanmoins entendus à merveille. Nous relevons sur le manuscrit de *Michel Brémond* des preuves évidentes de cet accord. Frédérick y fait, à coups de crayon, sa besogne accoutumée de conseiller dramatique, et Viennet, sur ses indications, transpose les incidents, récrit les vers, supprime des traits, des scènes même, avec une condescendance tout aimable.

Il est une épigramme pourtant qu'il ne dut point sacrifier sans regret; nous la recueillerons, comme donnant bien la note de son esprit caustique. Norris conseille à son fils Edouard de consacrer par jour une heure ou deux à la lecture des vieux auteurs. — « Pauvre littérature, répond Edouard,

Je lis ceux de mon temps.

NORRIS

Je relis leurs aînés.

ÉDOUARD

Tiens, Molière est le seul qui nous ait devinés;
Et si de notre temps le ciel l'avait fait naître,
Notre goût, notre exemple en eût fait un grand maître.

NORRIS

Il aurait peint surtout de fiers originaux;
Nous en aurions besoin pour guérir vos cerveaux,
Et Molière sur vous exerçant la satire
A vos propres dépens vous forcerait de rire.

Si méritants que fussent la donnée et le style de *Michel Brémond*, l'auteur, en raison même de la sobriété d'effets qu'il avait cherchée, ne pouvait espérer au boulevard un accueil enthousiaste. Devant une salle brillante et choisie, son succès fut grand, le premier soir, et Frédérick en put revendiquer une part importante. Les différents mouvements de révolte que lui prêtait sa vertu indignée contre l'odieux possesseur de son secret, son affaissement sous la honte, sa protestation contre l'infamie barbare dont l'opinion voulait l'accabler, tout était rendu avec la dignité, la puissance d'un comédien consommé. Ce n'était là toutefois qu'une première épreuve; la seconde, subie devant le gros public, fut beaucoup moins favorable au drame, dont trente-cinq représentations épuisèrent la vogue.

Vers cette date se produisit un incident bien inconnu de notre époque, mais qui mit en grand émoi le monde littéraire et la gent dramatique d'alors. Adolphe Dumas, ayant présenté à la Comédie-Française une pièce en vers intitulée *l'Ecole des Familles*, avait vu son œuvre repoussée par onze boules noires sur douze votants. Blessé par ce *veto* cruel, le poète alla trouver ses confrères en littérature et en critique pour leur dire : « Dois-je rester sous cette humiliation et m'avouer au-dessous des auteurs reçus avec acclamation par messieurs les sociétaires et sifflés par le public? » -- On conseilla à Dumas de se faire juger par ses pairs et par ceux qui auraient apprécié son œuvre si on l'eût représentée. Une réunion fut convoquée, le 18 juillet, chez Adolphe Dumas, pour y entendre la lecture de *l'Ecole des Familles*; elle était composée de MM. Victor Hugo, de Jailly, Alexandre Dumas, Méry, Amédée Achard, Jules Lacroix, Altaroche,

Alfred de Vigny, Frédéric Soulié, Vacquerie, Lireux, de Matharel et Frédérick-Lemaître. La pièce lue avec une action véhémente et écoutée dans un profond silence : « Messieurs, dit Adolphe Dumas, vous êtes mes juges, je ne vous connais plus depuis l'heure où vous êtes entrés ; vous jugerez l'œuvre sans vous souvenir du poète, et quand vous me rappellerez, je remercierai mes amis de l'attention qu'ils m'ont prêtée. » — Il salua l'assemblée et sortit. Une discussion fut alors engagée, que Victor Hugo résuma et qui fut close par la sentence suivante, signifiée à l'auteur rappelé :

La réunion,

Considérant que le Théâtre-Français est essentiellement institué et subventionné pour représenter les ouvrages qui appartiennent à la littérature élevée, mission que ce théâtre semble oublier depuis quelques années ;

Déclare :

Que le Comité du Théâtre-Français a manqué au but de son institution en refusant la pièce de M. Adolphe Dumas.

A cette déclaration, publiée par les journaux avec un empressement qui révélait à quel point les comédiens du roi s'étaient aliéné l'opinion publique en jouant médiocrement des œuvres infimes, la Comédie-Française répondit, un mois plus tard, par un factum semi-narquois, semi-larmoyant, où l'on reconnut la plume de M. Samson, et au cours duquel il était reproché à Frédérick-Lemaître d'avoir méconnu l'esprit de fraternité en apposant sa signature au bas d'une pièce blâmant ses camarades. Camarade ! c'était la première fois que les sociétaires donnaient ce nom à Frédérick-Lemaître ; rapprochée de l'obstination qu'ils mettaient à repousser l'artiste,

leur invocation à la fraternité était plaisante et l'on s'en égaya justement dans la presse.

Pour en finir avec l'incident et avec celui qui l'avait provoqué, disons que *l'Ecole des Famill* , représentée en mai 1847 au Théâtre Historique, n'y rencontra qu'un succès d'estime, et que le poète mourut fou, quatorze ans plus tard, sans avoir obtenu jamais, au théâtre, la récompense de sa ténacité courageuse.

C'est également par la folie qu'avait fini Harel, dont on annonça la mort en ce même mois de juillet 1846. Après la débâcle de la Porte-Saint-Martin, il s'était associé de nouveau avec Mlle Georges pour exploiter les départements et l'étranger; puis il avait écrit un éloge de Voltaire, couronné par l'Académie Française, et deux comédies (*les Grands et les Petits*, *le Succès*) plus remarquables par la finesse des détails que par l'action généralement trouvée invraisemblable et faible. Harel laissa, au total, la réputation d'un homme peu scrupuleux, mais lettré, spirituel et fécond en ressources.

Deux pièces littéraires avaient successivement figuré sur l'affiche de la Porte-Saint-Martin; c'était assez, au sens des directeurs, pour amadouer la critique et justifier une moins noble tentative. Des beaux vers et du drame à idées Frédérick retomba, de par eux, dans la prose incolore et le mélodrame à décors.

25 Juillet. — *Le Docteur noir*, drame en sept actes, par MM. Anicet-Bourgeois et Dumanoir. — Rôle de *Fabien*.

Nous sommes à l'île Bourbon, en 1788. Le salon du gouverneur est préparé pour une fête, et la foule des invités se presse autour de Pauline de la Reynerie, reine de ce monde frivole qui danse et rit malgré le fléau mystérieux qui décime la colonie, frappant indistinctement les maîtres et les esclaves. On s'en préoccupe cependant, et un nom est dans toutes les bouches, celui de Fabien le mulâtre, *le Docteur noir*. Affranchi pour avoir sauvé la vie du marquis de la Reynerie, Fabien a consacré sa vie et ses facultés à ses frères; seul il brave le fléau qu'il va combattre dans les huttes des nègres dont il s'est constitué le médecin. Une comtesse jeune et folle brûle du désir de le voir, et, malgré la défense de la marquise de la Reynerie — une de ces rudes et fortes femmes dont le type s'est perdu dans la tempête révolutionnaire, — elle lui a fait parvenir une lettre d'invitation. Fabien se présente; indignée de son audace, la marquise s'éloigne avec dégoût en recommandant au créole Barbantane de chasser le mulâtre, mais Pauline, plus généreuse que sa mère, prévient Fabien de l'insulte qu'on lui prépare. Fabien reconnaissant s'éloigne pour rejoindre les esclaves qui, du moins, le bénissent et le respectent, quand des cris de douleur et d'effroi le rappellent : Pauline vient d'être atteinte subitement par le fléau. Si orgueilleuse qu'elle soit, la marquise dont tout le monde s'éloigne est bien obligée d'accepter pour sa fille les soins de Fabien, et la science du médecin noir triomphe du mal.

Six mois après nous retrouvons Fabien triste et malheureux; il a bien pu arracher Pauline à la mort, mais il n'a pas su se défendre contre un amour insensé. Il aime Mlle de la Reynerie, lui, le mulâtre, l'affranchi d'hier, et autour de celle qu'il adore il voit les plus brillants partis : Barbantane, richissime planteur de Bourbon, et le chevalier de Sainte-Luce, officier des vaisseaux du roi, allié aux plus puissantes maisons de France. Barbantane est ridicule, mais Sainte-Luce est dangereux; courtisan habile, il veut refaire sa fortune délabrée aux dépens de Pauline, devenue maîtresse de grands biens par la mort de sa mère, engloutie avec le navire qui la reconduisait en France où elle allait défendre devant le roi la mémoire de son mari, faussement accusé de concussion et de félonie. C'est au moment où Fabien vient de préserver Sainte-Luce des atteintes mortelles d'un énorme serpent, que le chevalier révèle au mulâtre ses intentions sur Pauline. Nul doute que le gentilhomme ne soit accepté par la jeune créole; plus d'espoir donc pour le pauvre docteur; soit, il mourra, mais avec celle qui ne peut lui appartenir. Fabien doit accompagner

Pauline dans une visite de bienfaisance, il dirige ses pas vers un endroit écarté, sur les bords de la mer, et là, n'ayant pour témoins que les flots qui déjà menacent leur vie, il lui dit son amour et la résolution terrible qu'il a prise. Pauline, épouvantée d'abord, puise dans la certitude de la mort le courage d'un aveu : elle comprend Fabien et lui pardonne, car elle l'aime aussi. Aimé, Fabien veut vivre; par un effort surhumain, il ramène Pauline au rivage.

Mlle de la Reynerie ne recule pas devant la conséquence naturelle de son aveu, elle accorde sa main à Fabien qui s'agenouille devant elle comme devant une madone, mais à peine leur mariage est-il secrètement célébré qu'une lettre arrivée de France annonce à Pauline que sa mère, échappée miraculeusement à la mort, l'attend à Versailles. Fabien mesure d'un œil calme le gouffre qui s'ouvre devant lui, et il suit Pauline non plus comme un époux, mais comme un valet de confiance. Abreuvé d'outrages, insulté devant Pauline par Sainte-Luce, dont la marquise seconde les projets, le mulâtre sent ses forces l'abandonner quand Pauline elle-même prend sa défense et confesse à Mme de la Reynerie son amour et son mariage. Une heure après Fabien est jeté à la Bastille, et Pauline mise au couvent par les soins de la marquise irritée. Mais nous sommes en 89, le peuple de Paris assiège bientôt la Bastille et met en liberté les victimes de la tyrannie. Fabien apprend à la fois sa libération et le décès de la marquise, c'est trop d'émotions pour le pauvre mulâtre qui devient fou de joie.

Un ouvrier, dont Fabien a guéri la mère, emmène l'insensé en Bretagne où se retrouvent, au temps de la Terreur, Pauline et Sainte-Luce. Dépossédés et menacés par la Révolution, ces derniers veulent passer en Angleterre; les républicains les surprennent et vont les arrêter, quand Fabien, recouvrant à demi la raison, réclame Pauline comme sa femme à lui, victime des nobles; il en donne pour preuve l'acte de mariage conservé sur son cœur, mais au moment où il tire le papier protecteur, un homme met en joue Pauline; le mulâtre se jette instinctivement au-devant du coup et meurt comme il a vécu, pour la femme qu'il adore.

Cette pièce, dont la donnée banale est encore aggravée par des détails vulgaires, produisit un certain effet sur le gros public, mais la partie lettrée des spectateurs l'accueillit avec réserve, et les critiques la jugèrent plus que sévèrement. — « C'est, écrivait Balzac, résumant l'opinion générale, le comble de la stupidité, la médiocrité dans ses saturnales. » — On la joua deux mois cependant, grâce à la mise en scène, grâce surtout à Frédérick-Lemaître tour à tour soumis, emporté, poétique et terrible dans son rôle de mulâtre bienfaisant et persécuté.

VI

Quatrième voyage de Frédérick-Lemaître à Londres. — M. Félix Pyat. — *Le Chiffonnier de Paris.* — Un procès en diffamation.

Au mois de janvier 1847, Frédérick-Lemaître retourna pour la quatrième fois à Londres, où il devait donner dix-huit représentations, cotées trente-deux livres sterling chacune (5). Il y fut accueilli avec faveur dans les principaux rôles de son répertoire, dans *l'Auberge des Adrets* surtout. Seuls *les Mystères de Paris,* dont la reine et le prince Albert avaient demandé la représentation, excitèrent le mécontentement des spectateurs anglais; ce fut, disent les journaux londoniens, non la faute de l'acteur qui avait fort bien joué, mais celle de la pièce dont on désapprouvait la tendance et la construction.

Un rôle à la fois superbe et osé attendait Frédérick-Lemaître à son retour : M. Félix Pyat venait de présenter à la Porte-Saint-Martin un drame intitulé *le Chiffonnier de Paris* en demandant Frédérick comme principal interprète.

M. Félix Pyat, auteur applaudi d'*Ango,* des *Deux Serruriers,* de *Diogène* et de *Mathilde,* était alors du petit nombre d'écrivains dont les noms remuaient le public. La vocation et non le mercantilisme l'avait entraîné vers la scène. Il y montrait, avec l'unité du fond, la variété dans la forme, de l'énergie et du charme, une fraîcheur de jeunesse unie à une maturité forte et savante; avec tout cela le respect du public et de lui-même, l'honnêteté et l'élévation du but, l'audace et le scrupule du style. Plus remarquable encore que ses œuvres précédentes, *le Chiffonnier* de M. Pyat avait été reçu avec enthousiasme par le théâtre; restait à l'auteur à faire accepter le rôle au comédien qu'il désirait.

M. Félix Pyat professait pour Frédérick-Lemaître une admiration vieille déjà de vingt années. — « La première fois que je vis l'homme, écrit l'auteur du *Chiffonnier*, fixant obligeamment pour nous ce souvenir, j'avais dix-sept ans. C'était en 1827. Je sortais du collège de Bourges, tout barbouillé de latin et de grec, et venais faire mon droit à Paris. La veille, mon père, fort classique, m'avait mené voir la tragédie de Racine, *Iphigénie*, jouée par Duchesnois, avec ce beau garçon boucher, Lafon, jouant Achille. Malgré ma vénération pour les maîtres, j'avais grandement bâillé au Théâtre-Français. A la Porte-Saint-Martin, ce fut différent. En écoutant le mélodrame de Ducange, transfiguré par le génie de Frédérick, je compris que la vraie tragédie était au boulevard, et que les Grecs et Romains de Versailles étaient moins dramatiques que les Parisiens de Paris. Je n'ai jamais vu Talma qui était sans doute plus Grec que Lafon, mais qui n'a guère touché à la vie moderne que dans *l'Ecole des Vieillards;* je doute qu'il eût pu idéaliser le réel ou réaliser l'idéal comme l'a fait le grand et populaire artiste dont vous êtes l'historien. » — Fort au courant du mouvement littéraire, Frédérick avait pour M. Pyat une considération égale à la sympathie que lui témoignait l'écrivain; il hésita pourtant à prendre le rôle qui lui était offert. Avait-il peur de rappeler, en endossant les guenilles du *Chiffonnier*, les haillons de Macaire, rachetés avec tant de peine? Craignait-il quelque scène difficile ou dangereuse? On ne sait. Heureusement pour l'auteur et pour Frédérick lui-même, Clarisse, qui assistait à la lecture, combattit l'irrésolution de l'artiste en jurant du succès. — « J'accepte », dit enfin Frédérick, avec plus de résignation que d'enthousiasme. Mais dès la première répétition il changeait d'attitude, s'éprenait du rôle et remerciait avec effusion M. Pyat de son choix et Clarisse de son insistance.

Il y avait alors, sur le pavé de Paris, un chiffonnier philosophe nommé Liard, autour duquel les petits journaux avaient créé une légende. C'est à Liard que Frédérick s'adressa pour apprendre la manière de porter la hotte, de tenir la lanterne et de piquer dextrement les chiffons et les os. Quinze leçons suffirent au comédien, qui s'occupa avec la même conscience de réunir les loques indiquées pour son costume.

Ces petits détails publiés, le renom de l'auteur, le titre de son œuvre à laquelle on attribuait par avance une haute portée, l'attrait enfin d'une création originale de Frédérick-Lemaître, tout se combina pour piquer la curiosité et faire de la représentation du *Chiffonnier* un événement littéraire.

11 Mai 1847. — *Le Chiffonnier de Paris*, drame en cinq actes et douze tableaux, par M. Félix Pyat. — Rôle de *Jean*.

Le rideau se lève, par une nuit sombre, sur le quai d'Austerlitz. Deux chiffonniers sont là, qui font leur triste métier, l'un ivre et chantant, l'autre sombre et désespéré. Jean, celui qui chante, est né pour porter la hotte; il boit et n'envie personne, heureux qu'il est de trouver sa vie au bout de son crochet et sa gaîté au fond d'un verre. L'autre, Garousse, qui est tombé peut-être d'un somptueux hôtel dans la fange, ne supporte point sa misère et l'abjection du métier qui le nourrit. Il s'élance vers le parapet pour en finir avec la vie; son compagnon le retient, et veut le consoler avec sa morale d'ivrogne. La harangue de Jean et l'article d'un journal contre le suicide qu'il lui donne à lire décident Garousse à vivre. C'est tant pis pour un pauvre diable de garçon de caisse, Jacques Didier, qui survient, chargé d'une sacoche et d'un portefeuille; Garousse le frappe de son crochet pour le dévaliser. Les cris de Didier font accourir Jean qui veut empêcher le crime, mais son état d'ivresse rend ses efforts impuissants, il est renversé lui-même et l'assassin disparaît avec son butin, tandis que Jean dégrisé, tremblant d'être pris comme complice, s'éloigne au bruit d'une patrouille, en jurant de ne plus jamais boire.

Vingt années s'écoulent. Dans une mansarde du faubourg Saint-Antoine une jeune ouvrière, Marie Didier, fille du malheureux Jacques, achève une robe de satin surchargée de dentelles. Marie est triste, car elle est seule au monde et vit pauvrement de son aiguille; la solitude de sa chambre n'est égayée que par la visite d'un vieux voisin, le père Jean, chiffonnier de notre connaissance, qui s'est logé près de Marie pour remplacer autant que possible le père mort sous ses yeux et presque par sa faute. Tout en terminant la belle robe, Marie ne peut s'empêcher d'envier le sort de celle qui la portera. Comme on doit être jolie dans cette élégante toilette! C'est qu'elle lui irait tout aussi bien qu'à une autre... et Marie, devant son miroir, de remplacer sa robe de toile par la robe de dentelle. A ce moment le carnaval fait entendre sa voix sur l'air du tra la la, et il envahit la chambre de Marie sous les costumes de débardeuses et canotières, grisettes de ses amies, qui vont au bal de l'Opéra. Que Marie les accompagne donc! Mais elle n'a pas de toilette. — Et cette robe de dentelle, la cliente ne l'aura que demain. — Pas de coiffure non plus. — Les grisettes en improvisent une. Bref, Marie est entoilettée, ensorcelée, entraînée.

Après le bal, le souper; de l'Opéra à la Maison-Dorée. Henri Berville y enterre son célibat, en compagnie d'amis, qui mènent le deuil de ses joies, de ses plaisirs, de sa jeunesse, car Henri va se marier, ce qu'il appelle se suicider. Blasé sur tout avant l'âge, mort à l'orgie même, il assiste comme une ombre à ce festin de ses funérailles. La volée des grisettes s'abat autour de lui; il ne les regarde même pas. Cependant l'une d'elles, seule masquée, reste silencieuse et morne. Étonnement des convives : — « C'est un mannequin! — C'est un objet d'art! » — Aux propos railleurs se joignent bientôt les gestes audacieux. Le masque est enlevé, la robe déchirée; Henri s'élance furieux, provoque celui qui a porté la main sur Marie, car c'était elle, et il court sur les traces de l'ouvrière, entraîné par un sentiment dont il ne se croyait plus susceptible.

Retournons au faubourg Saint-Antoine. La chambre de Marie est vide quand une femme de mauvaise figure y pénètre, dépose un enfant sur la couchette de l'ouvrière, et part comme elle est venue. C'est alors que Marie, les cheveux en désordre, sa robe déchirée, rentre chez elle. Elle pleure, elle se désespère; la robe de dentelle est perdue, et elle ne peut la payer, c'est un abus de confiance qui peut la conduire en prison. La tête de Marie s'exalte; elle pense à se donner la mort, mais, avant d'exécuter son fatal dessein, elle écrit une lettre d'adieu à son vieux voisin, au père Jean qui l'aime, lettre qu'elle va déposer dans le grenier qu'habite le pauvre homme. Henri survient; il veut faire accepter sa bourse à l'honnête ouvrière, qui lui répond par un refus obstiné. Restée seule, Marie calfeutre porte et fenêtre, remplit un fourneau de charbon et y met le feu. Pendant ce temps le père Jean, rentré dans son taudis, y fait l'inventaire de tous les objets dont sa hotte est pleine : fragments de livres, lambeaux d'actions industrielles, billets galants, harangues politiques, chiffons que tout cela! — Mais parmi ces chiffons une liasse de papiers maculés fait obstacle à son crochet : dix billets de banque de mille francs! Ebloui, étourdi, il ne sait que faire de son trésor. Où le mettre? où le cacher? La lettre de Marie frappe ses yeux; autre saisissement pour le brave homme. Il court à la chambre de l'ouvrière, enfonce la porte et trouve Marie pressant dans ses bras l'enfant déposé sur sa couchette et dont un cri lui a révélé la présence : elle vivra désormais pour le petit être que Dieu lui envoie.

L'action du drame s'explique à l'acte suivant, qui se joue chez le baron Hoffmann. Ce baron, banquier, n'est autre que Garousse, le chiffonnier criminel du prologue. Tel père, telle fille. Mlle Claire Hoffmann a commis une faute grave, elle est mère d'un enfant qui lui sert de raison pour refuser d'épouser Henri Berville, le pupille de son père. Pour vaincre les scrupules de Claire, le baron ne trouve rien de mieux que de lui apprendre comment il a tué et volé Didier, caissier de M. Berville père, comment il s'est ensuite introduit chez M. Berville, est devenu son associé, puis le tuteur d'Henri, comment il est indispensable, pour sa sécurité, qu'elle épouse Berville fils, comment enfin l'enfant clandestin ne sera point un obstacle puisque lui, baron, a donné dix mille francs à une Mme Potard, sage-femme, pour qu'elle le débarrassât de ce poupon désagréable. Claire consent avec des larmes à exécuter la volonté de son père ; mais arrive Mme Potard qui avoue n'avoir pas eu le courage de tuer l'enfant, elle l'a perdu; par malheur elle a perdu le même soir les dix mille francs du baron ; ce dernier s'engage à remplacer la somme si la mégère veut accomplir la besogne manquée, et Mme Potard se remet en campagne.

Tout est joie dans la chambrette de Marie. Henri Berville est revenu chez l'ouvrière ; il aime passionnément et pour la première fois. La vertu, la beauté de Marie ont fait ce miracle. Il ne veut tout d'abord que l'avoir pour maîtresse ; la fierté, l'abnégation de la jeune fille le font changer d'idée et il jure de la prendre pour femme. Tout à coup la porte de la mansarde s'ouvre violemment ; des agents de police entrent et arrêtent Marie, comme prévenue d'infanticide. Pendant que la généreuse fille était allée vendre l'anneau de sa mère pour nourrir son enfant adoptif, Mme Potard est entrée dans sa chambre, a pris l'enfant, l'a jeté dans un puits voisin, et c'est Marie qu'on accuse de ce crime.

Heureusement le père Jean est là. On lui a pris Marie, sa douce et chère Marie, et le pauvre homme se transfigure. Lui, le misérable obscur, il luttera contre le crime puissant et riche pour sauver l'innocente. Jean vient de lire une affiche par laquelle Mme Potard réclame dix mille francs perdus ; il se rend chez elle, les billets en poche. La vue de la Potard, sa cupidité, son trouble, ses réticences, éveillent les soupçons du vieillard. C'est un fin matois que le chiffonnier; son habileté est d'autant plus grande qu'elle lui vient du cœur; il parvient à tirer de la sage-femme le secret de son crime et une lettre très-compromettante pour le baron. Pièce en main, il va droit au banquier. En vain les laquais s'interposent, il passe, entre et menace. Hoffmann épouvanté reconnaît dans le maître de son secret le témoin de son premier crime, et propose au chiffonnier une fortune en échange de la lettre accusatrice. — C'est la liberté et l'honneur de Marie que Jean demande! — Alors, une infernale idée vient au baron; il sort en priant le chiffonnier de l'attendre quelques instants. Comme la table est servie, des valets viennent dire à Jean que leur maître le retient à dîner, et l'invitent à se rafraîchir. Depuis la nuit fatale du meurtre de Didier, Jean a tenu son serment de sobriété; il demande donc un verre d'eau, mais on lui verse du vin, et le chiffonnier, moitié par amour-propre, moitié par gourmandise, y trempe ses lèvres. Le vin est bon; au premier verre succède un second, au bordeaux le champagne, au champagne l'eau-de-vie; bref Jean est gris quand le baron reparaît, prend le chiffonnier à la gorge, et lui arrache la pièce dangereuse qu'il brûle. Mieux encore, ladite pièce étant enfermée dans le portefeuille de Didier, conservé par Jean, le baron fait appeler des agents et leur livre le chiffonnier comme coupable de l'assassinat commis vingt ans auparavant sur le garçon de caisse.

Marie a perdu son brave défenseur. La pauvre fille est dans sa prison, navrée de douleur et résignée pourtant. Une suprême consolation lui advient; Henri pénètre jusqu'à elle, et lui jure qu'il la croit innocente et l'épousera, absoute ou condamnée. Mais le baron veille; il sait la résolution d'Henri; à tout prix il lui faut ce mari pour sa fille; il a donc la lâcheté odieuse de venir dire à la prisonnière qu'Henri est ruiné, s'il ne renonce à elle, et qu'il n'y renoncera que si elle se perd elle-même. Plus généreuse qu'intelligente, Marie se laisse persuader et signe l'aveu du crime qu'elle n'a pas commis.

Le père Jean, conduit chez le commissaire, a retrouvé toute sa tête; il se maudit, mais il puise dans son désespoir même un courage nouveau. Quand le magistrat arrive, ce n'est pas à lui, c'est à Marie seule que le chiffonnier songe. On l'interroge, et il répond que Marie est innocente; il s'exalte, il pleure, puis s'emporte. En vain on lui dit que Marie s'est avouée coupable; il répond que c'est un nouveau crime du baron. A Henri, qui courbe la tête : « Vous ne l'aimez donc pas », crie Jean avec indignation. Bref, il ébranle le juge et réconforte l'amoureux, si bien que le premier l'autorise à exécuter le projet qu'il rêve, et que le second lui prête trente mille francs pour aider à la réussite de ce même projet.

En compagnie d'un agent, le chiffonnier se présente alors de nouveau chez Mme Potard. Il a, dit-il, tiré trente mille francs du baron au moyen de la lettre que lui a remise la matrone et vient les partager avec elle. La vue des billets éblouit la Potard. — « J'ai encore une preuve à lui vendre », s'écrie-t-elle, et elle exhibe un morceau de la serviette qui enveloppait l'enfant noyé par elle et qu'elle a coupé parce que le chiffre du baron y est empreint. Sur quoi l'agent, qui feignait de jouer le rôle d'associé de Jean, met la main sur la drôlesse et l'arrête, à la satisfaction de Jean qu'elle injurie en vain.

Restent les principaux coupables. Toujours escorté de policiers, Jean se rend à l'hôtel du baron. Tout y est prêt pour le mariage de Claire Hoffmann avec Henri Berville qui a feint de consentir, sur la prière de Jean, quand le chiffonnier pénètre dans le salon, en l'absence du banquier, et, terrible, arrache d'un coup de crochet le voile menteur de la fiancée qu'on emporte mourante. Survient Garousse-Hoffmann ; croyant que Jean s'est évadé, il le prend d'abord de haut avec lui et le menace ; c'est bientôt à son tour de trembler sous la parole du chiffonnier et de demander grâce. Le commissaire, témoin invisible de la scène, apparaît alors et s'empare du criminel qu'attend le bourreau, tandis que Marie justifiée tombe avec son amant dans les bras du père Jean épanoui.

Il y a dans ce drame, en dépit de longueurs et de quelques invraisemblances, un vif intérêt, de l'esprit, de la chaleur, la connaissance du métier, le sentiment de l'art, l'ensemble enfin qui est le propre des chefs-d'œuvre. Par amour de la vérité morale et de la vérité matérielle, il montre le mal de la société là où il est, en bas comme en haut. On y retrouve les trois éléments antiques de succès, la curiosité, la terreur, la

pitié, avec cet élément moderne, l'enseignement. C'est la tragédie populaire, la seule possible en notre temps avide de sincérité.

Le rôle de Jean est à la fois la pensée et l'exécution de l'œuvre entière; l'auteur y a mis le meilleur de son talent, il l'a composé et écrit avec une sorte d'amour, il l'a nuancé avec une extrême habileté, sans lui ôter la bonhomie, la naïveté, la rudesse, qui forment l'essence du caractère. C'est une création originale et saisissante, d'où jaillit une leçon à la fois simple et haute. Le commentateur fut digne de l'écrivain, l'acteur digne du rôle. Plein d'onction avec sa fille adoptive, d'astuce avec la sage-femme, d'énergie et de grandeur avec le baron Hoffmann, de naturel et de philosophie dans son grenier, de chaleur et d'entraînement avec le magistrat, Frédérick eut des mouvements si imprévus, des cris si bouleversants, des inspirations si belles que le public le rappela trois fois et que la presse déclara avec unanimité qu'il n'avait jamais été plus dramatique et plus grand.

Trois jours après l'apparition du *Chiffonnier*, Frédérick-Lemaître se présentait devant la 7e chambre de Police Correctionnelle, pour y soutenir une plainte en diffamation contre M. Albin Puech, dit Charles Rosny, rédacteur en chef de *la France théâtrale*. Interrogé par le président Pérignon, le comédien donna des explications qu'on chercherait vainement dans les feuilles judiciaires et que nous recueillons en raison de leur habile ordonnance :

Je ne viens pas me plaindre ici de la critique. Je connais la position en quelque sorte exceptionnelle d'un acteur; je ne me plains donc pas que le journal ait dit que j'étais sans talent; tout le monde a le droit de le penser et de le dire. Là s'arrête, je crois, le droit de la critique; mes confrères et moi ne sommes pas au théâtre pour le plaisir seulement de jouer la comédie; nous y avons encore un intérêt commercial; eh bien! je viens me plaindre de ce qu'on a cherché par tous les moyens possibles à me ruiner dans mes intérêts commerciaux, à m'enlever les ressources qui soutiennent moi et les miens. On a répété à satiété : « N'engagez pas M. Frédérick-Lemaître, il est usé ». — Je n'ai rien dit à cela; mais on ajoute : « C'est un homme qui ruine toutes les entreprises théâtrales », et l'on a mis en œuvre un véritable système d'intimidation. C'est alors que je me suis plaint; on veut m'empêcher de vivre et je veux vivre. A propos de mes représentations au Grand-Théâtre de Marseille, on imprima que je ne faisais rien; je suis fâché d'avoir à me dire des choses agréables, mais j'eus au contraire un succès inouï à Marseille. Le théâtre était avant mon arrivée dans un état désespéré; tous les ténors étaient tombés, et les succès des théâtres de province ne tiennent plus maintenant qu'au larynx des ténors; eh bien! je fis des recettes énormes; la moyenne fut de 2.200 francs, et, si l'on a égard aux abonnements civils, aux abonnements militaires qui sont si nombreux en province, cela équivaut à des recettes de 4.000 à 4.500 francs. Les articles de *la France théâtrale* me font un véritable tort; je puis, d'un moment à l'autre, vouloir traiter avec Lyon, Rouen, etc., mais les directeurs ne peuvent penser à m'engager. C'est me condamner au supplice de Jane Shore : « Si vous lui jetez du pain, on vous punira. » — Voilà ce dont je viens me plaindre.

Un jugement rendu le 22 mai constata la mauvaise foi du journaliste, son intention évidente de nuire à la considération professionnelle et aux intérêts pécuniaires de Frédérick-Lemaître, et condamna Albin Puech, dit Charles Rosny, à payer au plaignant mille francs de dommages-intérêts.

Le succès du *Chiffonnier de Paris* dura pendant tout l'été de 1847. Pour combattre la chaleur, qui était grande, M. Duvelleroy, ami de l'auteur, avait imaginé un éventail plébéien qu'on vendait dix centimes et qui reproduisait, avec le portrait de M. Félix Pyat, quatre épisodes importants du drame.

La pièce ne pouvait échapper à la parodie. Le théâtre Beaumarchais en donna, le 29 mai, une imitation burlesque en trois actes et en vers, *le Chiffon-nié de par ici*, qui excita le rire, bien que les rimes de MM. Jouhaud, Dutertre et Oscar Robin fussent indigentes et leurs bons mots caducs.

Le Chiffonnier de Paris devait être le dernier ouvrage représenté de M. Félix Pyat; c'est le seul qui reparaisse quelquefois sur une affiche parisienne. Il y figurerait plus fréquemment, à notre avis, si M. Félix Pyat, subordonnant la littérature qui fit sa gloire à la politique qui fit sa perte, ne voulait imposer aux théâtres une version du *Chiffonnier* différente de l'édition primitive. Cette version, publiée en 1884 par la librairie Calman Lévy, est fâcheuse en ceci que le côté trivial de l'œuvre s'y accentue concuremment avec le côté socialiste, que l'intercalation de certains mots choisis peut-être dans un espoir de rajeunissement y produit l'effet contraire en semant d'anachronismes le sujet ineffaçablement daté par divers épisodes, que le drame enfin y perd de sa simplicité sans rien gagner en intérêt.

Peut-être faisons-nous erreur et doit-on attribuer surtout la non-fréquence des représentations du *Chiffonnier de Paris* aux difficultés nombreuses de l'interprétation principale. Ils sont rares, en effet, les acteurs assez robustes et assez intelligents pour porter sans faiblir les haillons de ce Jean paternel et tragique; il est encore à naître, le successeur de l'homme au sujet de qui M. Pyat, interrogé par nous, écrit après tant d'autres : « Ce fut le plus grand comédien de l'époque ; mon admiration et ma reconnaissance pour lui sont sans bornes ; c'est un devoir pour moi d'acquitter un peu ma dette du *Chiffonnier* en fournissant mon grain de sable au monument que vous élevez justement à sa gloire. »

VII

Révolution de Février. — Une représentation populaire. — Réapparition de Robert Macaire. — Troisième et dernière version de *l'Auberge des Adrets*. — Un Congrès dramatique. — Frédérick-Lemaître orateur.

Interrompu par un congé de Frédérick-Lemaître, *le Chiffonnier* figurait de nouveau sur l'affiche quand la royauté issue des barricades de juillet 1830 disparut à son tour dans la tempête de février 1848. La Porte-Saint-Martin fut le premier théâtre qui rouvrit ses portes. Le 26 février, à deux heures, une représentation gratuite du *Chiffonnier* était offerte au peuple en armes. Après *la Marseillaise* et *le Chant du Départ*, clamés par Moëssard avec accompagnement de la salle entière, le drame consacré déroula sa fable pathétique et hardie; Frédérick excita un enthousiasme indescriptible, dans la scène surtout où, vidant sa hotte, il en tira la couronne et une affiche du préfet de police conçue en ces termes : *Les Banquets sont interdits.* L'auteur et l'acteur, acclamés au même titre, gardèrent de cette ovation la même souvenance ardente. — « Ce fut, nous disait Frédérick, un spectacle vraiment sublime » — « On peut, écrit M. Félix Pyat, payer une telle journée d'une vie d'exil. »

Avec la royauté disparaissait naturellement la censure. Les directeurs de la Porte-Saint-Martin voulurent en profiter pour rappeler d'exil Robert Macaire. Ils rencontrèrent d'abord chez Frédérick-Lemaître une opposition motivée à la fois par un scrupule d'art et des raisons d'intérêt.

8 Mars 1848.

Mon cher Hippolyte,

Comme vous me l'écrivez, les questions d'argent entre certains hommes et dans de certaines circonstances sont choses péniblement ennuyeuses, mais, vous le dites avec une cordiale franchise, il faut en finir. Je me répète pour la dernière fois : c'est pour moi une chose répugnante que de jouer Robert Macaire en ce moment. Cette répugnance, corroborée par certaines gens qui trouvent que c'est *bien tôt*, cette répugnance, dis-je, est tout artistique. Depuis *Ruy Blas* et *Kean* (dix ans), j'ai passé l'éponge sur les épithètes macairistes et effacé le sobriquet attaché à mon nom de citoyen; ne serait-ce pas me l'accoler de plus belle? Je sais bien que cela pourrait devenir un titre de plus à l'approbation des hommes intelligents, mais ces hommes sont rares, même après une révolution; combien de poltrons, de rétrogrades, s'écrient aujourd'hui déjà : « Je suis fâché d'être venu avec Gavet! »

J'arrive au point essentiel, à la question qui agite le monde en tout et partout, l'argent. A l'heure présente donc, il est un oiseau qui en secouant ses ailes peut en faire tomber une pluie d'or; huit personnes se disposent à se précipiter sur lui, si bien qu'il finira par perdre toutes ses plumes et restera nu : c'est l'histoire de Frédérick-Lemaître s'affublant de la défroque de Robert Macaire pour faire passer de l'argent dans les mains de trois auteurs, un directeur, quatre administrateurs, tandis que lui reconquerra... le surnom de farceur! Est-ce juste? Non. Vous l'avez compris parfaitement, puisque vous êtes allé au-devant de l'objection en m'offrant le partage des bénéfices. Ils ne peuvent être bien grands pour personne, parce qu'on est infiniment trop de monde pour partager le gâteau, mais, à l'heure qu'il est, il faut se contenter de peu et admettre chacun au foyer et à la table. Nous sommes donc parfaitement d'accord, vous et moi, sauf à régler nos parts ; quant aux autres intéressés, nous tâcherons de leur faire entendre raison et de les rendre plus traitables.

Le travail que vous avez bien voulu me faire remettre ne peut être une base pour moi, vu les nombreuses dépenses que vous avez dû faire depuis quelques années pour monter avec tant de soin vos grandes féeries qui, indépendamment des frais énormes de mise en scène, vous imposaient encore des charges journalières considérables.

Je réponds à vos offres : « Merci ; je ne veux rien en plus de mon traitement ordinaire, si l'affaire que vous projetez se réduit à faire vos frais, que j'estime être de 1.400 francs par soirée ; s'il y a bénéfice, je vous demande moins que la moitié de ce que vous donniez à Dorval et à moi lors de *Trente ans*, — vous préleviez 1.200 francs et nous avions chacun un tiers, — eh bien, prélevez 1.400 francs et donnez-moi un tiers, c'est-à-dire que si l'on fait 2.000 francs en commun, c'est 200 francs qu'il me reviendra. Vous m'offrez 160 francs de fixe, j'aime mieux l'éventualité ; si vous ne faisiez pas vos frais, je rougirais de recevoir un argent non gagné, et, si vous faisiez de fortes recettes, je serais humilié de faire gagner de l'argent non à vous Cogniard, mais à des étrangers à qui je ne dois *absolument rien*. »

Vous m'avez demandé, au nom de notre amitié, de la franchise ; je vous dis ce que je pense du fond du cœur et de l'esprit. Puisse cet aveu être accueilli favorablement par vous, car je tiens infiniment non-seulement à conserver nos relations amicales, mais encore à les développer.

Mille compliments, et tout à vous,

FRÉDÉRICK-LEMAITRE.

MM. Cogniard tenaient à leur idée ; par leurs soins, les objections principales de l'auteur-comédien furent bientôt levées, au moyen de la convention suivante, qui donnait aux intérêts pécuniaires de Frédérick satisfaction complète :

Entre les soussignés, a été convenu ce qui suit :

D'une part, moi, Benjamin Antier, homme de lettres, autorisé par mes collaborateurs, concède à M. Cogniard, directeur du théâtre de la Porte-Saint-Martin, le droit de faire représenter sur son théâtre la pièce intitulée *l'Auberge des Adrets* aux conditions suivantes : cette pièce sera considérée comme grande pièce, et ne pourra percevoir sur la recette brute moins de *cinq pour cent*, quelle que soit la composition du spectacle; le droit des billets sera celui d'une pièce en cinq actes.

D'autre part, moi, Frédérick-Lemaître, artiste dramatique et auteur de la pièce intitulée *Robert Macaire*, autorisé par mes collaborateurs, concède à M. Cogniard le droit de faire jouer sur son théâtre la dite pièce. Cette pièce en six tableaux, quelle que soit la composition du spectacle, percevra sur la recette brute *dix pour cent*, et le droit des billets sera celui des grands ouvrages, c'est-à-dire 72 francs par soirée. Il est bien entendu que le rôle de Robert Macaire ne pourra dans aucun cas être joué par un autre que M. Lemaître, et que si ce dernier venait à ne plus pouvoir jouer le dit rôle, soit par congé, rupture ou expiration d'engagement, les auteurs rentreront dans leurs droits pour faire de leur ouvrage ce que bon leur semblera.

Moi, Cogniard, directeur du théâtre de la Porte-Saint-Martin, accepte ces conditions et m'engage à faire exécuter le contenu du présent.

Fait triple entre nous, de bonne foi, à Paris, ce 21 Mars 1848.

ANTIER, LEMAITRE, COGNIARD.

Le 23 mars, *l'Auberge des Adrets* reparaissait sur l'affiche, suivie, le lendemain même, de *Robert Macaire*. Pendant plusieurs mois, ces deux parties de l'œuvre bouffonne alternèrent, comme faisaient, au Théâtre Historique, les deux moitiés du dramatique *Monte-Christo*, et Frédérick y mérita de nouveau d'unanimes suffrages.

« Robert Macaire, écrivait alors Paul de Saint-Victor enthousiaste, c'est Frédérick qui encanaille son génie. Ce drame étrange qu'il a composé avec des coups de pied, des grimaces, des intonations excentriques et des onomatopées de tabatière, est pour lui comme un instrument familier, comme un Stradivarius d'ironie sur lequel il peut, sans crainte de rompre la mesure, exécuter toutes les folies, tous les caprices, toutes les variations de bouffonnerie ou de terreur qui lui passent par l'esprit. Cela ne finit ni ne commence, cela n'a ni queue ni tête. L'acteur traite son rôle comme il traite Bertrand; il le fait poser, il le nargue, il le mystifie; son geste coupe à tout moment le dialogue par le milieu et le finit en esquissant en l'air toutes sortes d'arabesques sardoniques. Ce cauchemar a ses hasards et ses bonnes fortunes. Tout à l'heure vous étiez devant je ne sais quel ignoble tréteau taillé dans le bois dont on fait les guillotines, et voilà qu'une scène digne de Molière — celle de la partie de cartes par exemple, — qu'un éclat de rire intelligent et philosophique, qu'une de ces soudainetés de naturel et de fantaisie dont abonde le jeu de Frédérick vous ramènent, comme par enchantement, en pleine et haute comédie!... »

— « Est-il heureux, ce Frédérick! » disait avec envie Rachel, en voyant la foule accourir à la Porte-Saint-Martin, tandis que la Comédie-Française encaissait, malgré ses programmes renforcés, des recettes dérisoires.

Bonheur, sans doute, mais encore et surtout puissance de talent. C'était sa revanche, à Frédérick, revanche de grand comédien victime des coteries inintelligentes, revanche d'auteur satirique victime de la censure brutale. Avec quelle joie il retrouvait sa création aimée, avec quelle ardeur il cherchait à rajeunir ses loques en les ornant de paillettes nouvelles!

Robert Macaire avait reçu du premier coup sa forme définitive; mais, quoique corrigée deux fois déjà, *l'Auberge des Adrets* était susceptible encore de modifications diverses, et c'est elle surtout qui bénéficia de la verve du comédien surexcité par le succès. Elle y perdit, au profit du bon sens, sa dernière apparence de production mélodramatique. Au lieu d'assassiner Germeuil, Macaire, en effet, lui mettait simplement sous les narines du tabac narcotique, le bonhomme s'endormait au lieu d'agoniser, et ce changement permettait aux spectateurs d'écouter sans arrière-pensée les lazzis des deux fripons.

Cette version définitive de *l'Auberge* n'étant pas imprimée, il nous paraît intéressant de relever sur le manuscrit de Frédérick-Lemaître, les épisodes principaux qui la différencient des éditions connues.

A la scène VI du deuxième acte, Macaire et Bertrand jouent aux fashionables pour éblouir les gendarmes qui viennent d'arriver à l'auberge. Après les classiques couplets de *la Belle Annette*, ils se dirigent vers le piano.

PIERRE. — Oh! ils vont faire de la musique!

(Macaire touche du piano, prend du tabac, en offre à Bertrand, retouche du piano, puis se tournant vers Pierre qui est en extase.)

MACAIRE. — Qu'est-ce que vous faites là?

PIERRE. — J'écoute... Allez, allez, la musique!

MACAIRE. — Tout cela est très-bien, mais occupez-vous de notre déjeuner.

PIERRE. — Soyez tranquille, monsieur, ça va; on casse les côtelettes et les œufs sont sur le gril.

MACAIRE, *regardant un cahier de musique que Bertrand vient de mettre sur le pupitre.* — Eh mais, dis donc, voilà un duo tiré de l'opéra que j'avais l'intention de composer.

BERTRAND. — Oh! ces voleurs, ils t'ont pincé ça... Tiens, ah! ils l'ont traduit en italien. (*Lisant.*) Arloquino devorando per il pounetchia... *Arlequin dévoré par des punaises!*

MACAIRE, *chantant.* — Ah! quoel horribilé animalio

quoui courro en haut mondo! il mor... (*Parlant.*) Qu'est-ce que c'est que ça?... il y a une faute.

BERTRAND. — Il manque une punaise à la clef.

MACAIRE, *chantant.* — Il morn.io violamenté, oh! ah! ah! hi! hi! (*Parlant.*) Comme ça peint bien la situation!

BERTRAND. — Maintenant, en duo. C'est moi que je fais Colombine. Colombine l'aide...

MACAIRE. — Parbleu! du moment que c'est toi, ça ne peut pas être Colombine jolie!

BERTRAND. — Non, non; Colombine l'aide... à chasser les punaises.

MACAIRE. — Ah! bien, bien!...

Suit un duo agrémenté de pirouettes, qui se termine par une double chute.

MACAIRE, *à Bertrand.* — Brigand! canaille! graine de Papavoine!... Comment, tu n'as pas reconnu le sous-officier?

BERTRAND. — Quel sous-officier?

MACAIRE. — Celui qui nous a si bien toisés hier en examinant nos passeports.

BERTRAND. — Ah! mon Dieu! s'il allait nous reconnaître!

MACAIRE. — Raison de plus pour redoubler d'aplomb et tu viens de me faire tomber : tu n'es qu'une cruche.

Au moment où Marie confessant son nom, Charles est reconnu pour son fils, et, par conséquent, pour le fils de Macaire, ce dernier contemple le jeune homme avec un feint attendrissement.

MACAIRE. — Dis donc, Bertrand, mets-toi à ma place. (*Il se recule de deux pas, Bertrand s'avance; Macaire, lui donnant un coup de poing.*) Imbécile! je te dis mets-toi là... là dedans. (*Il se frappe la poitrine.*) Voilà mon fils, mon sang, le plus pur de mon sang, et il m'est défendu de voler dans ses bras! (*Il tire le foulard qu'il vient de prendre à Charles pour s'essuyer les yeux.*)

BERTRAND. — Si tu pouvais voler dans sa poche...

(Macaire cherche dans ses souvenirs à qui ce foulard peut appartenir; il se le rappelle, le met sous son bras, s'approche de Charles, le prend par la main, l'amène sur l'avant-scène en faisant voir à Bertrand combien il lui ressemble, et, lui rendant son mouchoir.)

MACAIRE. — Jeune homme, votre foulard que vous laissâtes choir.

BERTRAND, *attendri, ouvrant ses bras à Macaire.* — Ah! voilà un beau trait! (*Ils s'embrassent.*)

Au dénouement enfin, tandis que le brigadier Roger lit des dépêches en jetant sur les voleurs un coup-d'œil significatif, Macaire, qui se sent découvert, tente une diversion originale.

MACAIRE, *donnant une grande poussée à Bertrand.* — Qu'est-ce que c'est? Comment, drôle, vous vous permettez de me dire de ces choses-là, à moi!... Mais, malheureux, si vous êtes quelque chose, à qui le devez-vous? à moi!... Qui vous a lancé dans la diplomatie, sinon moi?... Si vous êtes secrétaire d'ambassade, à qui en êtes-vous redevable?... Et vous osez me faire de ces sortes d'interpellations? (*A Roger.*) Je vous demande pardon, mais monsieur vient de m'insulter dans ce que l'homme a de plus cher, dans mon honneur... (*A Bertrand.*) Et je vous en demande raison... raison à l'instant même... Sortons!

BERTRAND, *comprenant enfin.* — Ah! oui, sortons! (*Ils s'élancent, les gendarmes les retiennent.*)

ROGER. — Vous sortirez tout à l'heure.

BERTRAND. — Nous aimons mieux sortir tout de suite.

MACAIRE. — Je vous défie de sortir.

ROGER. — Et moi aussi.

MACAIRE. — Et monsieur aussi... lâche! (*Il veut prendre le sabre de Roger, celui-ci s'y oppose.*) C'est que je le couperais en deux comme un navet!... Tenez, tenez, regardez... il fait le fanfaron. Eh bien! je ne connais pas d'être plus vil au monde... Vous allez voir : Sortez... tenez, monsieur vous le permet...

BERTRAND. — Merci! (*Ils s'élancent, les gendarmes les retiennent.*)

ROGER. — Du tout, du tout... Allons, m'écouterez-vous, à la fin?

MACAIRE, *à Bertrand.* — Il n'y a pas moyen!

Suivent l'échappade des voleurs, la poursuite dans la salle, l'arrestation enfin, opérée avec une brutalité qui fait dire à Macaire : « Si vous vouliez bien être un peu plus convenables. J'ai été arrêté plus d'une fois dans ma vie, mais avec des égards. » — Au même instant, Germeuil réveillé se précipite sur la scène, secoué par de violents éternuements.

GERMEUIL. — Arrêtez... j'ai été dé...pouillé... et voilà les vrais...

MACAIRE. — Que Dieu vous bénisse!... Mais remettez-vous, M. Germeuil; malgré les apparences, nous sommes honnêtes, nous avons voulu faire une farce, voilà tout, et la preuve, c'est que voici vos douze mille livres intactes.

ROGER. — Cette restitution tardive ne peut vous dispenser de me suivre ; vous avez un autre compte à régler avec la justice.

MACAIRE. — Oh! en fait de justice, mon cher M. Roger, il en est une, pour nous, bien autrement redoutable que la vôtre, et devant laquelle nous devons tous nous incliner. Laissez-moi donc me recueillir, ôtez votre chapeau, et ne me troublez pas dans ma plaidoirie.

AIR : *Je suis colère et boudeuse.*

MACAIRE

Messieurs, si cet opuscule...

BERTRAND

Je trouve le mot joli.

MACAIRE

M'interrompre est ridicule
Et cela n'est pas poli.
Je disais donc... Si la pièce...

BERTRAND

La pièce... c'est encor mieux !

MACAIRE

Vous m'interrompez sans cesse,
C'est vraiment fort ennuyeux...
Enfin, messieurs, si l'ouvrage
N'a pas... quoi ?

BERTRAND

Je n'ai rien dit.

MACAIRE

Je t'attendais, c'est dommage,
Tu montres beaucoup d'esprit.
Allons, viens donc à mon aide.

BERTRAND

Volontiers. Messieurs...

MACAIRE

Oison!

BERTRAND

Permettez que je procède
Par une comparaison :
Un Dandy que je rencontre
Dans un endroit isolé,
Avait au lieu d'une montre
Un oignon, je fus volé...

MACAIRE, *parlant*. — Eh bien?

BERTRAND. — Eh bien...

N'étant venus que pour rire,
Pour vous mettre en belle humeur,
Puissiez-vous ne pas vous dire :
Ce ne sont que des voleurs ;
Ne criez pas : « Au voleur! »

D'époque en époque, de reprise en reprise, la pièce, comme on voit, s'était absolument transformée, et toujours dans le sens comique, fou même, indiqué dès le premier jour par Frédérick-Lemaître. Chose singulière, il existe du côté de Cannes, dans le joli pays de l'Estérel, une véritable hôtellerie des Adrets qui a reçu le contrecoup du grand succès de *l'Auberge* imaginaire. Nul, jadis, ne soupçonnait son existence; la bouffonnerie l'a dénoncée, et chacun maintenant s'en va heurter, par amusement, à sa porte lugubre. George Sand, qui s'est passé cette fantaisie, raconte ainsi sa visite dans ses *Lettres d'un voyageur*, à propos de botanique :

Nous nous arrêtons au hameau des Adrets, toujours orné de son poste de gendarmerie, comme d'une préface de mélodrame. La route était dangereuse autrefois, mais Frédérick-Lemaître a tué à jamais sa poésie. Le lieu n'éveille plus que des souvenirs de tragédie burlesque.

Elle est pourtant sinistre, cette auberge des Adrets, et les auteurs du drame qui en porte le nom l'ont parfaitement choisie pour type de coupe-gorge. Elle en a tout le classique, surtout aujourd'hui que la cuisine est fermée et abandonnée. Pourquoi? On ne sait. A force d'entendre les voyageurs plaisanter sur la mort fictive de M. Germeuil, les propriétaires se sont imaginés qu'on leur attribuait un crime réel. La porte principale est barricadée, les habitants du hameau regardent avec défiance et curiosité les tentatives que l'on fait pour entrer. En souriant mystérieusement, ils affectent un air moqueur pour répondre aux moqueries qu'ils attendent de vous. Il faut que certains passants les aient cruellement mystifiés.

On frappe longtemps en vain; enfin, les hôtes vous demandent sèchement ce que vous voulez, et consentent à vous conduire dans une salle de cabaret véritablement hideuse. Elle est sombre, sale et barbouillée de fresques représentant des paysages, des scènes de pêche et de chasse d'un dessin si barbare et d'une couleur si féroce qu'on est pris de peur et de tristesse devant cette navrante parodie de la nature. Ceci est la nouvelle auberge, soudée à l'ancienne, que l'on ne vous ouvre qu'après bien des pourparlers et des questions : « Que voulez-vous voir là? Il n'y a rien de curieux. Il ne s'y est jamais rien passé. » Il faut répondre qu'on le sait bien, mais qu'on veut voir l'escalier de bois : on le voit enfin, dressé en zigzag, au fond d'une salle nue et sombre, à cheminée très-ancienne. Il est assez décoratif et conduit à deux misérables petites chambres, dans l'une desquelles ne fut pas assassiné M. Germeuil. Toute cette recherche du souvenir d'une fiction est fort puérile, mais il faut rire en voyage, et, en sortant, on rit de la figure ahurie et soupçonneuse de ces bons habitants des Adrets.

Pendant les répétitions et les représentations de *Robert Macaire* à la Porte-Saint-Martin, trois incidents se produisirent, que nous devons relever, comme donnant de Frédérick-Lemaître, à cette époque, une idée bien exacte.

Un acteur, nommé Perrin, répétait le rôle de Bertrand avec une inintelligence absolue. Frédérick le prend à l'écart, lui définit en peu de mots le caractère de son rôle, lui fait comprendre que Bertrand ne doit être que le satellite, l'ombre, la charge de Macaire. Du doigt et de l'œil il le fait se mouvoir, il lui indique des lèvres toutes les intonations, et voilà Perrin transformé tout à coup en un Bertrand de premier choix.

Cette anecdote peint l'artiste; le citoyen apparaît dans ce qui suit. Une grande manifestation anti-communiste avait eu lieu le 16 avril. Exalté par ce spectacle, Frédérick refusa, le soir, de jouer Robert Macaire; M. Cogniard le fit changer de résolution en lui rappelant les exigences du contrat qui les liait l'un à l'autre; l'acteur entra donc en scène et commença son rôle avec un abattement visible. — « Plus haut! plus haut! » crièrent quelques voix. — « Citoyens, dit Frédérick en s'avançant vers la rampe, je vous demande pardon, mais je suis encore sous l'empire des émotions saisissantes de la journée; il n'est pas permis à un patriote de rester froid en présence de semblables événements. » — Ces paroles, quoique superflues, étaient dignes, et elles furent applaudies par la salle entière. Le comédien malheureusement ne se contenta pas de cette sortie; au milieu de l'ouvrage, il s'écria « qu'il était malheureux de parader lorsque tout Paris était sous les armes; qu'il jouait malgré lui et pour sauver de la banqueroute le théâtre de la Porte-Saint-Martin. » — Des sifflets éclatèrent alors, et Frédérick fut obligé de quitter la scène. L'émotion dissipée, l'acteur reconnut l'étendue de sa faute; on transigea, et l'affaire, qui eût pu motiver un procès en diffamation, n'alla pas plus loin.

Après l'artiste habile et le citoyen sensible, l'homme d'esprit. Un soir, voyant qu'il n'était point rappelé à la fin de *Robert Macaire*, Frédérick ordonna de lever le rideau. — « Messieurs, dit-il en s'adressant au public, arrêté par la curiosité dans son mouvement de sortie, je désirerais savoir si M. Auguste n'est pas dans la salle? (Nul ne répond.) — Et M. Antoine? (Même silence.) Eh bien, messieurs, je suis victime de l'indélicatesse du chef et du sous-chef de claque. Ce matin, je leur ai donné quarante francs pour me faire rappeler; ils ne sont là ni l'un ni l'autre : vous le voyez, messieurs, je suis floué! » — Et le public de rire à cette boutade inattendue.

Nous avons dit que MM. Cogniard faisaient recettes avec *l'Auberge des Adrets* et *Robert Macaire;* ce n'était là, toutefois, qu'une prospérité relative. La Porte-Saint-Martin souffrait, en réalité, comme les autres théâtres, de cette crise intense qui sévit, après les commotions sociales, sur les entreprises artistiques. Le mal s'aggrava bientôt au point d'attirer l'attention du Gouvernement provisoire. Une commission fut instituée à l'intention spéciale des théâtres, et l'Assemblée vota pour eux un secours de 500.000 francs.

Les intéressés, pendant ce temps, ne restaient pas inactifs. Le 19 mars, une réunion générale des artistes dramatiques avait lieu au théâtre de l'Opéra National; Frédérick y reçut, à la suite d'un discours applaudi, le mandat de délégué près la commission gouvernementale. A la même date, un club républicain de comédiens s'ouvrait dans le passage Jouffroy; bientôt enfin M. Victor Herbin, rédacteur en chef du *Journal des Théâtres*, émettait l'idée d'un Congrès dramatique où les auteurs, les directeurs et les artistes discuteraient en liberté les intérêts multiples des théâtres. Ce dernier projet rencontra des adhésions nombreuses; celle de Frédérick-Lemaître ne fut ni la dernière ni la moins sympathique :

Mon cher Monsieur Herbin,

Vous me faites infiniment d'honneur en croyant que je puis être d'un heureux appui au projet que vous avez conçu dans l'intérêt général de l'art dramatique.

Oui, monsieur, il y a péril en la demeure! depuis bien longtemps je le sais. — Vous êtes l'ami, le défenseur des comédiens; vous avez droit à ma confiance et à mon estime. Disposez de moi, je suis tout à vous avec la plus profonde gratitude.

FRÉDÉRICK-LEMAITRE.

Le Congrès, dont Victor Hugo avait accepté la présidence, et qui comptait, parmi ses vice-présidents, Alexandre Dumas, Félix Pyat, Halévy, Frédérick-Lemaître, Scribe et Auber, eût pu rendre des services si là, comme partout, les questions personnelles n'avaient bientôt primé les intérêts généraux. Dès la première assemblée, une scission s'opéra entre les adhérents au Congrès et les membres des Sociétés artistiques présidées par le baron Taylor, et cet antagonisme, rapidement accentué, rendit les meilleures volontés inutiles.

A la Commission des théâtres, au Congrès dramatique, au Club républicain, Frédérick conquit en peu de temps un renom d'orateur. A une indiscutable compétence il joignait, d'après les témoignages contemporains, l'unité de vue, la logique, et cette énergie qui rend une conviction contagieuse. Il était le Danton de ces parlements minuscules où M. Samson, disert et timoré, posait en Lamartine.

VIII

Les acteurs de la Porte-Saint-Martin en société. — *Tragaldabas.* — M. Auguste Vacquerie et Frédérick-Lemaître. — Une première représentation célèbre. — Retraite de MM. Cogniard. — Deux réunions chez Frédérick-Lemaître. — Catastrophe prévue.

Au commencement de juin 1848, par arrangement amiable entre M. Théodore Cogniard et les acteurs de la Porte-Saint-Martin, ces derniers se mirent en société pour un trimestre. Le directeur devait faire l'avance des frais, gérer les intérêts communs et toucher simplement une part dans les bénéfices. C'était un essai timide des théories communistes prônées à cette époque. Les artistes y gagnèrent en indépendance; c'est à ce fait particulier que Frédérick-Lemaître, notamment, dut de pouvoir présenter au public une œuvre originale, que les Cogniard retardaient sous divers prétextes.

En 1846, M. Auguste Vacquerie, jeune poète patronné par Victor Hugo, avait offert à la Porte-Saint-Martin un drame bouffon, en vers, intitulé *Tragaldabas.* Frédérick s'était engoué du principal rôle : — « Il y a assez longtemps que je joue Robert Macaire, avait-il dit à l'auteur, je voulais jouer Bertrand; or c'est Bertrand, votre Tragaldabas, soyez certain donc que je le jouerai. » — Mais la direction, inquiète de certaines audaces, fut beaucoup plus froide ; elle hésita, fit des réserves, tant et si bien que le poète garda son manuscrit.

La lettre suivante, écrite alors par M. Vacquerie à Frédérick-Lemaître, nous édifiera sur les sentiments de l'auteur de *Tragaldabas* à l'égard de son futur interprète :

En vous quittant l'autre soir, je me suis trouvé nez à nez avec votre Cogniard, qui m'a prié d'entrer un moment dans sa loge. Il m'a dit que j'avais eu tort de me fâcher et qu'il n'avait aucunement refusé la pièce, qu'il trouvait seulement l'intrigue un peu maigre, mais qu'il aurait peut-être changé d'avis en la relisant. Notre conversation a été polie et insignifiante, et je ne vous en parle que pour vous tenir au courant. Nous verrons ce que le temps produira ; mais, que la pièce soit redemandée ou non, soyez dans tous les cas persuadé d'une chose, c'est que je vous suis reconnaissant à jamais de l'appui que vous m'avez prêté dans cette affaire. L'adoption de ce pauvre Tragaldabas par un homme de votre génie est une chose dont je serai fier toute ma vie. Quoi qu'il arrive, comptez absolument sur moi. Auparavant, je vous admirais, maintenant je vous admire et je vous aime.

Une année s'écoula, pendant laquelle M. Vacquerie corsa et mit au point son œuvre. Frédérick ne lui épargnait pas les conseils, conseils donnés dans l'intérêt de la pièce autant que dans l'intérêt du rôle, et qui dénotaient, chez l'acteur, autant d'esprit d'observation que d'entente de la scène. C'est ainsi qu'un jour il dit au poète qui faisait commencer son drame, en pleine nuit, par une querelle de jeu : « Vous avez tort ; ces sortes de disputes n'ont pas lieu la nuit ; c'est au point du jour, alors que les joueurs énervés par la fatigue et les pertes d'argent surveillent rageusement leurs adversaires, que les tricheurs se laissent surprendre et que des scènes violentes s'en suivent. » — Et M. Vacquerie, de qui nous tenons l'anecdote, profita de ce bon avis comme de beaucoup d'autres.

Ce que rêvait avant tout l'auteur de *Tragaldabas*, c'était — succès ou chute — une première représentation bien vivante.

— On sifflera, disait-il certain soir à Frédérick-Lemaître.

— Je voudrais bien voir cela! s'exclama l'artiste.

— Je m'y attends si bien que j'ai fait un vers à l'adresse des siffleurs, mais vous n'oseriez pas le dire?

— Pourquoi donc, si vous avez osé l'écrire?

Il y avait si parfaite communion d'idées entre le comédien et le poète que *Tragaldabas* définitivement reçu (février 1848), Frédérick voulut lui-même lire la pièce aux acteurs. Cette lecture, à laquelle M. Vacquerie avait convoqué nombre de littérateurs, fut, par suite d'une mauvaise disposition de Frédérick, plus que fâcheuse. Il racheta ce moment de défaillance, pendant les répétitions, par un zèle intelligent et infatigable. A chaque instant il trouvait un jeu de scène, un détail mimique, une intonation, dont s'émerveillaient ses camarades, l'auteur et le directeur même. Ce dernier, cependant, conservait contre l'ouvrage des préventions dont témoigne une lettre datée du jour où *Tragaldabas* avait été répété généralement :

23 Juillet 1848.

Mon cher Frédérick,

Vous serez étourdissant dans *Tragaldabas*. La scène du duel, au cinquième acte, vous la rendez avec un remarquable comique; mais je n'aime pas le fourreau de sabre traînant entre vos jambes pendant la fin de la scène; le bruit que fait ce fourreau est déplaisant. Peut-être aussi gardez-vous un peu trop longtemps votre veste par devant. L'idée de passer ce vêtement ainsi pendant votre trouble, je la trouve excellente, mais la scène qui devient comique elle-même de mots et de situation arrive à n'avoir plus besoin d'un effet matériel. — *Je penche énormément* pour supprimer quelques vers qui *couperont* l'oreille *coupée*. Cette mutilation n'a rien de gai; c'est une plaisanterie de carabin, et, lorsque je faisais partie de ce respectable corps, j'ai toujours éprouvé peu de sympathie pour cette farce qui s'exerce sur *les sujets*. Or, ici, le sujet est vivant; personne n'en veut à ce pauvre Tragaldabas, et le priver d'une oreille de but en blanc, je trouve l'idée féroce et par cela même peu réjouissante. — En résumé, mon cher ami, vous allez encore une fois prouver à Messieurs du Théâtre de la République ce que vous pourriez faire de Molière, s'il vous prenait fantaisie d'aborder certains rôles parmi les Scapin et les Sganarelle. J'ajouterai qu'il est impossible d'être costumé d'une façon plus bouffonne, et je vous demanderai où vous êtes allé chercher ces gestes étonnants qui vont si bien aux costumes. Recevez mes compliments *bien francs*, *bien sincères*, comme toujours. A vous,

Théodore COGNIARD.

M. Cogniard en fut pour ses critiques; *Tragaldabas* arriva devant la rampe tel que le poète l'avait créé et que l'acteur l'avait compris.

25 Juillet. — *Tragaldabas*, drame bouffon en cinq actes et en vers, par M. Auguste Vacquerie. — Rôle de *Tragaldabas*.

La scène se passe à Cadix, à une époque indéterminée. Des cabarets chantent aux quatre coins d'une place publique; dans l'un de ces cabarets deux aventuriers, Grif et Minotoro, jouent aux cartes en attendant le moment de provoquer une émeute. Il fait nuit et la lune promène ses rayons d'une taverne à l'autre, se voilant ou se dévoilant selon la fantaisie des nuages. Une dame masquée et enveloppée dans sa mantille traverse la place rapidement, poursuivie par un beau cavalier; elle revient, il revient; lassée enfin de ce manège, la dame s'arrête et dit au cavalier le mot que toutes les femmes disent à leur amant : « Laissez-moi. » Mais Don Eliséo qui est entreprenant, parce qu'il est jeune d'abord, puis parce qu'il est amoureux, et enfin parce qu'il est riche, — ce qui augmente toujours la bonne opinion qu'on a de soi-même, — Don Eliséo répond bravement : « Démasquez-vous ! » Caprina, c'est le nom de la beauté voilée, cède à ce désir, pour bien établir leurs positions respectives. Elle est mariée à quelqu'un qu'elle n'aime pas, mais le mariage seul est pour elle un motif suffisant de vertu. D'ailleurs, qui lui répond d'Eliséo et prouve la sincérité de la passion qu'il affiche :

. . . . On aime aisément une femme
Quand elle est mariée, et qu'un commode hymen
Vous permet de lui tout demander, hors sa main !
Qu'on aime ou non, qu'importe ! On part comme on s'empresse.
Rien ne gêne. Ah ! plus d'un qui jure à sa maîtresse
Un amour éternel et pour toujours fleuri,
En aime beaucoup moins les yeux que — le mari !

Nonobstant ses scrupules, Caprina accorde un rendez-vous à Don Eliséo pour le lendemain. A peine sont-ils sortis qu'un grand vacarme se fait entendre dans un des cabarets de la place. Sa porte s'ouvre, et, aux premières lueurs de l'aurore, un pied vigoureux lance sur le pavé un drôle maigre, effaré, meurtri : c'est Tragaldabas, dont les vers d'entrée peignent le caractère :

Dieu soit loué ! je crois que je suis un poltron !
Abject, essuyant là vingt soufflets environ,
Éreinté, plus meurtri qu'une pièce sifflée,
Je ne puis souhaiter de meilleure volée !
Nous étions là tous deux, parmi trente vauriens,
Et nous jouions aux dés — chacun avec les siens.
Du premier coup j'ai douze. O fortune jalouse !
Je riais ! Mais voici que l'autre tourne — douze !
C'est à recommencer. Je penche le cornet ;
J'ai douze. A lui le tour. D'un air facile et net
Il agite les dés. — Douze ! je désespère.
Mais, pour savoir à fond ce qu'était ce repaire,
J'essaie encore un coup. J'ai douze. Le maraud
Remet d'abord ses dés dans sa poche, et, tout haut,
Devant tout le tripot que le vacarme attire,
Crie : — On triche ! — C'est bien à vous... allais-je dire,
Quand soudain je reçois sur la joue un soufflet
Qui pour jamais me teint de pâle en violet,
Et tous, avec vertu, me flanquent à la porte !...

Fripon et lâche, Tragaldabas est, de plus, gourmand et ivrogne. Comme il a soif et loge le diable en sa bourse, il imagine de se désaltérer au moyen d'une dîme prélevée sur son prochain bonasse. A ce moment-là, précisément, Grif et Minotoro se partagent la somme que l'instigateur du complot vient de leur compter; au bruit des pièces d'or, Tragaldabas s'approche des affidés qu'il prend pour des voleurs, et dit avec aplomb : « Je sais tout! » Mais, au lieu des sequins qu'il espère, Grif et Minotoro lui présentent chacun un pistolet chargé. Pour éviter la mort, Tragaldabas se voit contraint de seconder les conspirateurs; c'est lui qui tirera le coup de pistolet, signal de l'émeute contre le gouverneur dont Cadix reçoit la première visite. Tremblant de peur, il passe, au moment décisif, son pistolet à un voisin, mais Minotoro tire sur lui, la sédition éclate, et le voisin, qui n'est autre que l'alguazil Belerofonte déguisé en bourgeois, met la main au collet de Tragaldabas. On l'emmène en prison, quand Don Eliséo, qui passe l'épée nue, accourt, se fait reconnaître pour le neveu du gouverneur, et paie Belerofonte pour relâcher Tragaldabas. Etonnement de ce dernier, qui remercie le jeune homme et s'enquiert de ce qu'il peut faire pour lui prouver sa reconnaissance. — « Vivez! » dit simplement Eliséo, et Tragaldabas, resté seul, se demande :

Pourquoi donc ce seigneur tient-il tant à ma vie?

Séparé de Grif et de Minotoro par l'émeute, Tragaldabas les retrouve bientôt et, pour conquérir leurs bonnes grâces, leur offre un abondant repas. Le trio sort de table abominablement ivre. Grif louant le festin en termes démesurés, Tragaldabas croit devoir riposter par une critique modeste d'un plat de porc aux choux; Grif s'en formalise, se prétend insulté, et demande raison à Tragaldabas. Minotoro, pris pour juge, craint de faire dire qu'il s'est laissé corrompre par un menu et donne tort à Tragaldabas. En vain celui-ci supplie Grif et lui offre des excuses dans les journaux, Grif veut se battre, et, comme il manque un témoin, il va requérir à ce titre un cavalier qui promène une dame à quelque distance. C'est Eliséo. En apprenant que Tragaldabas n'a jamais touché une épée et que Grif est maître d'armes, le jeune homme tâche d'arranger l'affaire; repoussé par Grif, il l'injurie et se bat à la place de Tragaldabas. Grif, blessé au bras droit, s'en va furieux, et Don Eliséo rejoint celle qu'il accompagnait. Tragaldabas, qui le suit des yeux, se met soudain à gambader avec une joie folle : cette femme que promène Eliséo, c'est Caprina, c'est Mme Tragaldabas. Il comprend tout maintenant : Don Eliseo est amoureux de sa femme!

Disons tout de suite que Tragaldabas n'a d'un époux que le nom; Caprina n'est pas mariée; elle dit qu'elle l'est pour qu'on la demande. Pour être courtisée, à son avis, l'important n'est pas tant d'être jolie que d'être en ménage; les galants accourent quand la mairie n'est plus le vestibule de la chambre nuptiale. Caprina fait donc passer pour son époux Tragaldabas, espèce de cousin assez laid pour qu'on ne puisse la soupçonner d'être sa maîtresse; grâce à ce stratagème, les prétendants sont venus, elle a pu choisir, et c'est Eliséo qu'elle veut entraîner pas à pas à l'amour sérieux, et de l'amour au mariage. Or, le mariage est justement ce qui effraie Eliséo et le fait s'intéresser à Tragaldabas. Caprina veuve, pourrait-il ne point l'épouser? C'est donc pour rester amant qu'il assiste le mari de sa bourse et de son épée.

Dès qu'il a vu Caprina au bras d'Eliséo, Tragaldabas pénètre le motif vrai de l'amitié qu'il inspire. Comprenant la beauté de sa situation, il prétend l'exploiter de son mieux. Il feint des mélancolies et des penchants au suicide; il a reconnu le néant de la vie : vivre, qu'est-ce que cela? s'habiller et se déshabiller. Quand il aura mis encore vingt ans ses jarretières, en sera-t-il plus avancé? Ne vaut-il pas mieux en finir tout de suite? Il souffre, il est malheureux, son âme est méconnue, il a des dettes et des cors aux pieds, — et Don Eliséo le trouve une fiole de poison au poing. Effrayé par la vision du veuvage de Caprina, Eliséo paie les dettes de Tragaldabas. Mais le drôle s'y est pris avec quelque maladresse; Caprina, d'ailleurs, a eu vent de l'assistance prêtée à Tragaldabas par Eliséo et la suspecte de calcul; il faut pour le salut de son amour que le jeune homme abandonne le mari. Il s'y résout d'autant mieux qu'il suppose que les périls futurs de Tragaldabas seront, comme le précédent, des périls fictifs imaginés pour dénouer les cordons de sa bourse. Mais c'est précisément à partir de l'instant où Don Eliséo lui retire sa protection que Tragaldabas, tablant sur cette protection, se précipite tête baissée dans les périls les plus réels et les plus graves.

Il soufflette d'une façon magistrale Minotoro, ce qui lui fait un nouveau duel en perspective; puis, avec le concours de l'alguazil Belerofonte, il s'en va, sous un déguisement de lansquenet allemand, faire au gouverneur des prétendues révélations sur un complot imaginaire. Du fait de ses machinations, il risque d'une part un coup d'épée, de l'autre la corde; mais Eliséo ne croit à la réalité d'aucun de ces dangers, et c'est par curiosité pure qu'il s'offre comme témoin de Tragaldabas. Ce dernier cependant trouve le fait significatif; point de doute pour lui, Eliséo a voulu l'assister pour intervenir au moment décisif, et prendre sa place devant Minotoro comme il l'a prise devant Grif. Plein de cette illusion, Tragaldabas supporte avec sang-froid les préliminaires du combat, exaspérant même son adversaire par de nouveaux sarcasmes, mais c'est en vain qu'il jette, au moment de croiser l'épée, un regard suppliant à Eliséo en insinuant que Minotoro désarmerait pour quelques ducats, le jeune homme demeure impassible et Tragaldabas effaré lui saute à la gorge en l'accablant d'injures. — Tout s'éclaircit à l'apparition de Caprina qui confesse et sa supercherie et son rêve; Eliséo, décidément amoureux, épouse, non sans grimace, et Tragaldabas, privé d'une oreille par l'épée du vindicatif Minotoro, est heureux de fuir Cadix avec des saltimbanques; l'âne savant de la troupe est mort; dans la peau du défunt, Tragaldabas jouera son rôle : il fera l'âne!

Quoique semée de plaisanteries un peu grosses et de détails plus qu'étranges, la pièce de M. Vacquerie peut être considérée comme une œuvre comique de premier ordre. Tragaldabas, qui dépense tant d'esprit pour compromettre son existence, Eliséo, qui se fait garde du corps du mari qu'il trompe; Caprina, qui se dit mariée pour qu'on demande à l'épouser, sont trois types d'une fantaisie rare. Rien, d'ailleurs, n'est banal dans cet ouvrage, et l'exécution y vaut la donnée. Le faire de M. Vacquerie rappelle celui de Victor Hugo : même dédain de la césure, même enjambement du vers sur le suivant, même recherche de l'expression, même préoccupation de la rime, mais aussi même verve originale et même force inventive.

Nous avons dit que M. Vacquerie désirait que la représentation de *Tragaldabas* fût, avant tout, bien vivante ; son souhait devait être exaucé de la façon la plus complète.

Bien que les pavés arrachés par les insurgés de Juin fussent à peine remis en place, l'annonce de la pièce avait attiré à la Porte-Saint-Martin un public de choix. — « La critique était à son poste, Gautier en tête, dit M. Vacquerie dans *Profils et Grimaces*. Les jeunes, Paul Meurice, Charles et François Hugo, de Banville, Champfleury, Mürger, Plouvier, tous ceux qui sont devenus célèbres depuis, se pressaient à l'orchestre. Les loges avaient Balzac, George Sand, Alexandre Dumas, Alphonse Karr, Léon Gozlan, Félix Pyat. La politique était représentée par M. Emile de Girardin, et la tragédie elle-même par M. Ponsard. Victor Hugo était à l'orchestre, ayant voulu combattre au premier rang. » — Les deux premiers actes de *Tragaldabas* furent accueillis à merveille. Il y eut un commencement d'opposition au troisième, et de nombreux sifflets au quatrième, rajouté après coup sur la demande de Frédérick ; l'acteur, déguisé en soldat, était alors revêtu d'une armure qu'il n'avait pas essayée et dont les pièces mal jointes produisaient à chaque mouvement un bruit insupportable de casseroles et de pincettes. Le dernier acte fut plus malheureux encore ; les sifflets commencèrent au premier vers pour ne cesser qu'à de rares intervalles. — « La toile aurait été baissée vingt fois, dit l'auteur lui-même, sans l'énergie des jeunes gens. Eux dans la salle, Frédérick-Lemaître sur la scène, résistaient héroïquement. J'étais sur le théâtre, écoutant et regardant, fier d'avoir ressuscité quelque chose des grandes luttes, admirant Frédérick. Dans les premiers actes, il avait été inouï; alors, il fut incroyable. Nulle part, pas même dans *Robert Macaire*, il n'avait été d'une verve plus étourdissante, d'une plus flamboyante bouffonnerie. Il fut l'éclair de cet orage. Dieu merci! l'échec ne fut que pour l'auteur. Comme j'ai été sifflé par M. un tel et par M. chose! mais comme Frédérick a été applaudi par Hugo et par Balzac! » — Vint la tirade vigoureuse où M. Vacquerie, répondant par avance à la cabale, énumérait les ânes à deux pieds, et, parmi eux, les contempteurs des poètes :

.... Combien de gens voit-on
Boire du vin, marcher sur deux pieds sans bâton,
Plaider, se battre en duel à propos de vétilles,
Siffler les vers, mentir, voler, vendre leurs filles,
Mener enfin un train d'hommes civilisés
Qui sont évidemment des ânes déguisés!

Le mot « siffler les vers », accentué par Frédérick avec autorité, fut l'occasion d'un tumulte effroyable. Sifflets, cris, brocards, s'entrecroisèrent furieusement pendant un bon quart d'heure. Pour en finir, Frédérick-Lemaître, descendant avec sa peau d'âne du chariot sur lequel il était monté, s'avança vers la rampe et fit signe qu'il avait quelque chose à dire. Le silence s'établit. Faisant alors trois saluts répétés par la tête d'âne, l'artiste prononça les paroles suivantes : « Citoyens, le comédien a des devoirs à remplir; il ne doit pas abandonner son auteur. Mais comment accomplir ma tâche au milieu d'un pareil tumulte? Comment conserver mon sang-froid en présence des marques d'approbations dont vous me comblez? (*Rires et bravos ironiques.*) Citoyens et messieurs, intéressés comme désintéressés, c'est le moment de nous unir pour crier : « Vive la République! » — Et comme les spectateurs se regardaient avec étonnement, Frédérick remonta sur son chariot, lança les derniers vers sans opposition, et nomma l'auteur au bruit d'applaudissements presque unanimes.

Frédérick-Lemaitre avait été, pour M. Vacquerie, un précieux auxiliaire. Contraint par lui de donner le rôle d'Eliséo à Perrin, acteur intelligent mais fort laid, le poète aurait eu mauvaise grâce à garder rancune de cette exigence, dictée à Frédérick par un sentiment de jalousie contre Clarisse qui jouait Caprina. Qu'importait un Eliséo médiocre auprès d'un Tragaldabas si verveux, si puissant, si vrai dans son apparente fantaisie! — « Pendant trois heures, écrivait M. Vacquerie après la représentation de son drame, notre rêve a vécu de cette vie supérieure et glorieuse qu'illuminent l'éclat des lumières, la curiosité de la foule et la splendeur du génie. Pendant trois heures, nous avons pu croire à la métamorphose : notre âme évidemment était dans le corps de Frédérick. C'était nous, mais nous grandi et transfiguré; et nous éprouvions, devant cet autre nous, ce respect involontaire que Sosie éprouve devant Mercure. Nous étions le valet, Frédérick était le dieu! » — Et Gautier, plus désintéressé, mais non moins louangeur, s'écriait dans *la Presse* : « Tragaldabas est joué par Frédérick-Lemaître, c'est tout dire. Son entrée a été la plus prodigieuse du monde : la porte crève, et le drôle est vomi par le tripot au milieu de la place publique; alors il se met à raconter en vers charmants cette admirable partie de dés où tout le monde amenait douze à chaque coup; il faut voir les gradations d'étonnement qui passent sur la physionomie de l'acteur à mesure qu'il avance dans son récit et que de nouveaux douze y éclatent! Son costume aussi est des plus comiques : rapé et prétentieux à la fois, soigné et dépenaillé, on y voit la lutte de son besoin de représentation avec ses habitudes crapuleuses. Le pilier de cabaret y combat le mari au mois. Dans la scène d'ivresse et de poltronnerie, à travers ces intonations bizarres, fantastiques, qui surprennent et forcent le rire, il a trouvé des accents de l'observation la plus juste et d'un naturel parfait : dans la scène de mélancolie, le monologue sur le vide de l'existence a été dit par lui avec un air d'Hamlet en carnaval, le plus grotesque et le plus bouffon qu'on puisse imaginer; le baragouin du lansquenet était si fidèlement imité de l'allemand qu'on eût cru entendre parler le baron de Nucingen dans un livre de M. de Balzac. »

Au cours du spirituel récit de la première représentation de *Tragaldabas*, que contient l'édition définitive de *Profils et Grimaces*, M. Vacquerie affirme que deux des figurants groupés autour de Frédérick-Lemaître faisaient leur partie dans le charivari qui troubla la fin de son œuvre. Rien n'autorise à accuser M. Cogniard de cette perfidie; il est probable cependant que la chute d'une pièce montée à contre-cœur ne lui fut point pénible; nous avons, à l'appui de cette supposition, l'empressement qu'il mit à rejeter *Tragaldabas* dans l'ombre. Dès le 5 août, il envoyait à Frédérick-Lemaître ces lignes significatives :

Nous avons fait 469 francs avant-hier, 474 hier. En présence de ces résultats, êtes-vous bien d'avis de continuer *Tragaldabas?* Après les critiques violentes et injustes comme celles qui sont venues fondre sur la pièce, croyez-vous qu'elle puisse se relever? Nous ne le croyons pas. Notre intention n'est pas d'écarter à tout jamais *Tragaldabas,* mais devant ces misérables recettes, nous sommes persuadés que l'auteur lui-même nous conseillera d'essayer d'une autre affiche.

Gérant et banquier de la société des artistes, M. Cogniard avait sur elle un ascendant compréhensible : *Tragaldabas,* suivant son désir, disparut de l'affiche après treize représentations. On n'a jamais repris cette pièce, qui demeure inconnue non-seulement des habitués de nos théâtres, mais encore de la majorité des lecteurs. Le *Tragaldabas* édité en 1875 par la librairie Michel Lévy n'a, en effet, que de lointains rapports avec le *Tragaldabas* joué en 1848, et publié alors en cinq feuilletons dans le journal *l'Evénement,* aujourd'hui très-rare. Comme l'auteur du *Chiffonnier de Paris,* M. Vacquerie a donné de son œuvre une version modifiée, non dans le même sens que le drame de M. Pyat, mais, à notre jugement, avec le même résultat fâcheux. L'atténuation des vers osés, l'écourtement des scènes singulières, la substitution enfin d'un acte entier y rendent peut-être la physionomie du personnage plus poétique, mais elle y perd de son originalité, et c'est un défaut grave dans un ouvrage de fantaisie pure.

A *Tragaldabas* succédèrent diverses nouveautés ou reprises dont les résultats ne semblent pas avoir été bien heureux ; dès ce moment, en effet, MM. Cogniard manifestèrent l'intention d'abandonner la direction de la Porte-Saint-Martin ; ce bruit prit assez de consistance pour que Frédérick, à la veille d'un congé, reçût des artistes du théâtre la mission suivante :

Paris, le 1[illegible] Octobre 1848.

Cher camarade,

Étant instruits personnellement que vous ne partez pas avant de savoir à quoi vous en tenir sur l'avenir du théâtre de la Porte-Saint-Martin, dont la direction paraît devoir passer en d'autres mains, nous vous prions de vouloir bien être notre intermédiaire auprès de notre directeur, afin de savoir ce que nous devons craindre ou espérer. D'après les bruits qui courent, de nombreux intérêts pourraient être lésés par ce changement de direction ; on dit même que *le genre serait changé.* Comme *représentant* du drame, il est tout naturel que nous vous choisissions pour notre mandataire, bien certains qu'en cette affaire vos intérêts seront les nôtres.

La démarche dont nous vous chargeons est toute cordiale, et nous présumons que notre directeur ne verra en cela qu'une inquiétude bien naturelle, et que personne ne peut blâmer. Nous espérons tout de votre bonne camaraderie, et de la loyauté de notre directeur.

Nous vous saluons bien cordialement.

Vos affectionnés camarades,

PERRIN fils, A. MUNIÉ, GABRIEL, BENJAMIN, Ch. POTIER, F. COTI, DUBOIS, H. JEMMA, RAUCOURT, Henry VANNOY, NESTOR.

La double question, transmise sans délai par Frédérick-Lemaître, obtint cette réponse :

Mon cher Frédérick,

Dans le cas probable d'un changement de direction, tous les engagements souscrits par nous seront *religieusement respectés.*

Le genre exploité par le théâtre *doit rester le même,* et nous ne sommes étonnés que d'une chose, c'est qu'on ait pu croire un moment que les intérêts des artistes n'aient pas été notre première préoccupation. — Veuillez donc, mon cher ami, rassurer tout le monde.

A vous,

Théodore COGNIARD.

En novembre 1848, M. Tilly, ancien acteur du théâtre Feydeau, succéda aux Cogniard dans les conditions indiquées par l'un deux. Son premier soin fut de négocier avec Frédérick-Lemaître, mais soit que ce dernier trouvât avantage à courir la province, soit qu'il n'eût en M. Tilly qu'une confiance modérée, il refusa de s'engager autrement que pour des représentations irrégulières, données à son gré et moyennant partage des recettes au-delà d'un chiffre fixé (6). L'événement devait donner raison à sa prudence. Quatre mois s'étaient à peine écoulés que M. Tilly se déclarait incapable de payer ses fournisseurs et sa troupe. En cette occurence, les acteurs menacés firent à Frédérick-Lemaître un appel aussitôt entendu. Le 13 mars 1849, les artistes de la Porte-Saint-Martin, convoqués chez Frédérick, écoutaient de sa bouche cette allocution pratique :

Mes chers camarades,

Laissez-moi vous exprimer d'abord la fierté que j'éprouve à vous voir réunis chez moi pour aviser aux moyens de mettre un terme aux maux qui nous affligent, et discuter les moyens de sauvegarder non-seulement nos intérêts personnels, mais encore ceux de nos camarades et de toutes les personnes qui vivent par nous. Nous donnons ainsi un exemple aux comédiens de Paris et de la province qui souffrent par l'indifférence de l'autorité et par l'inertie de ceux qu'elle appelle à nous diriger.

Je vous le répète, mes chers camarades, c'est un grand honneur pour moi qu'ayant cru urgent de vous assembler, vous ayez choisi mon domicile comme lieu de cette assemblée. Vous me trouverez toujours prêt à donner des preuves de sympathie à tous ceux qui, comme moi, vivent du métier si pénible du théâtre.

Ce n'est pas moi qui viens vous dire : « Voilà ce qu'il faut faire » ; — je viens vous demander, au contraire, d'éclairer pour moi le chaos où nous jettent les événements.

A moins que M. Tilly ne découvre une nouvelle Californie, sa faillite est imminente. Que devons-nous faire en cette circonstance? Resterons-nous inactifs ou agirons-nous? — Prendre l'initiative me paraît inutile. Ne nous donnons pas tort devant l'opinion publique et devant le ministère; qu'on ne puisse pas dire que des artistes ambitieux ont voulu faire de l'autorité; cela porterait préjudice à nos projets conservateurs. La faillite arrivera par la force des choses, nous ne l'aurons pas provoquée, et ceux-là même qui l'auront rendue nécessaire nous remercieront de notre longanimité.

Ceci bien posé, il est, je crois, d'une sage prévoyance de ne pas attendre que l'ouragan ait tout renversé pour arrêter des plans de reconstruction.

Dans quelle situation la catastrophe (car c'en est toujours une que la fermeture d'un théâtre) mettra-t-elle les intéressés? — M. Tilly perdra peu de chose comparativement à ce que pouvaient amener ses folles idées, mais il fera perdre à tout le monde. Quelles seront ses victimes? — En première ligne nous et nos camarades de tous genres qui, après avoir déjà subi trois mois de misère, perdrons encore le salaire de deux mois de travaux; puis MM. Cogniard qui, ayant cédé un matériel considérable et un an de privilége, ne pourront rentrer dans leur créance. — A nous qui avons vaillamment combattu pendant huit années, à nous la volonté et le courage de reconstituer un théâtre que tout le monde aime. Mais quelles sont, à ce sujet, vos craintes et vos espérances? Quel mode d'administration croyez-vous le meilleur pour sauvegarder nos intérêts et attirer les sympathies dont nous avons besoin?

Un théâtre peut être soumis à différents régimes :

1° Directeur privilégié et absolu à ses risques et périls;

2° Directeur en commandite;

3° Sociétaires anonymes;

4° Société artistique, avec assurance et prorata.

Dans les circonstances actuelles, il s'agit moins de connaître le meilleur régime que de connaître le régime possible. J'ai l'assurance que nous trouverons dans MM. Cogniard des auxiliaires sympathiques. Cependant, ne nous faisons pas d'illusion, et, comme la pauvre Italie, n'attendons de secours que de nous-mêmes. Unissons-nous franchement, sans arrière-pensée, et nous accomplirons une belle chose en régénérant la Porte-Saint-Martin. Ne nous effrayons pas des obstacles ; un mois de bon accord, et, Dieu aidant, nous verrons des hommes éminents apporter leur peine au monument que nous avons le courage d'entreprendre en ce moment de troubles et d'intérêts si divers.

Je me résume, mes chers camarades : pour arriver à constituer une société en vue de l'exploitation de la Porte-Saint-Martin, il faut que vous soyez d'accord sur le régime à adopter pour cette exploitation.

De la discussion provoquée par ce discours résulta le document suivant, libellé par Frédérick et signé par les chefs d'emploi de la Porte-Saint-Martin :

MM. Cogniard déclareront qu'ils acceptent et trouvent bons les Comédiens comme répondants des loyers jusqu'à la fin du bail actuel, c'est-à-dire jusqu'au 1er avril 1850.

La Société des comédiens devra déposer, soit à la caisse de nantissement, soit chez un notaire, le montant d'un mois des loyers à l'avance ; les Comédiens devront, sous peine de perdre le bénéfice du bail, remplir exactement cette clause, toutefois il leur sera accordé neuf jours de délai.

Les Comédiens sociétaires ne peuvent accepter la moitié du bail, ils prennent engagement pour toute sa durée ; c'est à cette seule condition qu'ils voient la possibilité de former une société présentant quelque sécurité pour l'avenir.

Paris, le 13 Mars 1849.

FRÉDÉRICK-LEMAITRE, PERRIN, GABRIEL,
RAUCOURT, JEMMA, Ch. POTIER.

Tandis que MM. Cogniard examinaient la proposition des acteurs, M. Tilly négociait avec ces derniers pour obtenir la continuation de leurs services. C'est Frédérick encore qui fut l'intermédiaire choisi par le directeur aux abois; grâce à lui, M. Tilly bénéficia d'un délai qu'il utilisa surtout dans son intérêt propre. Édifié sur les intentions vraies de l'impressario, le comédien n'eut rien de plus pressé que de convoquer une assemblée nouvelle et de faire devant elle ce loyal *mea culpa* :

Messieurs,

Je m'étais employé pour vous auprès du directeur de la Porte-Saint-Martin dans des intentions conciliatrices. J'avais foi dans les promesses qui m'avaient été faites par M. Socar ou Choca que vous connaissez plus que moi, et dans les engagements très-explicites de M. Tilly, soutenu par des combinaisons de garantie. Il m'est cruel aujourd'hui de venir vous dire : « Les points sur lesquels je m'appuyais pour vous inviter à donner à M. Tilly les moyens de se relever n'existent plus, tout est mensonge et chimère. » — Après vous avoir entraîné dans cette route loyalement, sans autre intérêt qu'une satisfaction fraternelle, il est de mon devoir de vous dire : « N'allez pas plus loin ! » — M. Socar n'a point d'argent ; tout ce qu'il peut faire est de donner des garanties à l'homme qui apporterait à M. Tilly une somme plus ou moins forte, garanties consistant en immeubles dont les produits sont plus qu'aléatoires. M. Tilly, de son côté, ne pouvant préciser la date où il lui serait possible de contracter un emprunt destiné à payer l'arriéré, avait cependant fixé un jour pour donner à ses créanciers de toute nature un premier dividende ; ce jour était celui de la première représentation de *Castaing*. Cette pièce n'est pas jouée et ne le sera peut-être jamais. — C'est d'après cette promesse et la parole donnée par M. Tilly qu'il serait en mesure de satisfaire aux besoins pressants de tous les gens, artistes ou employés, en son pouvoir, que vous avez consenti, sur ma demande, à vouloir bien attendre ; mais comme aujourd'hui je viens vous dire : « Je vous ai trompés, parce qu'on m'a trompé moi-même », vous êtes plus que dégagés : renversez donc celui qui se joue de votre misère !

Ce conseil énergique fut suivi; un jugement du Tribunal de commerce, provoqué par les camarades de Frédérick-Lemaître, déclara, le 1er avril 1849, M. Tilly en état de faillite, et rendit à MM. Cogniard frères la jouissance du bail et du matériel de la Porte-Saint-Martin.

IX

Mort de Marie Dorval. — Réengagement de Frédérick-Lemaître à la Porte-Saint-Martin. — *Le Médecin de Néron.* — Encore la Comédie-Française. — Lamartine et l'émancipation des esclaves. — *Toussaint Louverture.* — Voyage de Frédérick-Lemaître à Monceaux. — Une belle soirée. — Vers inédits de Lamartine.

La faillite de M. Tilly et la fermeture qui en fut la suite créèrent à Frédérick-Lemaître des loisirs qu'il utilisa en courant la province. Il était à Lyon quand mourut, à Paris, l'actrice célèbre qui avait été associée aux triomphes de sa jeunesse et pour laquelle il professait une amitié très-vive et une admiration sans bornes, Marie Dorval.

Atteinte comme artiste de dédains injustes, frappée comme femme des deuils les plus cruels, Marie Dorval avait passé les derniers temps de sa vie dans l'abandon, les larmes et la pauvreté. On lui faisait expier par des avanies ses succès passés, comme s'ils eussent été des fautes. La mort la trouva résignée, mais sa fin lamentable produisit dans le monde des arts et des lettres une émotion profonde. L'un des plus attristés fut certainement Frédérick-Lemaître, et sa douleur devait traverser sans altération les années.

Jamais le nom et les succès de l'incomparable comédienne ne sortirent de sa mémoire, jamais il ne parla d'elle autrement que sur un ton d'affectueux enthousiasme.

Peu soucieux de reprendre le harnais directorial, MM. Cogniard frères s'étaient hâtés de céder une seconde fois leur privilège. C'est à Lyon encore que Frédérick reçut du nouveau directeur les propositions suivantes :

Paris, le 18 Mai 1849.

Monsieur,

En quittant Paris, vous m'avez dit que vous étiez disposé à vous entendre avec moi. J'ai retenu cette parole et je viens aujourd'hui vous offrir une première affaire.

J'ai traité hier avec Michel Lévy du drame de *Toussaint Louverture*, sous réserves de votre acceptation du rôle de Toussaint que M. de Lamartine vous verrait jouer avec plaisir et qui est à la hauteur de votre talent, et de votre acceptation de l'engagement que je viens vous proposer. J'ai jusqu'à la fin du mois pour donner réponse à Lévy, époque à laquelle la pièce entrerait en répétition.

Je ne puis en ce moment, vu la distance qui nous sépare, vu les difficultés d'une correspondance, m'entendre de suite avec vous sur la question d'avenir, mais pour jouer *Toussaint* vers juillet, je vous offre 125 francs par soirée. La pièce qui sera représentée vers le 10 juillet le sera chaque jour, sauf les cas de maladie reconnus par les médecins de l'administration, à défaut de quoi vous vous trouveriez passible comme tout contrevenant d'une amende proportionnelle à la recette. Vous resteriez à la disposition de l'administration tant que la pièce suivrait le cours de ses représentations.

Ces dernières conditions me sont imposées par M. Lévy, je ne puis m'écarter de mon traité avec lui sans rompre cette affaire, et je la crois belle aussi bien pour moi que pour vous, car à la lecture de la pièce j'ai reconnu tout le parti que votre talent pourrait en tirer.

Vous savez mon intention, Monsieur Frédérick, de vous attacher au théâtre de la Porte-Saint-Martin, venez, et aussitôt votre arrivée à Paris, nous pourrons nous arranger de manière à ce que ce soit des années et non des mois que nous ayons à passer ensemble.

Répondez-moi donc, je vous prie, le plus tôt possible, afin que je puisse donner mon dernier mot à Lévy.

Agréez, Monsieur Frédérick, l'assurance de ma parfaite considération.

Ch. FOURNIER.

Des traités avec la province et l'étranger éloignaient Frédérick-Lemaître de Paris pour un temps assez long; il lui fut loisible en novembre seulement de discuter avec M. Fournier les clauses d'une convention nouvelle. Ce délai ne lui porta point préjudice. Au lieu du chiffre assez mesquin proposé d'abord, le directeur, en effet, lui concéda mille francs par mois comme appointements fixes, plus, à titre de feux, cent francs par représentation (7).

L'intention de Frédérick-Lemaître était de rentrer à la Porte-Saint-Martin dans une pièce de l'auteur du *Chiffonnier de Paris*. Il y avait dans ce projet de la générosité, sinon du courage. Après les événements de Juin, M. Félix Pyat avait dû quitter la France, et ses ennemis politiques ne s'étaient fait faute ni d'incriminer ses idées, ni de gêner l'exploitation de son répertoire. Mais Frédérick n'était pas oublieux. Au lendemain du *Chiffonnier*, M. Félix Pyat lui avait dit : « Je fais le rôle du *Médecin de Néron* pour vous. » — C'est au *Médecin de Néron* que Frédérick pensa, dès que M. Fournier et lui eurent échangé leurs signatures. De Genève où il partit en représentations, le comédien écrivit donc à M. Félix Pyat, alors à Lausanne :

22 Novembre 1849.

Mon cher ami,

Je ne voulais pas vous écrire avant d'avoir terminé quelque chose : je viens de contracter un engagement avec la Porte-Saint-Martin.

Je ne sais où vous en êtes, mais moi, voilà ce que je vous dis : « Si vous pouviez m'envoyer cette semaine le scénario de *Néron*, et de huit jours en huit jours un acte, je vous mettrais en répétition tout de suite, et ce serait par votre pièce que je ferais ma rentrée.

J'attends votre réponse pour entrer dans de plus longs détails.

Tout à vous,

FRÉDÉRICK.

Une conférence fut décidée entre l'écrivain et l'artiste, mais M. Pyat négligea de s'y rendre, et Frédérick lui en fit ce reproche :

29 Novembre.

Mon cher ami, —

J'ai été bien chagrin que vous n'ayez pas tenu votre promesse qui me promettait un grand plaisir. Le temps a été bien mauvais, je le sais, mais un mot du moins, méchant? — Je vous ai attendu toute une semaine! Je suis fort mal portant depuis plusieurs jours et cela m'empêche de faire le voyage de Lausanne.

Je suis triste de partir sans une causerie; je pourrais vous gronder fort, car je me suis enquis de votre santé et je la sais fort bonne; je compte donc sur la réparation à laquelle j'ai droit, et j'espère à mon arrivée à Paris trouver de vous une longue épître.

A bientôt, je pense, la première de *Néron*, et croyez-moi tout à vous.

FRÉDÉRICK.

Trois actes du *Médecin de Néron* étaient faits alors; absorbé par la propagande socialiste, M. Félix Pyat ne devait point trouver le temps d'écrire les suivants. Ce n'était pas le premier mauvais tour que jouait la politique au dramaturge et à son interprète. — « Après le 24 Février, dit une lettre de M. Pyat à notre adresse, M. Buloz me fit demander à Frédérick s'il voulait entrer à la Comédie-Française pour jouer d'abord *le Chiffonnier*, puis *Diogène* avec Rachel comme Aspasie, et enfin *le Médecin de Néron* avec Rachel en Némésis. Bientôt Buloz fut remplacé par Lockroy qui me faisait mêmes propositions, quand la réaction, après Juin, emporta le directeur loin du théâtre et l'auteur loin de la France. » — Une fois de plus donc, les portes de notre premier théâtre, entr'ouvertes à l'intention de Frédérick-Lemaître, s'étaient refermées sans lui livrer passage. Ce fait devait, à peu d'intervalle, se présenter encore. A peine Frédérick avait-il traité avec M. Fournier que M. Arsène Houssaye, imposé comme directeur à la Comédie-Française, accourait chez lui pour lui proposer un engagement. — « Il était temps encore, dit M. Houssaye dans ses *Confessions* récemment publiées, d'illustrer le Théâtre-Français par la grande figure de Frédérick-Lemaître. Je courus chez lui. Frédérick m'embrassa à l'idée de jouer *Tartuffe*, mais à son grand regret il n'était pas libre ; il ne pouvait rompre du jour au lendemain son engagement au boulevard ; il me remit à trois mois. » — Le directeur avait oublié le Comité sans l'autorisation duquel il ne pouvait engager un artiste d'importance ; cette autorisation lui fut naturellement refusée, et, les trois mois écoulés, Frédérick demeura, comme devant, au boulevard.

Ne pouvant compter sur *le Médecin de Néron* comme pièce de rentrée, Frédérick-Lemaître dut porter ses vues sur l'ouvrage qui était la raison principale de son réengagement à la Porte-Saint-Martin, le *Toussaint Louverture*, de Lamartine.

Ce drame avait une légende. Vers 1834, des hommes politiques français s'étaient formés en société pour travailler à l'émancipation des noirs. Admis dans cette société, Lamartine se fit son porte-voix à la Chambre sans obtenir de résultat. En 1840, ayant résolu de s'adresser à un auditoire plus impressionnable, il écrivit en quelques semaines, à la campagne, le poème dramatique de *Toussaint Louverture*. Il avait conçu cette ébauche pour les yeux des masses plutôt que pour l'oreille des classes d'élite, et la destinait à un théâtre mélodramatique. Diverses circonstances lui firent perdre de vue cette composition. — « Dans un voyage que je fis aux Pyrénées, en 1842, raconte l'écrivain lui-même, je perdis une partie de mes papiers. *Toussaint Louverture* était du nombre de ces manuscrits égarés ; j'en eus peu de regret, et je n'y pensai plus. Quelques années après, mon caviste le retrouva dans ma cave, servant de bourre à un panier de vin de Jurançon, dont on m'avait fait présent à Pau. Je ne le relus pas et je le jetai dans l'immense rebut de mes vers. » — Mais, après la République, le libraire Michel Lévy offrit trente mille francs de l'œuvre dédaignée. Tombé du pouvoir après avoir eu la joie immense de proclamer l'abolition de l'esclavage, Lamartine, abandonné par la faveur publique, commençait contre la misère cette lutte héroïque qui devait durer vingt années ; il n'était pas libre de refuser l'offre du libraire, mais le droit d'édition qu'il concéda impliquait le droit de représentation, et Michel Lévy avait jugé bon de ne point négliger cette source de bénéfices. Nous connaissons les conditions faites par lui à M. Fournier ; M. Hostein préalablement s'était vu soumettre l'affaire, mais, au Théâtre Historique comme à la Porte-Saint-Martin, un point avait été précisé dès le début des négociations, c'est que le rôle de Toussaint Louverture serait joué par Frédérick-Lemaître. Dès que Lamartine avait entrevu la mise au théâtre de *Toussaint Louverture*, son choix s'était porté sur l'artiste que recommandaient tant de créations originales ou puissantes. Le billet suivant prouve, en effet, que des relations existaient entre le poète et le comédien au commencement même de 1849 :

M. de Lamartine a l'honneur d'offrir ses compliments empressés à M. Frédérick-Lemaître et lui exprime tous ses regrets de ne pas s'être trouvé chez lui lorsqu'il a bien voulu y venir. Il aurait été lui-même le chercher sans une légère indisposition qui depuis deux jours le force de garder la chambre. Mais si M. Frédérick-Lemaître pouvait venir rue de l'Université un soir, à huit heures, ou un matin, à midi, M. de Lamartine serait heureux de le recevoir et de lui offrir l'assurance de sa considération distinguée.

Paris, 18 Janvier 1849.

Dès cette époque donc, Frédérick connaissait *Toussaint Louverture* ; il en possédait le manuscrit primitif, touffus, abondant en beaux vers et en idées généreuses, mais trop en désaccord avec les exigences du théâtre pour qu'un remaniement ne fût pas nécessaire. Ce travail de révision s'accomplit, en décembre 1849, au château de Monceaux où Frédérick-Lemaître, invité par Lamartine, s'était rendu en compagnie de son fils Charles, et de Michel Lévy flanqué de Mirès, copropriétaire de *Toussaint Louverture*.

Deux familiers de Lamartine, MM. de Lacretelle et Charles Alexandre, ont raconté ce que fut à Monceaux Frédérick-Lemaître et la façon dont s'opéra la transformation du poème en drame. Plus discret que ses compagnons de voyage, le comédien n'avait pas accepté l'hospitalité complète du poète ; il couchait à Mâcon, ce qui ne l'empêchait pas de se montrer le plus assidu aux conférences; mais les dames de la maison le prièrent en vain de jouer une scène de *Robert Macaire*. — « Frédérick resta inflexible dans son refus, dit M. de Lacretelle. Il se chargeait de la responsabilité du début de Lamartine au théâtre; il venait donner des conseils et étudier son rôle; il ne pouvait pas poser en saltimbanque; il fit respecter sa dignité de grand artiste. Mais il donna des compensations à son refus; il raconta, et le merveilleux acteur éclatait malgré lui dans les gestes et dans les intonations. » — La tâche de Frédérick consistait surtout à guider de son expérience scénique et Lamartine et les amis qu'il avait appelés à son aide. — « Je me souviens encore de ces journées, dit à son tour M. Charles Alexandre. Le poète se retirait dans une chambre, à côté de la galerie, pour broder le canevas de l'acteur. Il s'y recueillait, et revenait quelques instants après, en tenant à la main de grandes pages in-folio couvertes de son écriture lyrique, sans ratures, où les vers magnifiques étaient jetés comme les pièces d'or par la main d'un joueur. » — Le manuscrit terminé, Frédérick revint à Paris, et les répétitions commencèrent à la Porte-Saint-Martin.

Elles furent laborieuses pour Frédérick-Lemaître qui avait assumé la responsabilité de la mise en scène. Les témoins de ses efforts rendent justice à sa science, à son autorité, à la sincérité de dévouement enfin qui lui faisait styler ses partenaires, jouer au besoin leurs rôles, animer de sa flamme l'œuvre restée malgré tout plus lyrique que théâtrale.

L'annonce de *Toussaint Louverture* attira à la Porte-Saint-Martin une affluence considérable. Les amis et les ennemis de Lamartine étaient là, les uns avec l'angoisse d'une chute, les autres avec l'appréhension d'un triomphe. La représentation offrait en même temps l'attrait d'une fête littéraire et l'intérêt d'une manifestation politique. Le drame applaudi ou sifflé, c'était plus que le poète vainqueur ou vaincu, c'était le libérateur des esclaves, le défenseur du drapeau tricolore, le représentant de la République idéale acclamé ou honni.

6 Avril 1850. — *Toussaint Louverture*, drame en cinq actes, en vers, par M. A. de Lamartine. — Rôle de *Toussaint Louverture*.

La scène est à Haïti, vers 1802. Au lever du rideau, une mer lumineuse, une rade immense, c'est le Port-au-Prince. Les habitants, négresses et négrillons, chantent *la Marseillaise* de leur délivrance avec l'ivresse d'un peuple affranchi de la veille. Les danses et les chants se mêlent dans un chœur général. Seule, la nièce de Toussaint Louverture, Adrienne, ne prend point part à ces joies. Elle est triste, rêveuse, et son âme laisse épancher ainsi la mélancolie qui la trouble :

O mornes du Limbé ! vallons, anses profondes
Où l'ombre des forêts descend auprès des ondes ;
Où la liane en fleur, tressée en verts arceaux,
Forment des ponts sur l'air pour passer les oiseaux ;
Galets où les pieds nus, cueillant les coquillages,
J'écoute de la mer les légers babillages ;
Bois touffus d'orangers qui, respirant le soir,
Parfumez mes cheveux comme un grand encensoir,
Et qui, lorsque la main vous secoue ou vous penche,
Nous faites en passant la tête toute blanche !
Roseaux qui de la terre exprimez tout le miel,
Où passent en chantant si doux les vents du ciel !
De ces climats aimés rêveuses habitudes,
Que j'aime à vous poursuivre au fond des solitudes !
Que j'aime... mais vos bois, vos montagnes, vos eaux,

Vos lits d'ombre ou de mousse, au fond de vos berceaux,
Vos aspects les plus beaux dont mon œil est avide,
Me laissent toujours voir quelque chose de vide.
Comme si de ces mers, de ces monts, de ces fleurs,
Le corps était ici, mais l'âme était ailleurs!

C'est que, en effet, le cœur d'Adrienne est en France avec Albert, l'aîné des fils que Toussaint a remis en ôtage au consul Bonaparte. Fille d'adoption du héros noir, Adrienne est la consolation de ce veuvage paternel de Toussaint, mais qui pourrait consoler à son tour Adrienne de l'éloignement d'un ami d'enfance, compagnon de ses premiers jeux, associé de ses premiers rêves? — Tout à coup les cris : « Des vaisseaux! » se font entendre. Toute la population noire accourt sur le rivage. Une flotte nombreuse apparaît à l'horizon; ce sont les Français qui reviennent s'emparer du pays. On envoie des barques reconnaître les ennemis, les généraux donnent des ordres pour la défense, et la toile tombe sur un magnifique lever de la lune succédant à un splendide coucher de soleil.

Au second acte, nous pénétrons dans le nid de vautour d'où Toussaint Louverture plane sur l'île. Courbé par le travail, blanchi par la méditation et les soucis, il songe aux moyens d'asseoir sur des fondements durables son édifice récent. Effrayé de sa puissance, il hésite, il doute; l'instrument se sent faiblir pour l'œuvre divine :

Dans un pauvre vieux noir, cependant, quelle audace
De prendre seul en main la cause de sa race,
De se dire : Selon que je l'ai résolu
Il en sera d'eux tous ce que j'aurai voulu!
Dans mes réflexions du mot fatal suivies,
Je pèse avec la mienne un million de vies!
Si j'ai mal entendu... si j'ai mal répété
Le sens de Dieu... Malheur à ma postérité!
Dieu ne donne qu'une heure à notre délivrance,
Opprobre à qui la perd, mort à qui la devance.
Ah! combien j'ai besoin d'intercéder celui
Dont l'inspiration sur tous mes pas a lui.
Crucifié pour tous! symbole d'agonie
Et de rédemption!... Quelle amère ironie
Où se heurte mon cœur lorsque je veux prier?
Quoi! c'est le Dieu des blancs qu'il nous faut supplier!
Ces farouches tyrans dont le joug nous insulte
Nous ont donné le Dieu que profane leur culte;
En sorte qu'il nous faut, en tombant à genoux,
Effacer leur image entre le ciel et nous!
Eh bien! leur propre Dieu contre eux est mon refuge,
Il fut leur rédempteur, mais il sera leur juge,
La justice à ses yeux n'aura plus de couleur,
Puisqu'il choisit la croix, il aima le malheur.

Deux généraux noirs, sur qui pèse l'écrasante supériorité de Toussaint et que dévore une secrète ambition interrompent sa prière. Ils viennent l'interroger sur ses desseins et lui tenir des propos embarrassés sur la responsabilité d'un commandement unique; Toussaint n'a pas de peine à les réfuter; flairant la trahison dans ces scrupules tardifs, il les congédie en se promettant de les surveiller. Puis un moine est introduit et se fait reconnaître de Toussaint pour celui qui jadis, lorsqu'il n'était qu'un pauvre esclave, lui révéla les desseins de la Providence et l'encouragea dans la voie qui l'a conduit à l'affranchissement de sa race. Toussaint a grand besoin que le père Antoine lui montre la route et l'y maintienne. Une lettre de Bonaparte vient de lui être remise; dans cette lettre, le consul offre une alliance au chef haïtien et lui propose d'être le premier des noirs, comme il est, lui, le premier des blancs. Il lui parle de ses enfants, sa seule passion; au souvenir de ses fils, Toussaint se trouble, il craint d'exposer leurs têtes en donnant le signal de la résistance; le moine le réconforte et le somme de penser d'abord à sa patrie. — « Mais je suis père! » s'écrie Toussaint. — « Dieu ne l'était-il pas? » répond le moine. — Ce mot sublime décide Toussaint; il prépare la défense de l'île, et, comme les Français ont débarqué par un coup d'audace, il se déguise en mendiant aveugle, et, conduit par Adrienne, s'en va épier et compter ses ennemis dans leur camp même.

Des officiers dessinent l'enceinte de ce camp; les pionniers creusent les fossés, les artilleurs dirigent leurs canons sur la ville que l'on voit à gauche avec la mer à l'horizon et la flotte en rade. Sur le seuil d'une misérable cabane, un vieux noir est accroupi à côté d'une jeune fille en haillons. C'est Toussaint avec Adrienne qui observe pour son oncle. Deux jeunes noirs paraissent, ce sont les enfants de Toussaint, Isaac et Albert, venus avec l'armée française. Albert, plus âgé, est enthousiaste de la civilisation et admire le premier consul; Isaac, plus jeune, a conservé un souvenir bien autrement vif de la mère-patrie; il fait voir à son frère, dans la vapeur bleue du lointain, un point presque imperceptible qu'il prétend être la maison paternelle, et les deux jeunes gens s'embrassent, tandis que Toussaint, qui les a reconnus, réprime le cri d'amour que ses lèvres ont commencé. Une musique militaire se fait entendre; c'est le général Leclerc qui vient passer une revue de ses troupes et visiter le camp avec la belle Pauline Bonaparte.

Un officier ordonne d'abattre la hutte où gémit le pauvre aveugle noir; mais Adrienne, surmontant la haine que lui inspire la sœur du consul, une blanche qu'Albert semble admirer, qu'il aime peut-être, Adrienne s'élance, demande grâce, supplie, et Pauline émue prend le vieillard et la jeune fille sous sa protection et ordonne qu'on respecte leur asile. Cependant le conseil présidé par le gouverneur s'assemble et délibère. Un général estime que toute la force des noirs réside dans un seul homme, et qu'il faut obtenir à tout prix la défection de Toussaint. Mais il est introuvable; comment arriver jusqu'à lui? — En lui envoyant un messager dont il ne se défie pas, quelque mendiant. On fait approcher l'aveugle de la cabane, on le tente par l'appât de l'or, on l'interroge sur Toussaint; le connaît-il? — Oui, répond le vieillard :

Sous le même ajoupa le hasard nous fit naître,
Nous avons vingt-huit ans servi le même maître,
Et par les mêmes fouets nos bras encore ouverts
Gardent dans leurs sillons la dent des mêmes fers.

Quels sentiments nourrit-il à l'endroit des Français? — On l'ignore. — Aime-t-il sa patrie, sa femme, ses enfants?...

. . . . Oh! demandez
S'il aime ses rameaux au tronc que vous fendez!
Quoi donc! n'aime-t-on pas dans toute race humaine
La moelle de ses os et le sang de sa veine?
Ses enfants! s'il les aime? Ah! s'il vous entendait!...
Il ne répondrait pas si Dieu le demandait!

Il s'attendrit, si bien qu'Isaac croit retrouver dans la voix du mendiant l'accent de la voix paternelle et s'élance vers lui : « Je ne vous connais pas! » dit Toussaint avec héroïsme. Il accepte l'emploi de messager que lui offre Leclerc et va se retirer quand survient un des deux généraux nègres qui, au second acte, ont eu avec Toussaint cette conversation à bon droit suspecte. Le noir, par esprit de vengeance, dévoile au général Leclerc les sentiments de Toussaint, son plan de campagne, et le lieu de sa retraite; mais le faux aveugle se précipite sur le traître, le frappe d'un poignard, et s'élance d'un bond sur un rocher, puis dans les flots, sous les coups de fusil des soldats accourus.

Toussaint est sauf, mais Adrienne est saisie, chargée de chaînes et plongée dans un souterrain. Le jeune Isaac découvre sa prison; aidé de son frère il brise les liens de la jeune fille; tous vont fuir quand l'officier chargé spécialement de la garde des enfants de Toussaint les surprend et les arrache aux embrassements d'Adrienne. Cet officier, nommé Salvador, a jadis habité Haïti; il y a séduit une femme de couleur et l'a abandonnée avec une enfant; le général Leclerc, instruit de l'aventure, lui a enjoint de rechercher les délaissées et de réparer sa faute par un bienfait. Or c'est au moment où Salvador rudoie la nièce de Toussaint et médite de le déshonorer pour détacher d'elle Albert qu'il reconnaît dans Adrienne la fille née de son amour. L'existence de cette enfant est une menace pour son ambition; à tout prix il faut qu'elle disparaisse. Le père Antoine, qui se présente à point nommé, la reçoit de ses mains avec mission de la conduire à bord d'un navire en partance; c'est naturellement vers Toussaint qu'il la mène, et Salvador voit bientôt avec désespoir sa fille et le moine rejoindre une embuscade de noirs et disparaître dans les montagnes.

Au cinquième acte, Toussaint, échappé aux flots et aux balles ennemies, harangue ses soldats avec une énergie sauvage. Pour leur enlever la crainte qu'ils peuvent avoir de la supériorité des blancs, il leur raconte l'apologue d'un tigre qui, dans un cimetière, a mangé un blanc et un noir et laissé à nu deux squelettes absolument pareils; donc il n'y a que la peau qui diffère et cela ne vaut pas la peine d'en parler. Chaque chef se rend alors au poste qui lui est assigné. Toussaint veut éviter à Adrienne l'horreur et les dangers des combats, mais la jeune fille refuse de le quitter; elle mourra s'il le faut; d'ailleurs que lui importe la vie, Albert, son Albert est auprès de Pauline Bonaparte. Soudain l'on amène un officier blanc; il vient apporter à Toussaint des paroles de paix et il lui annonce qu'Albert et Isaac s'avancent sur ses pas. A cette nouvelle Toussaint bondit de bonheur : ses fils, grand Dieu! les embrasser et mourir... qu'ils viennent! Mais le chef qui craint d'être aveuglé par l'amour paternel recommande à Adrienne de veiller à sa place; si quelque piège lui apparaît, qu'elle saisisse le drapeau de détresse et déploie ses sombres plis au sommet des rochers : à ce signal trente mille noirs s'élanceront pour châtier la perfidie. — Albert et Isaac se précipitent bientôt dans les bras de Toussaint. Moment d'extase et de ravissement pour le vieux nègre! Albert offre la paix et la liberté des noirs au nom de Bonaparte; Toussaint ému va céder lorsque le père Antoine lui donne la preuve que le consul le trompe par la bouche de son fils.

Le héros noir se redresse alors; son parti est pris : que ses enfants choisissent entre les blancs et lui. Isaac n'hésite pas; mais Albert a promis de retourner au camp français; sa parole, Pauline peut-être, tout lui fait un devoir de partir, et, malgré le désespoir d'Adrienne, il s'éloigne. A cette vue Toussaint qui se débat entre son amour paternel et son angoisse patriotique, Toussaint, le cœur brisé, crie à son aîné qui ne l'entend plus :

Mon fils, reviens, je cède !...

LE MOINE

O honte ! ô trahison !

C'est un peuple qu'il cède !

TOUSSAINT

Eh bien non, c'est mon âme !
Ah ! les grands fondateurs n'avaient ni fils ni femme !
De la nature en eux Dieu seul était vainqueur !
Mais moi... Vous triomphez, ô blancs, j'avais un cœur !

Anéanti par la douleur, il tombe évanoui; tous s'empressent autour de lui; mais soudain une rumeur s'élève, Adrienne prête l'oreille : plus de doute, les Français s'avancent pour attaquer, et Toussaint ne les entend pas ! Surexcitée par le péril, la jeune fille saisit le drapeau noir, s'élance sur les rochers et fait flotter le signal de mort; elle chancelle et tombe frappée par les balles françaises. Au bruit des coups de feu, Toussaint se ranime et court à sa nièce expirante, mais le moine lui rappelle une dernière fois son devoir de patriote et de chef militaire. Toussaint ressaisit le drapeau tombé des mains d'Adrienne, crie d'une voix terrible : « Aux armes ! » et les noirs avides de vengeance se ruent sur l'ennemi.

Toussaint Louverture est moins un drame qu'un poème splendide. Comment voir un drame, en effet, dans ces cinq actes tout remplis de discours et de monologues fort beaux en eux-mêmes, mais sans ombre d'action et sans apparence d'intrigue? On ne saurait donner ce dernier nom à l'espèce d'imbroglio du quatrième acte dans lequel survient un général français, pour retrouver, sous les haillons d'Adrienne prisonnière, sa fille perdue depuis longtemps, et disparaître ensuite. Quant aux amours d'Adrienne et d'Albert, on les pourrait retrancher sans inconvénient grave. Le poème, au contraire, y gagnerait en concision, et l'attention du spectateur, moins partagée, pourrait se concentrer tout entière sur la donnée principale, mise en œuvre d'une façon pleine de grandeur et d'imprévu. Cette donnée est évidemment la lutte qui s'établit dans le cœur de Toussaint entre les sentiments du père et les passions du chef de race. Les déchirements intérieurs du vieux noir se traduisent en beaux vers et en élans magnifiques, mais, répétons-le, presque partout l'action, au lieu de se concentrer sur la scène, déborde et se répand, pour ainsi dire, en trop vagues et trop flottantes aspirations poétiques. L'auteur lui-même a reconnu et confessé son inaptitude aux calculs scéniques. — « Je n'étais, dit-il quelque part, je n'étais évidemment pas né pour cette poésie à personnages et à combinaisons savantes qu'on appelle le drame. L'art et le mécanisme, le coup de théâtre et la brièveté laconique qui concentre une situation dans un mot me manquaient. Le théâtre parle et ne chante pas assez pour moi. » — En dépit de ses nombreux côtés faibles, *Toussaint Louverture* reçut, le premier soir, un accueil plus que favorable. L'émotion fut vive, l'attention pleine de respect, et de longs bravos saluèrent, au baisser du rideau, le nom de Lamartine. Mais c'était là une victoire politique plutôt que théâtrale, une amende honorable faite au républicain intègre plutôt qu'une ovation décernée au poète.

Le succès de Frédérick-Lemaître, plus spécial, avait été non moins grand. A son entrée en scène, le comédien s'était arrêté, comme frappé de stupeur. Ce vertige avait-il pour cause la crainte de mal faire ou n'était-il que le résultat des fatigues endurées pendant l'étude de son rôle et la mise en scène de l'ouvrage? Nous ne saurions le dire. La plupart des spectateurs ne s'aperçurent point de ce moment de faiblesse, l'artiste s'était relevé presque instantanément pour se montrer maître absolu de son jeu. Jeu savant, complet, à la fois étrange et superbe, que le public d'abord, les critiques ensuite applaudirent avec unanimité.

« Frédérick, — écrivait dans *le Dix-Décembre* M. de Banville, — Frédérick a entassé des prodiges de verve, d'inspiration et d'audace avec l'ardeur effrontée de ce Titan qui arrachait les monts de la terre et qui les plantait les uns sur les autres pour en faire un escalier du ciel. Même au moment où il s'agite dans le vide et où le poète a oublié l'action pour suivre son rêve, Frédérick fait croire à une tragédie puissante, et se donne tout entier à cette fougue inspirée qui commande à la foule d'être émue. Il n'a pas reculé devant le dangereux prodige d'incarner en lui une œuvre trop grande pour la scène, et qui de tous côtés déborde le cadre étroit du théâtre. Frédérick est l'homme des victoires impossibles, aussi a-t-il été glorieusement associé au triomphe que deux mille voix émues décernaient au nom de Lamartine. » — « Jamais, peut-être, disait de son côté M. Vacquerie, dans *l'Evénement*, l'acteur suprême n'a dépensé plus de génie que dans cette création impossible. Ayant à dire à chaque moment des discours et des monologues interminables dans la bouche d'un autre, il a animé cette constante poésie d'une variété incroyable. Et quelle admirable intelligence dans la composition générale! Tour à tour touchant ou terrible, accouplant magnifiquement les grands instincts naturels et une grande mission sociale, père et grand homme, il a eu tout le cœur de la famille et toute l'âme de l'indépendance. » — Et, dans la préface de son drame, l'auteur confirma, en les amplifiant, ces appréciations enthousiastes : — « Un grand acteur a voilé sous la splendeur de son génie les imperfections de l'œuvre. Frédérick-Lemaître a été le Talma des noirs, un Talma des tropiques, aussi grand dominateur, d'un caractère plus sauvage, plus ému, plus explosible que le Talma de Tacite, que nous avons vu chez nous se poser, marcher, penser et parler comme la statue vivante de l'histoire classique. C'est bien de Frédérick-Lemaître que le public a pu dire ce que les Français disaient de Toussaint : Cet homme est une nation ! »

Malmené par la majorité de la presse, travesti au Palais-Royal par MM. Varin et Labiche sous ce titre peu poétique : *Traversin et Couverture*, *Toussaint Louverture* fut donné vingt-huit fois, avec des recettes plus qu'honorables.

Dès la seconde représentation, le quatrième acte, jugé d'autant plus languissant que Toussaint n'y paraissait pas, avait été supprimé. Trop admirateurs de Lamartine pour être équitables avec son collaborateur de passage, MM. de Lacretelle et Charles Alexandre affirment tous deux, dans leurs souvenirs sur le poète, que Frédérick-Lemaître doit garder, devant l'avenir, la responsabilité de ce quatrième acte fâcheux dont seul il aurait choisi le lieu et indiqué les épisodes. — « Tout le quatrième acte ancien, dit M. Alexandre, shakespearien par le mouvement, la vie sauvage, une vraie kermesse de noirs, fut supprimé, puis remplacé par un quatrième acte nouveau, dont Frédérick-Lemaître fit l'action et Lamartine les vers. Lemaître fit un acte banal, vulgaire, détestable, un vieux truc de mélodrame indigne même de l'Ambigu; Lamartine y jeta sa poudre d'or. » — M. de Lacretelle, blâmant également la version représentée, déclare que, dans le quatrième acte primitif de *Toussaint*, le poète avait été à quelques-unes de ses inspirations les plus audacieuses de *la Chute d'un ange*. — « La scène se passait nettement dans une maison impossible à nommer. Il y avait des splendeurs! » — Un hasard a mis entre nos mains le manuscrit initial de *Toussaint Louverture*, et ce hasard nous permet de justifier Frédérick-Lemaître en mettant au jour cent quarante vers inédits de Lamartine.

N'en déplaise aux panégyristes de ce dernier, si le quatrième acte fait par le poète en collaboration avec le comédien est médiocre, le quatrième acte fait par le poète seul était pire encore. Frédérick n'avait ni imposé le lieu de la scène ni indiqué les incidents; cadre et détails sont les mêmes dans la version inédite que dans la version représentée. Qu'on lise, et qu'on fasse avec nous la comparaison des deux textes.

SCÈNE I. — Adrienne, emprisonnée dans un vaste et sombre souterrain, est visitée par Isaac qui se retire pour aller chercher Albert. — C'est la scène III de l'acte imprimé.

SCÈNE II. — Monologue d'Adrienne. — Scène IV de la pièce éditée.

SCÈNE III. — Isaac revient avec Albert ; les jeunes gens liment un barreau de la prison d'Adrienne et pénètrent dans le souterrain. Un entretien plein d'effusion s'engage entre la jeune fille et ses frères, entretien interrompu par la brusque apparition de Dugommier. — C'est la scène V du livre, où Dugommier est devenu Salvador.

SCÈNE IV. — Albert et Isaac écartés par la force, Dugommier s'interroge sur ce qu'il doit faire. Eloigner Albert serait insuffisant pour étouffer son amour ; il faut qu'Adrienne soit avilie. Comment ? — Jusqu'ici la scène IV suit exactement la scène VI du volume ; elle s'en sépare désormais, et nous citons avec la fidélité la plus scrupuleuse.

DUGOMMIER

La police du camp, sous ces voûtes impures,
Pêle-mêle balaye et contient ses ordures ;
Noirs, blancs, femmes, soldats, ivrognes, vagabonds,
Fumier où les mauvais infecteraient les bons,
Où l'amour et le vin, ces dieux de la canaille,
Inspirent ces refrains qui percent la muraille,
Et d'où les séraphins avec leurs chastes lys
S'ils y traînaient leur aile en sortiraient salis !
J'en ai les clefs en mains ! Livrons-leur ce bel ange !
D'un peu d'eau pure, allons ! délayons cette fange !
Nous verrons quand cette eau de l'égoût sortira
Si dans ce pur cristal Albert se complaira.

(Il se tourne vers Adrienne en marchant vers la grille, où l'on entend rugir les vivandières et les soldats prisonniers. A ce moment, Adrienne. tenant un portrait, lève les yeux sur la figure de Dugommier et pâlit. Frappée de stupeur, elle ne voit et n'entend plus.)

A votre âge, ma chère, en prison l'on s'ennuie,
Eh bien, je vais vous mettre en digne compagnie !

(Il ouvre les verroux de la grille qui sépare les prisonniers de la partie du souterrain où est Adrienne. Les vagabonds et les soldats entrent.)

Comme cette canaille à ce gibier se rue !

ADRIENNE, *suivant d'un geste stupéfait le visage de Dugommier, et reportant ses regards sur le portrait qu'elle tient et qui lui échappe.*

Ciel ! ô lui !.. C'est mon père !.. et c'est lui qui me tue !

(Elle s'évanouit. — La foule des prisonniers, hommes et femmes, entoure Adrienne. Un grenadier la soulève sur son bras et tâche de la rappeler à la vie.)

ADRIENNE, *revenant à elle.*

Vierge sainte, éloignez ces démons ou ces femmes ! (*)

LE GRENADIER, *aux prisonniers.*

Voulez-vous bien cesser vos quolibets infâmes !
Croyez-vous que le vice en son horrible odeur
A le droit impuni d'infecter la pudeur ?

(Il tient Adrienne du bras gauche et tire de l'autre un poignard espagnol de sa ceinture.)

Ivrognes et bandits ! Peste ! Lâches canailles !
Vos bras profanateurs fussent-ils des tenailles,
Vous ne m'arracheriez cette enfant qu'en morceaux !
Non ! eussiez-vous les dents, l'ongle des lionceaux,
Je ne permettrais pas que votre haleine infâme
Souille ce corps de vierge aussi saint que son âme !
Si vous ne craignez Dieu, ses anges, son enfer,
Craignez le bras d'un homme et la pointe du fer !

(Les prisonniers reculent et s'éloignent.)

SCÈNE V

LE PÈRE ANTOINE, ADRIENNE.

ADRIENNE, *se jetant à genoux devant un pilier.*

O saints du paradis, anges libérateurs,
Qui de mes assassins faites mes protecteurs,
Quel miracle en colombe a changé la vipère,
Ces tigres en agneaux et ce brigand en père ?
Ainsi fut Daniel, au comble du danger,
Respecté des lions tout prêts à le manger !
Mais quel est ce soldat ?

(Pendant ces mots, le grenadier dépouille derrière elle ses habits de soldat, les jette à terre avec un geste de dégoût et revêt un habit d'ermite qu'il portait roulé dans son sac. Il reparaît dans ce costume devant Adrienne.)

LE PÈRE ANTOINE

Soldat de Dieu !

ADRIENNE, *stupéfaite.*

Le moine !

LE MOINE

Un sauveur !

ADRIENNE

Quelle voix ?

(*) Il manque ici, comme plus haut, deux vers à rimes masculines — lacunes excusables dans un manuscrit de premier jet.

LE MOINE

C'est moi, le père Antoine.

ADRIENNE

Ce généreux soldat, qu'est-il donc devenu?

LE MOINE, *lui montrant du doigt les habits à terre.*

Enfant!

ADRIENNE

Sous ces habits, qui vous eût reconnu?
Comment avez-vous pu dans l'infernal repaire,
Avec tous ses démons vous confondre, mon père?
Qui vous en a montré le ténébreux chemin?
Quel ange à mon secours vous guida par la main?

LE MOINE

La pitié pour ton sort.

ADRIENNE

Qui put vous en instruire?

LE MOINE

Toussaint désespéré.

ADRIENNE

Qui sut vous introduire
Dans ces cachots remplis de voleurs, d'assassins?

LE MOINE

Quand on connait un monstre, on prévoit ses desseins.
Je savais que l'enfer, pour dégrader un ange,
Te jetterait sans doute au fond de cette fange;
L'or qui des murs fermés sait ouvrir le chemin,
M'ouvrit les soupiraux de ce cloaque humain.
J'y descendis, caché sous les haillons du vice,
Au moment où l'agneau tombait au précipice,
Dans les bras du pasteur, mourant je le reçus.
Leurs vœux seront trompés et leurs crimes déçus;
La clef d'un souterrain ouvrant sur la campagne
Nous permettra de fuir la nuit vers la montagne;
Toussaint lançant au loin ses légers éclaireurs,
Guide au-devant de nous leurs pas avant-coureurs;
Tu seras sous les bois trop loin pour qu'on t'atteigne,
Avant que du matin l'Océan ne se teigne;
Viens, ma fille, étouffons jusqu'au bruit de nos pas,
Ton père attend.

ADRIENNE, *avec horreur.*

Mon père! Oh! ne le nommez pas!

(Ils s'éloignent et disparaissent dans l'ombre, derrière les piliers.)

SCÈNE VI

DUGOMMIER, *suivi d'un Forgeron.*

On entend dans le fond du souterrain les chants bachiques et le bruit de l'orgie des soldats et des vivandières.

DUGOMMIER, *montrant à l'ouvrier les barreaux limés par Isaac.*

Allons, déposez là votre lourd attirail,
Scellez-moi dans le plomb le fer du soupirail.

(Pendant que le forgeron allume ses fourneaux, il s'avance vers les piliers les plus rapprochés de la scène, et écoute avec un sourire infernal les chants, le bruit des verres entrechoqués, les jurements, les éclats de rire.)

Qui diable irait chercher le rire sous les geôles?
La canaille a ses dieux. — Ebattez-vous, mes drôles,
Prenez l'amour sans choix, buvez le vin sans eau.
Les coquins ont goûté, je crois, du fruit nouveau,
Ils font la bienvenue à ce serpent de fille;
Ah! je l'ai mise là, ma foi, dans sa famille!

(En marchant dans le souterrain, son pied heurte quelque chose à terre et brise le verre du portrait qu'Adrienne a laissé tomber; il le porte, pour l'examiner, à la lumière qui s'échappe du fourneau du forgeron.)

Un bijou dans ces lieux, singulière aventure!
Un ex-voto banal de quelque créature
Qu'un dévot à l'amour lui suspendit au cou
Et qu'une main profane a détaché du clou.
Qui diable aurait cherché, même avec la lanterne,
Le sentiment au fond d'une telle caverne?

(Il ricane en s'approchant davantage de la lumière.)

Voyons le digne objet d'une si tendre foi...
Le Dieu de cet autel... Que vois-je?... ô ciel!... c'est moi!

(Le portrait s'échappe de ses mains et roule à ses pieds.)

Non, ce n'est pas possible... un vain songe, un vertige,
Un remords qui pour moi sous ces voûtes voltige,
Et qui, réunissant des souvenirs épars,
En compose un fantôme et raille mes regards...
Dissipons le fantôme en le fixant en face,
Devant l'œil bien ouvert tout miracle s'efface:
Regardons...

(Il ramasse de nouveau le portrait.)

Toujours moi... toujours moi... moi toujours!...
Ah! fatal souvenir d'importunes amours!
Serait-ce?... oui, ma foi, c'est bien l'habit, bien l'âge..,
C'est bien là mon portrait... ce ridicule gage
D'un éternel amour qu'en quittant ces climats
Nous laissons plus léger que le vent dans nos mâts!
J'y pensai quelques jours depuis... La pauvre fille
Me fit-elle, en mourant, l'affront d'une famille?...
Mais quoi? Disais-je vrai, par hasard, en riant?...
Cette esclave attachée à ce faux mendiant,
Dans la fange trouvée et de haillons vêtue,
Cette enfant que ma peur au vice prostitue,
Serait-ce?... Dieu vengeur, quel horrible soupçon
Fait couler ma sueur que glace le frisson!
Si sa mère... écartons l'abominable idée
Dont à ce seul aspect mon âme est obsédée...
Si sa mère en mourant eût dans un vœu secret
Au cou de l'orpheline attaché ce portrait,
Pour qu'elle pût — l'amour jamais ne désespère —
Au visage d'un blanc reconnaître son père?...
Oui, de ma ruse ainsi le destin s'est moqué...
Ce mystère autrement ne peut être expliqué :
Cette enfant, c'est ma fille, et, dans ce gouffre infâme,
Ce que j'ai repoussé du pied, c'était mon âme!...
Ah! si dans ce cloaque elle a pu surnager,
Il en temps encor, courons l'interroger!...

(Il s'avance du côté du souterrain d'où partent les chants de l'orgie et appelle d'une voix étouffée par l'angoisse. Des vivandières et des soldats à demi-ivres accourent à son appel.)

Cette enfant... ce matin, avec vous, là, jetée...
Rendez-la moi... Parlez... l'avez-vous respectée?
Sortez tous de cette ombre où je ne la vois pas.

(Il les examine les uns après les autres, se précipite dans le fond du souterrain et en ressort haletant.)

Dans cette horrible nuit je porte en vain mes pas...
Rien... rien... Les scélérats! où l'ont-ils enfouie?...
Dans ce gouffre infecté s'est-elle évanouie?...

UNE VIVANDIÈRE, *en riant.*

Evanouie!...

2me VIVANDIÈRE

Ah! bah!...

UN SOLDAT, *ivre, à Dugommier.*

Bien dit!

1re VIVANDIÈRE

Précisément...
Evanouie au bras d'un fameux garnement!

2me VIVANDIÈRE

Pour six pintes de vin, ces gueux-là l'ont troquée...

1re VIVANDIÈRE

Avec un vieux renard!...

2me VIVANDIÈRE

Et ta poule est croquée,
Mon fils!

DUGOMMIER

Quel coup de foudre horrible, inattendu!
Pris au piège infernal par moi-même tendu!
Ma fille, mon enfant, par mon crime flétrie,
Dans ce fumier par moi jetée à la voirie!...
Juste ciel! le plus vil de ces vils scélérats
La presse sur son sein, la souille de ses bras,
Ainsi que sous sa dent qui salit ce qu'il broie,
Le chacal au désert va dépecer sa proie!...
Et c'est moi, moi son père!... O honte! impiété!
Je reconnais mon sang au cri qu'il a jeté!
La nature en mon cœur si longtemps endormie
M'écrase, en s'éveillant, sous ma propre infamie!
Non, non, la voix du sang n'est pas un préjugé :
Je niais le remords, le remords s'est vengé!
Mon cœur est mon bourreau, mon crime est mon supplice!...
Courons après mon crime avant qu'il s'accomplisse!

(S'adressant aux sentinelles du dehors.)

Une enfant, un soldat... échappés... mes amis...
A qui les atteindra, tout mon or est promis!...

(Il sort en courant comme un insensé. — Le rideau tombe.)

Cet acte ne tient-il pas du mélodrame et du plus vulgaire? Où est, dans cela, la vraie « kermesse de noirs » entrevue par M. Alexandre? Où sont, hélas! les « splendeurs » regrettées par M. de Lacretelle? Et que reste-t-il des reproches adressés à Frédérick-Lemaître avec plus de témérité que de justice?

X

Frédérick-Lemaître à la Gaîté. — *Paillasse*. — Congés et voyages. — Le Coup d'Etat. — Frédérick à l'étranger. — *Ruy Blas* conspué par les Anglais. — Seconde campagne de Frédérick aux Variétés. — *Le Roi des drôles*. — *Nello*, de George Sand. — *Taconnet*. — Les continuateurs de Charles Maurice. — Nouveau procès en diffamation. — Jules Favre et Frédérick-Lemaître.

M. Charles Fournier prit bientôt sa retraite, et M. Victor Henry qui lui succéda fit faillite après quelques semaines. Ces deux événements permirent à Frédérick-Lemaître d'accepter, en juin 1850, les propositions que lui faisaient MM. Collin et Hostein, directeurs de la Gaîté. Il transporta naturellement son répertoire à ce théâtre. *Le Chiffonnier de Paris*, *Ruy Blas*, *Don César de Bazan*, *Trente ans* revirent successivement le jour, à la grande joie des spectateurs et au grand profit de la direction. — « Il est bon de se retremper aux vieilles émotions du drame littéraire, écrivait Gérard de Nerval à propos de la réapparition de *Ruy Blas*. Nous écoutions à peine les pièces jouées au lever du rideau, troublé par cette effrayante pensée : Allons-nous retrouver notre Ruy Blas, notre Frédérick, ou plutôt allons-nous nous retrouver nous-même? Enfin, les cinq actes passèrent; et certes, nous le disons avec une joie vive et sincère, il y avait longtemps que nous n'avions été si ému. Il y a dans le beau absolu une telle puissance, que la salle entière se soulevait comme autrefois et applaudissait avec un enthousiasme vrai. Le poète et l'acteur étaient toujours les mêmes. Les galeries hautes surtout, si bruyantes d'ordinaire, observaient un religieux silence d'admiration, signe bien plus sûr encore que tous les applaudissements possibles. C'est qu'il y a tant de vie dans ce drame, tant de vrai sentiment dans ce public en blouse, qu'une sorte de solennité finit par s'établir de force. Partout où passe l'art véritable, le tréteau s'ennoblit et s'exhausse. » — Ces reprises heureuses conduisirent aisément la Gaîté à la date fixée pour une création nouvelle de Frédérick-Lemaître.

Le titre de cette nouveauté, *Paillasse*, n'avait pas été sans piquer la curiosité. Que prétendaient les auteurs ? Naturaliser un des légendaires personnages de la comédie italienne, paraphraser la chanson politique de Béranger, ou habiller d'une toile à matelas quelque nouveau Robert Macaire ? L'incertitude était entretenue par les feuilles spéciales. On apprenait tantôt que Frédérick, conduit aux Funambules par un détail de son rôle, s'était vu décerner une ovation par les acteurs et le public de ce théâtre, tantôt que le comédien, après avoir échangé ses vêtements contre le costume d'un bateleur de Saint-Cloud, s'était essayé publiquement dans l'emploi de ce saltimbanque. La première représentation de *Paillasse* offrait donc un intérêt particulier, et aucun des critiques n'y manqua, bien qu'une artiste célèbre, Mlle Sontag, opérât, le même soir, sa rentrée aux Italiens.

9 Novembre. — *Paillasse*, drame en cinq actes, par MM. d'Ennery et Marc Fournier. — Rôle de *Paillasse*.

La pièce commence à Landreci, commune frontière du Midi, en 1815. Des émigrés, parents du duc de Montbazon, rentrent en France après la chute de Napoléon; mais ils cherchent en vain leur château, leurs fermes et leurs terres; les terres sont morcelées, les fermes vendues, le château démoli. Pendant qu'ils se lamentent paraît, traînée par un vieux cheval blanc, une voiture de saltimbanques. C'est Paillasse, sa famille et sa suite, accourus à Landreci pour donner aux habitants un échantillon de leur savoir-faire. Paillasse, ou plutôt Guillaume Belphégor, a une femme qu'il adore, Madeleine, un fils de quinze ans, Henri, qui se cambre admirablement, grimpe comme un chat et lutte d'esprit avec son père, une fillette de cinq ans enfin, Jeanne, pâle et délicate, que l'on entoure de soins. La verve se soutient, les recettes sont bonnes, et l'heureux Belphégor ne demande à Dieu que la continuation de cette existence. Mais il y a un mystère, sinon dans la vie de Guillaume, du moins dans celle de sa femme. Un homme d'un extérieur misérable l'a déposée enfant chez un journalier qui a pris soin d'elle que l'inconnu n'a point réclamée malgré sa promesse. Il y a à cet oubli une grave raison; l'homme mystérieux, qui n'était autre que le marquis de Montbazon, a été tué dans les rangs de l'armée de Condé; avant de mourir il a pu révéler par écrit au chevalier de Rollac, son ami, l'existence de Madeleine et le nom du paysan qui l'a recueillie; par malheur Rollac, passé en Amérique, y rencontre un misérable nommé Lavarennes qui le tue et s'empare de ses papiers avec l'intention de s'en servir plus tard. Le moment est venu, quand le drame commence. Lavarennes, qui revient en France sous le nom de Rollac, se trouve sur le chemin de Belphégor et reconnaît dans Madeleine l'héritière des Montbazon. C'est un bonheur pour le meurtrier que cette rencontre; qu'il rende au vieux duc de Montbazon la petite-fille qu'il pleure et sa fortune est assurée; peut-être même entrera-t-il dans la famille, en épousant Madeleine après annulation du mariage qui la lie à Belphégor. Lavarennes a établi son plan sur ces deux hypothèses que Madeleine n'hésitera pas à quitter pour une famille noble et riche son mari roturier et pauvre, et que Guillaume consentira moyennant indemnité à céder ces droits d'époux et de père. — A la révélation de son état civil, Madeleine tressaille de joie. Elle ne le disait pas, de peur d'affliger son mari, mais quelque chose en elle se révoltait contre sa misère; et puis, son cœur se serrait à la pensée d'Henri risquant ses jours, à la vue de Jeanne torturée pour l'affreux métier auquel on la préparait. Un mot du prétendu Rollac éteint cette joie; le duc de Montbazon ne peut avoir pour petite-fille Mme Paillasse; il faut que Guillaume disparaisse, la laissant passer pour la veuve d'un gentilhomme défunt à l'étranger; on paiera largement cette complaisance. Il se trouve que les deux hypothèses de Lavarennes sont absolument fausses : Paillasse s'indigne qu'on ose lui proposer de vendre sa famille, et Madeleine non moins courroucée chasse l'envoyé des Montbazon. Mais cet envoyé a parlé de la loi, il peut revenir et exécuter ses menaces; Paillasse a peur, il attèle son cheval, recharge son matériel, prend ses enfants et sa femme et fuit par un chemin de traverse.

Nous les retrouvons dans une mansarde à Angoulême. Paillasse est inquiet; il a peur d'être découvert; il se rappelle, en outre, le contentement éprouvé par Madeleine en apprenant que la noblesse et la fortune l'attendaient, et se dit que peut-être, au fond, elle a regret de son sacrifice. Il ne veut pas qu'elle se trouve malheureuse; pour qu'elle n'ait plus de peine, c'est lui qui fait le ménage, qui balaie la chambre, qui trempe la soupe; il exige qu'elle dorme jusqu'à neuf heures et qu'elle fasse quatre repas par jour. Malgré tout cela, Madeleine est triste; elle pâlit, ne mange pas et a l'air gênée en présence de son mari; c'est que la petite Jeanne est malade d'un mal qu'elle ignore. N'y tenant plus, elle dérobe au ménage la somme de dix francs pour payer la consultation d'un grand médecin. Le médecin n'a rien à dire; ce qu'il faudrait à l'enfant, c'est la douceur de la vie, les soins, les eaux des Pyrénées, le soleil d'Italie, tout ce que donne la richesse, et Madeleine songe, malgré elle, que si elle était chez son grand-père, Jeanne guérirait. Lavarennes renouvelle à ce moment ses tentatives, et Madeleine égarée, à moitié folle, le suit avec son enfant. A peine a-t-elle disparu que Guillaume et Henri rentrent chez eux après une représentation productive; le père porte un châle destiné à Madeleine, le fils une poupée choisie pour Jeanne; hélas! la maison est vide, et Paillasse tombe sur une chaise en levant sur Henri des regards fous de désespoir!

Quand il a repris possession de lui-même, Paillasse n'a plus qu'une idée, retrouver Madeleine. Lui, son fils et son cheval se mettent en route. Mais, pour réduire Paillasse par la famine, Lavarennes le fait traquer par les autorités. Les voyageurs s'arrêtent donc à peine, pour gagner leur pain, puis ils reprennent leur course pénible. Le cheval, lassé le premier, meurt au pied d'un arbre; Henri n'est guère plus gaillard quand son père et lui arrivent à Bordeaux où on leur a dit que vit Madeleine. Pressés par la faim, ils entrent dans une propriété où l'on donne une fête et font rire les invités en déguisant leurs angoisses. Au milieu de ces invités survient tout à coup Lavarennes; Paillasse le reconnaît, lui saute à la gorge, apprend de lui que Madeleine est à Carignan chez son noble beau-père, et, pour en avoir la preuve, s'empare du portefeuille que Lavarennes lui tend avec un mauvais sourire.

Ce portefeuille donne à Paillasse l'idée de se présenter chez le duc de Montbazon comme étant le chevalier de Rollac. Il s'est habillé d'une façon ridicule et fait le gentilhomme avec assez de maladresse; on le tolère cependant et il peut aborder Madeleine; mais au moment où il se démasque pour revendiquer ses droits sur elle, le procureur du roi pénètre à Carignan. On sait qu'un meurtrier se cache sous le nom de Rollac, et l'on arrête Guillaume comme étant Lavarennes; le portefeuille du traître a porté malheur à Paillasse.

La Cour prévôtale a bientôt fait de condamner à mort le pauvre Guillaume. Le duc de Montbazon, qui sait à quoi s'en tenir, obtient aisément sa grâce, mais il exige, pour l'honneur de son nom, que Madeleine ne reconnaisse pas Paillasse quand on le confrontera avec elle, sinon la grâce sera déchirée. La confrontation a lieu; Guillaume va pour se jeter dans les bras de sa femme; celle-ci, froide par tendresse, le repousse. Guillaume, qui ne s'explique pas cette dureté, supplie, fait venir Henri, et le pousse vers sa mère. Madeleine, le cœur brisé, résiste à son fils comme à son mari, mais elle a beau faire, son cœur n'y peut tenir quand elle voit Guillaume prêt à se tuer : elle éclate et confesse la vérité. Le duc n'est pas vaincu, mais il est ébranlé. Il triomphe pourtant; Guillaume, qui retrouve sa petite Jeanne avec les roses du bonheur sur les joues, pardonne tout à celui qui a sauvé son enfant; plus encore, il lui donne son fils pour en faire un homme respecté; lui s'éloignera, puisque son départ seul peut assurer le bonheur des siens. Il s'éloigne, en effet, quand la découverte du vrai Lavarennes l'a rendu libre, mais non pas seul; Madeleine, rassurée sur le sort de ses enfants, redevient épouse et part au bras de Paillasse.

Aussi loin du pastiche que de la satire politique, ce drame raconte donc simplement la lutte obscure d'un pauvre homme contre la destinée. Les deux premiers actes sont charmants, vrais, sympathiques, pleins de mots heureux et de scènes émouvantes. Une de ces scènes est restée comme atteignant le maximum d'émotion possible au théâtre. Madeleine vient de fuir avec son enfant malade la maison conjugale; dans la mansarde, tout-à-l'heure égayée par l'amour partagé, règne un funèbre silence; tout à coup on entend d'en bas des voix joyeuses, les marches de l'escalier craquent; Guillaume et son fils entrent tous deux chargés de paquets. C'est une surprise qu'ils ménagent à la mère. — « Pas de bruit, dit Paillasse, on l'appellera quand tout sera prêt. » — « Oui, père. » — Et ils se mettent à étaler leur trésor : des friandises, des jouets pour la petite sœur, puis — c'est le comble — pour la mère un châle de laine imprimée, un châle de dix francs! Paillasse se mire dans le cadeau. Maintenant, il est temps d'appeler; le fils entre dans la chambre et en sort presque ému, la petite n'y est pas. Le père se met à rire : « Allons, j'y vais », dit-il. — Il y va, le malheureux homme, puis, au bout d'une minute, il revient, une lettre à la main, les yeux secs, sans regard, la sueur froide au visage, les cheveux hérissés, plus mort de sa suprême et muette douleur qu'on ne le serait après une agonie! Le père et l'enfant abandonnés se jettent dans les bras l'un de l'autre. — Plus de femme, plus de mère, nous ne la verrons plus! — Cela dit en mots entrecoupés, mais simples, dans un tremblement lamentable. — « Tu ne sais pas, mon enfant, je meurs », crie enfin le père, et il tombe navré. — Les actes suivants ont une valeur moindre ; ils renferment cependant deux poignants épisodes, celui où Pailiasse et Henri divertissent le public avec leurs souffrances, et celui où Madeleine renie son mari et son fils par amour. Le reste est maladroit, banal, vulgaire, et parut tel aux spectateurs, mais le succès de la pièce était si bien établi après le second acte que rien ne le pouvait compromettre.

Succès pour les auteurs, mais, pour Frédérick-Lemaître, triomphe. Jamais la foule ne l'avait mieux compris, jamais les journalistes n'avaient payé ses efforts d'éloges plus nombreux et plus enthousiastes.

Allez voir *Paillasse* — écrivait Jules Janin dans *les Débats* — et vous ferez comme la salle entière, attentive, excitée, curieuse, suspendue aux lèvres de cet homme. Il y a un moment, le moment où sa femme le quitte pour sauver la petite saltimbanque qui se meurt... en ce moment cruel, le frisson s'empare de toutes les âmes, rien qu'à attendre Frédérick qui remonte l'escalier... C'est un événement, ce Frédérick dans ce nouveau rôle ! Il est remonté, d'un seul bond, à toute sa hauteur ! Quel homme !

D'où vient cet ascendant qu'exerce Frédérick-Lemaître ? — disait Paul de Musset dans *le National*. — D'où vient qu'au premier mot sorti de sa bouche l'attention s'éveille, le cœur s'émeut ? Un homme autrement pétri que les autres est là sous vos yeux. Des phrases où vous ne trouveriez pas grand'chose à la lecture vous frappent comme des beautés. Pourvu que les défauts n'aillent pas jusqu'à l'absurde, pourvu surtout que la vulgarité rebattue de tous les jours vous laisse un moment de trêve et à lui un peu de liberté d'esprit, il s'empare de vous et fait passer son âme dans la vôtre. Ce ne sont plus ces applaudissements notés sur le manuscrit qu'on entend ; c'est un murmure, un tressaillement ou une salve unanime, seul mouvement par lequel vous vous séparez de lui, pour reprendre haleine et vous livrer encore à discrétion. D'où vient tout cela ? Il y a un mot à l'énigme : c'est le génie !

Je ne saurais dire à quel sublime Frédérick-Lemaître s'est élevé dans toute la scène de l'abandon, — confessait Auguste Lireux dans *le Constitutionnel*. — L'art du comédien ne peut aller plus loin. C'est la nature elle-même saisie dans sa plus terrible réalité. Point d'efforts, ni de cris, ni de gestes. Mais la stupeur de visage, l'attitude, le débordement des larmes, le corps brisé, le son de la voix, enfin le masque désespéré d'une si effrayante douleur, personne autre que ce comédien, le premier de son temps, ne pourrait le prendre ainsi.

La pièce — s'écriait Matharel de Fiennes dans *le Siècle*, — c'est Frédérick ; Frédérick, la représentation vivante la plus élevée, la plus sublime de l'amour paternel ; Frédérick, qui m'a fait pleurer de toutes les larmes que je lui ai vu dévorer ; Frédérick, qui m'a fait froid de la sueur dont j'ai vu son front s'inonder lorsqu'il est entré dans cette chambre déserte, que sa femme et son enfant venaient de quitter, sans cris, sans gestes, avec une mesure, une modération, une science — pourquoi dire de pareils mots, — avec un cœur paternel immense ! Frédérick a fait de Paillasse l'expression scénique la plus large, la plus puissante de la famille. L'illustre acteur a peut-être fait plus dans cette merveilleuse création pour mettre à néant les théories insensées inventées par des cerveaux malades qui ont rêvé la destruction de la famille ; l'illustre acteur, disons-nous, a fait plus que cinquante rhéteurs qui ont écrit de gros volumes. Cet homme avec le génie, oui, avec le génie du cœur, a gagné hier au soir, devant le peuple, la cause de l'humanité !

Il faudrait — disait enfin M. Auguste Vacquerie dans *l'Evénement* — un génie égal à celui de Frédérick pour traduire en paroles frappantes sa création comme il a traduit celle des auteurs en sanglots déchirants et en gestes inouïs. Sur le moment, on n'est pas embarrassé ; vos mains applaudissent d'elles-mêmes, un cri vous vient à la bouche et une larme aux paupières, sans que vous vous en mêliez. Un bravo bien articulé en dit plus long que toutes les phrases. Hier, nous avions des pleurs dans les yeux ; aujourd'hui, nous n'avons que de l'encre dans notre encrier...

Paillasse eut, exactement, cent représentations consécutives. Un drame de cape et d'épée devait lui succéder, drame offert ainsi par un auteur associé à Frédérick-Lemaître dans plus d'un succès :

Mon cher Frédérick,

Vous irait-il, après le rôle de Paillasse, de jouer un rôle tout opposé ?

J'ai un *Benvenuto Cellini* tout fait, que je retire de l'Odéon parce que l'on veut me forcer de lire au Comité, et que je ne veux, moi, lire qu'aux artistes.

A vous,

Alex. DUMAS.

Comment cette pièce, acceptée par Frédérick pour le théâtre de la Gaîté, arriva-t-elle à être jouée par Mélingue à la Porte-Saint-Martin ? Nous ne saurions le dire. Peut-être la perte du rôle de Benvenuto fut-il pour beaucoup dans la séparation prématurée du comédien et de M. Hostein, demeuré seul administrateur du berceau de *Paillasse*. Nous voyons bientôt, en effet, Frédérick prendre des congés pour aller en Belgique et dans les départements, signer puis annuler un nouveau traité avec la Gaîté, et s'engager enfin avec M. Billion, directeur du Théâtre National (ancien Cirque) pour une série de représentations de *Richard Darlington*, dont l'acteur attendait un résultat pécuniaire considérable et qui devaient commencer le 4 décembre 1851. Le Coup d'Etat bonapartiste dissipa ce beau rêve ; un peu troublé par les arrestations et les fusillades, Frédérick s'empressa de rompre avec M. Billion et de mettre la frontière entre lui et les triomphateurs.

Bruxelles d'abord reçut sa visite et les pauvres en profitèrent. Il ne donna qu'une représentation au Grand-Théâtre, et ce fut au bénéfice des institutions de la Société Royale de Philanthropie.

— « Monsieur, lui écrivait, quelques jours après, le président de cette société, s'il pouvait vous convenir de faire une visite à la Crèche avant votre départ, vous trouveriez votre nom sur un berceau et je m'empresserais d'aller vous faire les honneurs de l'asile. » — De Belgique, Frédérick passa en Angleterre pour donner à Saint-James's Theatre une série de représentations. Nous avons dit qu'à l'un de ses précédents voyages à Londres, il avait sollicité vainement l'autorisation de paraître dans *Ruy Blas;* ses instances renouvelées eurent cette fois un résultat meilleur : le lord chambellan, chef de la censure théâtrale, l'autorisa à jouer le valet sublime. Le drame de Victor Hugo ayant l'attrait du fruit défendu, les spectateurs furent nombreux à la première représentation ; à la seconde leur nombre diminua; à la troisième il n'y avait que quelques personnes dont la plupart, scandalisées des mœurs peu chastes prêtées à la reine d'Espagne, quittèrent la salle en lançant un expressif *shocking!* Frédérick n'avait pas fait un voyage pour jouer dans le désert. *Ruy Blas* déplaisant au public, il se rabattit sur *Paillasse* et *Robert Macaire;* la foule accourut, et la presse anglaise, qui avait trouvé détestable l'œuvre de Victor Hugo, s'extasia sur les pièces qui lui succédaient.

C'est pendant ce cinquième et dernier séjour à Londres que Frédérick-Lemaître dit un mot audacieux et caractéristique que nous ne pouvons omettre, bien qu'on l'ait imprimé maintes fois déjà. Il avait joué *le Chiffonnier* avec un succès si grand que, dérogeant à tous les précédents de l'étiquette, la reine Victoria le fit venir et lui adressa des compliments enthousiastes qu'elle termina en disant : « Mon Dieu, dans votre Paris, que de misérables ! »

— Majesté, répondit Frédérick, ce sont nos Irlandais !

L'exil pesait à Frédérick-Lemaître. Il n'était pas assez sot pour se condamner à vivre loin des siens dans l'unique but d'acquérir, aux yeux du vulgaire, une importance politique qu'aucun de ses actes antérieurs n'aurait justifiée ; il accepta donc, comme bien d'autres, les faits accomplis, et revint à Paris, où les théâtres essayaient de réparer leurs pertes passées en se composant un nouveau répertoire (avril 1852).

Chose étonnante, ce ne fut pas une scène de drame qui songea la première à s'assurer le concours de Frédérick-Lemaître, mais une scène où le flonflon, la parodie, la parade même avaient droit de cité, les Variétés enfin. Avait-on donc oublié le mauvais résultat de la campagne faite, seize ans auparavant, par Frédérick, à ce même théâtre ? Non, puisque dans un vaudeville-revue, *les Trois âges des Variétés*, joué en juin 1851, pour l'inauguration de la salle restaurée, on adressait à l'acteur qui personnifiait Kean ce conseil en couplet :

Ton père et toi, vous aviez un talent
Qui méritait une plus vaste scène ;
En mainte lutte athlète triomphant,
Pourquoi descendre en cette étroite arène ?
Venir ici, crois-moi, ce fut un tort ;
Le cœur du peuple ! elle était là, ta place ;
Sur lui règne longtemps encor :
Pour prendre et garder son essor,
L'aigle a besoin d'air et d'espace.

Mais le directeur cherchait une attraction puissante, le comédien voulait une rentrée originale; de là le traité par lequel M. Carpier et Frédérick-Lemaître se lièrent pour une année.

Frédérick espérait reparaître au boulevard Montmartre dans une comédie d'Alexandre Dumas, suite de *Richard Darlington,* dont les premières scènes avaient été faites à Monte-Christo, mais Dumas exigea pour achever son œuvre une prime que M. Carpier ne put lui donner, et Frédérick dut recourir à deux des fournisseurs ordinaires du théâtre, MM. Duvert et Lauzanne. Ceux-ci tracèrent aussitôt, à son intention, le canevas d'une pièce inspirée par un livre aussi terrible qu'étonnant de Diderot, *le Neveu de Rameau.* Il apparait, par la lettre suivante, que les auteurs se rendaient un compte exact et de la difficulté de leur tâche et de la responsabilité qu'ils allaient encourir :

Nous remplirons quant à la limite de temps l'engagement que nous avons contracté avec vous — écrivait au directeur des Variétés M. de Lauzanne. — Reste la question d'exécution ; je n'en puis rien dire, le public, seul juge souverain qui rend et casse les arrêts, fixera notre sort. Il faudrait, pour faire une pièce comique fortement conçue pour Frédérick-Lemaître, avoir un an devant soi pour caresser son idée et en tirer toutes les déductions sans efforts. Mais dans ces pièces de commande où l'heure vous talonne, on n'a pas assez le temps de choisir, l'aiguille fatale marche, il faut avancer quoi qu'on en ait. Ce n'est pas une chose simple, non plus, que l'apparition de Frédérick sur le théâtre des Variétés. En homme intelligent, il l'a compris. Ce n'est pas, ce ne doit pas être le Frédérick des théâtres de drame ; il faut lui garder avec soin son individualité et l'approprier à votre théâtre. Croyez-vous ce problème facile à résoudre ? Non, et quoi qu'on fasse des clameurs s'élèveront. Si Frédérick joue un drame, on criera : « Ah ! du drame aux Variétés, Frédérick recommence ce qu'il a fait et sans entourage ; il fait éclater le cadre ; ce n'est pas là ce qu'on veut voir aux Panoramas ! » — Si, au contraire, vous lui donnez une pièce toute comique : « Ah ! Frédérick qui veut se fondre dans le genre plaisant! Quand on va voir Frédérick, c'est pour assister à ces beaux élans de passion qui transportent une salle! » — Vos auteurs eussent-ils à la fois toutes les qualités de Molière, de Beaumarchais et de Dumas, votre acteur fût-il Molé, Fleury, Dazincourt et Préville cousus dans la même peau qu'on trouverait encore à redire. Laissons donc dire, mais armons-nous le mieux possible pour la lutte.

Pressentir un péril ne suffit pas toujours pour l'éviter. Malgré six mois d'un travail assidu, MM. Duvert et Lauzanne devaient connaître, au soleil de la rampe, qu'ajuster un habit à la taille de Frédérick était tâche au-dessus de leurs forces.

3 Août 1852. — *Le Roi des drôles*, comédie en trois actes, mêlée de chant, par MM. Duvert et Lauzanne. — Rôle de *Rameau*.

Rameau, le neveu du grand musicien, est l'homme d'esprit le plus effronté et le philosophe le plus exempt de préjugés que l'on puisse rencontrer. N'ayant jamais souci que de son estomac, il s'est mis à la solde du fermier-général Bouret, financier plein de jactance, d'insensibilité et de bêtise qu'il amuse et dont il se venge par des épigrammes. Rameau, qui aime à rire, a poussé la facétie jusqu'à se marier deux fois ; d'abord il a épousé Mlle Dorothée qu'il a plantée là, puis Mlle Cécile à laquelle il croit n'être pas marié tout de bon, un domestique ayant dû prendre la place de l'officiant. Cécile n'aime pas Rameau, mais Dorothée, quoique abandonnée, regrette le chenapan et le poursuit jusque chez Bouret. Pour se venger, elle lui fait croire qu'elle a, lors du second mariage, éloigné le domestique et mis à sa place un véritable prêtre ; le malheureux se croit bigame, et le voilà bafoué par Dorothée et Cécile, courtisées l'une par Bouret, l'autre par un jeune peintre, Victorin, cousin du financier.

Rameau n'a pas seulement le désagrément d'être bigame, il jouit encore de l'infirmité d'être somnambule, principalement quand il est gris, et il ne manque jamais de trop boire toutes les fois qu'il dîne. Dans un de ses accès de somnambulisme, Rameau se met à raconter devant cinquante personnes qu'il a eu la faiblesse d'épouser deux femmes; Bouret qui assiste à la scène profite de cette découverte pour contraindre le parasite à servir ses amours et ceux de Victorin. Rameau n'est point de ceux qu'on berne impunément. Le financier ayant fait bâtir un superbe palais pour recevoir Louis XV qui a promis de manger chez lui une pêche, Rameau saisit le moment précis de l'arrivée du roi pour enfermer Bouret et le contraindre à jouer par force le rôle de bouffon que lui-même a tant de fois joué par misère. Quand, essoufflé et furieux, le financier recouvre sa liberté, il apprend que Louis XV est parti après avoir donné plusieurs commandes à Victorin et une pension de 1200 livres avec la place d'organiste à Rameau. Le mariage de ce dernier avec Cécile n'ayant été décidément qu'une supercherie, Victorin épouse Cécile qui débute à l'Opéra sous le nom de la Saint-Huberty, Rameau retourne à Dorothée en promettant de se réformer, et Bouret demeure égoïste et bête comme devant.

L'intrigue de cette pièce n'est ni neuve ni morale, mais on y trouve de jolis détails et des mots amusants. Cela ne suffisait pas pour mériter un succès durable; aussi *le Roi des drôles,* quoique fort bien joué par Frédérick-Lemaître, admirable surtout dans la scène de somnambulisme, tint-il l'affiche un mois à peine.

Il fut question, pour le remplacer, d'un drame en trois actes, de George Sand. Ce drame, intitulé *Nello* et joué deux fois sur le petit théâtre de Nohant, avait été offert par le fils de l'auteur à Frédérick, bientôt épris du rôle principal au point de présenter lui-même l'ouvrage aux Variétés. Une lettre de J. Hetzel, mandataire de George Sand, constate l'accord parfait de l'auteur de *Nello* et de son interprète présumé.

Mme Sand, en partant, m'a laissé la mission de traiter avec M. Carpier, — écrit Hetzel à Frédérick. — Je désire, avant de revoir votre directeur, m'entendre avec vous d'abord, car Mme Sand ne voudrait rien demander ni moi rien faire qui vous fût désagréable. Soyez donc assez bon pour me donner un rendez-vous. J'ai les pouvoirs de Mme Sand, et, quand nous serons d'accord, M. Carpier, je pense, ne refusera plus de faire ce qu'il est juste qu'il fasse, c'est-à-dire un bout de traité pour l'époque où la pièce sera jouée et pour la distribution des autres rôles...

La lecture de *Nello*, faite par Frédérick-Lemaître, fut assez singulière, et le compte-rendu de l'artiste à l'écrivain offre, par suite, un réel intérêt.

20 Septembre 1852.

Madame,

J'ai l'honneur de vous annoncer que j'ai lu avant-hier la pièce de *Nello* aux acteurs du théâtre des Variétés. M. votre fils y assistait et vous a sans doute déjà fait part de ses impressions; voici néanmoins l'historique de cette lecture.

Les acteurs des Variétés, accoutumés à n'entendre et à ne dire que des bêtises, écoutaient de toutes leurs oreilles, mais sans avoir l'air de comprendre un mot, à tel point que, fatigué de m'adresser à des statues, je me suis arrêté plusieurs fois, désirant ne pas achever une lecture si étrange! La séance terminée cependant, voici l'opinion générale : « C'est admirable; il y a dans cet ouvrage un très-grand succès, mais partout ailleurs qu'aux Variétés! » — Maintenant, Madame, veuillez me faire connaître vos intentions et vos désirs. Quant à la direction du théâtre, elle est disposée à faire tout ce que je voudrai, c'est-à-dire, Madame, tout ce que vous voudrez.

Agréez, Madame, mes salutations respectueuses.

FRÉDÉRICK-LEMAITRE.

Deux jours plus tard, George Sand, obéissant à un sentiment de juste susceptibilité, chargeait son fils de retirer le manuscrit de *Nello*. — Que devint cette pièce? Interrogé à ce sujet, Hetzel n'a pu jadis que nous répondre : « Le drame de *Nello* a été fait et refait trois ou quatre fois par Mme Sand, voilà ce dont je me souviens le mieux; ce qu'il est devenu définitivement, je l'ignore. » — Mais une communication récente de M. Maurice Sand nous permet de fixer ce point d'histoire littéraire : *Nello* fut présenté, reçu et joué trois ans plus tard à l'Odéon sous le titre de *Maître Favilla*, et Rouvière y créa le rôle aimé de Frédérick-Lemaître (8).

Pour remplacer le drame de l'écrivain illustre, M. Carpier ne trouva rien de mieux qu'un vaudeville de faiseurs. Tomber de George Sand à Béraud et Clairville, la chute était profonde, et Frédérick ne l'accomplit pas sans douleur.

13 Novembre. — *Taconnet, ou l'Acteur des boulevards*, vaudeville en cinq actes, par MM. Antony Béraud et Clairville. — Rôle de *Taconnet*.

La scène se passe pendant les dernières années de Louis XV. Taconnet que nous voyons dans sa boutique de menuisier, rabotant les planches et tournant des couplets, Taconnet, en compagnie de Dorvigny, de Vadé et de Ramponneau, n'attend plus qu'un habit pour se marier avec Nicole, la filleule du fameux Nicolet, directeur d'un petit théâtre des boulevards. L'habit arrive en même temps que le maltôtier Camuset, un coffre-fort sous une peau humaine. Camuset, infatué de sa richesse, poursuit d'offres malhonnêtes la fiancée du menuisier; celui-ci, pour se venger, promet de siffler la maîtresse du financier, Mlle Luzzi, qui débute le soir même à la Comédie-Française. L'homme propose, mais souvent le regard d'une femme dispose. Les beaux yeux de Mlle Luzzi enamourent Taconnet qui oublie sa vengeance et se fait machiniste pour se rapprocher de la comédienne. Un soir la Luzzi, comme par mégarde, jette sa pelisse aux mains de Taconnet qui la presse sur son cœur et s'enivre de son parfum sans s'apercevoir que le rideau se lève. Le machiniste est en scène au lieu d'être dans la coulisse; sa présence fait scandale; les talons rouges qui garnissent l'avant-scène crient à la profanation, le public vocifère, et Taconnet est chassé pour son incartade.

Pour revoir la Luzzi, dont il est plus épris que jamais,

Taconnet se fait acteur et joue avec un succès prodigieux les savetiers au théâtre de Nicolet. Un soir que Camuset assiste à la représentation, il le prend à partie et le bafoue publiquement; le traitant, furieux, met le guet aux trousses du caustique acteur qui, pour éviter le For-l'Evêque, va se réfugier chez la Luzzi. La comédienne a bon cœur; une femme pardonne, d'ailleurs, très-volontiers les folies qu'on fait pour elle; Mlle Luzzi consent donc à protéger la fuite de Taconnet. Celui-ci s'affuble d'un habit de marquis, se fait passer pour un gentilhomme provincial amateur de théâtre, et donne à ce titre des leçons d'art dramatique à Préville, à Desessarts, Vanhove et autres célébrités de la Comédie-Française. Malheureusement Camuset finit par deviner son rival sous l'habit qui le déguise, il appelle la maréchaussée et Taconnet est mis sous les verrous.

Il sort du For-l'Evêque par la protection de la Luzzi et nous le retrouvons, au quatrième acte, dans le cabaret de Ramponneau. Le nom de Taconnet est arrivé jusqu'à Louis XV qui veut voir cette célébrité populaire. La Luzzi déclare à Taconnet que sa comédie, *le Ménage du savetier*, sera représentée à la cour et qu'elle se chargera du rôle de la savetière. Touchée de l'amour de Taconnet, elle fait plus et va céder elle-même à un tendre sentiment, lorsque Nicole, douce créature au cœur dévoué, vient réclamer sa protection. La Luzzi apprend alors que Taconnet n'est pas libre. Nicole veut se faire comédienne; elle a compris qu'il fallait à une nature exceptionnelle comme Taconnet autre chose que la vie prosaïque du ménage et veut mériter son amour en conquérant aussi une part de célébrité.

Ce miracle s'accomplit au cinquième acte. Nicole, devant qui la Luzzi s'est généreusement effacée, joue merveilleusement à la cour son rôle de savetière; Taconnet ne s'aperçoit de la fraude que lorsque l'actrice s'est révélée de façon à mériter l'approbation royale. Après une telle preuve d'amour, Taconnet n'a plus qu'à oublier la Luzzi et à se jeter dans les bras de Nicole, ce qu'il fait avec autant d'orgueil que de joie.

Cette biographie dramatique eût pu fournir le sujet d'un joli petit acte; délayée en cinq tableaux, elle parut longue, sans habileté et sans grand intérêt. A une question de nous sur *Taconnet* et son histoire, Clairville répondait, en février 1877 : « Le triomphe que nous avions tous espéré fut presque une défaite ; il n'y eut de succès que pour Clarisse qui s'essayait dans les rôles comiques, ce fut elle qui sauva la pièce. » — Tout en confirmant la réussite de Clarisse, les journaux du temps ne sont point, pour Frédérick, aussi sévères que Clairville. La plupart lui reconnaissent, avec de la verve, un talent incontestable et varié. — « Il faut le voir, disait Jules Janin, il faut le voir donnant la réplique et faisant la leçon à ces fameux comédiens. Il leur enseigne, à la façon d'un maître absolu, les mystères les plus cachés de ce grand art de la comédie, et le voilà récitant tous ces rôles divers. Jamais peut-être plus que dans cette scène heureuse et bien posée il n'a été plus fin, plus vif, plus vrai, mieux disposé et plus dispos!... Ajoutez cette singularité inattendue : il chante des couplets de vaudeville, et il les chante à merveille! Il tient à cette race de comédiens qui soutient, avec raison, qu'il n'y a rien qui soit au-dessous d'un grand artiste, et il l'a bien montré! »

Avec *Taconnet* finit la seconde campagne de Frédérick-Lemaître aux Variétés. Cette campagne, peu brillante en somme, devait par surcroît attirer au comédien le désagrément d'un nouveau procès. Supprimé par arrêt de justice, *le Coureur des Spectacles* avait cessé de paraître le 31 mars 1849, mais une publication nouvelle s'était approprié bientôt les procédés de critique violente interdits désormais à Charles Maurice. C'était *la Chronique de Paris*, fondée par M. de Villemessant dans un but de propagande légitimiste. Caustique pour tous, *la Chronique de Paris* s'attaquait à certaines personnalités avec un acharnement aussi furieux qu'inexplicable. Frédérick-Lemaître surtout excitait sa verve malfaisante. Tant qu'elle s'en tint à des brocards plus ou moins spirituels, à des critiques plus ou moins justes, le comédien la lut sans colère; mais quand elle passa, par une progression naturelle, du coup d'épingle au coup de poing et de l'épigramme à l'injure, sa victime montra moins de philosophie. Qui n'eût blâmé Frédérick de rester indifférent à la lecture de ces lignes brutales par lesquelles M. Ch. de Besselièvre, dans *la Chronique* du 1er août 1852, le rendait responsable de retards indépendants de sa volonté, nuisibles même à ses propres intérêts :

Dans le prochain numéro de *la Chronique*, nous commencerons à dévoiler les mystères des théâtres... Nous allons lever un petit coin du rideau qui cache ce qui se passe en ce moment aux Variétés, pour donner un avant-goût au lecteur de ce que nous lui révélerons plus tard. Frédérick-Lemaître, reconnu pour ainsi dire impossible par toutes les directions de Paris, est engagé aux Variétés pour la saison d'été, c'est-à-dire pour les mois de juin, juillet, août, septembre. Frédérick-Lemaître doit jouer trois pièces pendant la durée de son engagement : une de MM. Duvert et Lauzanne, une de M. ou Mme George Sand, une de Victor Hugo. Nous voici au mois d'août et Frédérick-Lemaître touche ses appointements depuis deux mois, seulement pour avoir répété. Nous savons bien que M. Leclère, qui jouait dans *le Roi des drôles*, a été malade et a retardé les représentations de cet ouvrage; mais là n'est pas le véritable motif du retard apporté à l'apparition du *Roi des drôles*. Si nous sommes bien informé, Robert Macaire redoute la chaleur, et il attend un peu de fraîcheur pour paraître en public, et pour que le public paraisse. Pourtant il avait été engagé *pour combattre l'influence des chaleurs sur les recettes*.

Si le fait est vrai, il faut convenir que Frédérick se souvient trop de son personnage de Robert Macaire, et qu'il en abuse pour assassiner un directeur qui s'est confié à lui.

M. Carpier, si engoué de son pensionnaire au commencement de juin, doit être, au mois d'août, bien revenu sur son compte. Frédérick-Lemaître est en 1852 ce qu'il était en 1836, dans son éternel rôle : un immense blagueur! Seulement, il a seize années de plus dans la bouche ; ce sont peut-être ces seize années-là qui lui font redouter la chaleur. Que Frédérick y songe ; c'est un crime de lèse-directeur qu'il commet! Chaque jour de retard est un coup de poignard qu'il enfonce dans la caisse de M. Carpier! Qu'il y prenne garde! les rieurs ne sont pas de son côté, et le public flétrira, comme elles le méritent, les fourberies du *Roi des drôles*.

Il y a des gens qui volent sur les grandes routes, vous attirent dans un guet-apens, qu'on juge et qu'on envoie à Cayenne. Certes, ils ne sont pas plus coupables que le comédien qui, ne remplissant pas ses engagements ou les remplissant mal, fait perdre 2 à 3.000 francs par jour à un théâtre, et finit par devenir la cause de sa ruine.

Frédérick-Lemaître porta plainte et fit bien. L'affaire, ajournée à diverses reprises, fut plaidée, le 18 décembre, devant la 7e Chambre du Tribunal correctionnel, présidée par M. Pasquier. M. Dupré-Lasalle soutenait la prévention, Me Jules Favre parlait pour Frédérick-Lemaître, et Me Chaix-d'Est-Ange défendait M. de Besselièvre. Le Tribunal rendit le jugement suivant :

Attendu que si la critique littéraire et théâtrale a des droits qu'il faut savoir respecter, elle a aussi à remplir des devoirs de convenance et de modération dont elle ne doit pas s'écarter ;

Attendu que dans le numéro du 1er août dernier du journal *la Chronique de Paris*, Villemessant, rédacteur en chef dudit journal, a inséré un article commençant par ces mots : « Dans le prochain numéro de *la Chronique*, nous commencerons à dévoiler les mystères des théâtres », et finissant par ceux-ci : « fait perdre deux ou trois mille francs par jour à un théâtre et finit par devenir la cause de sa ruine » ;

Attendu que cet article, conçu en termes injurieux et violents, renferme des allégations et des imputations de nature à porter atteinte à l'honneur et à la considération de Frédérick-Lemaître ;

Que ledit Villemessant, en publiant cet article, s'est rendu coupable du délit prévu par les articles 13 et 18 de la loi du 17 mai 1819 ;

Attendu que Besselièvre, auteur et signataire de l'article, s'est rendu coupable de complicité du même délit, en fournissant à Villemessant le moyen de le commettre et en l'aidant, avec connaissance de cause, dans l'accomplissement de ce délit, mais qu'il a fait, auprès de Frédérick-Lemaître, des démarches honorables pour lui témoigner ses regrets ; que cette circonstance doit être prise en considération pour l'application de la peine ;

Le Tribunal, faisant application à Villemessant et à Besselièvre des articles précités, condamne Villemessant à 500 francs et Besselièvre à 300 francs d'amende ;

Statuant sur les conclusions à fins civiles ;

Attendu que Frédérick-Lemaître a éprouvé un préjudice dont il lui est dû réparation ; que le Tribunal a les éléments nécessaires pour en apprécier la portée et fixer le chiffre des dommages-intérêts ;

Condamne Villemessant et Besselièvre solidairement à payer à Frédérick-Lemaître, à titre de dommages-intérêts, la somme de 2.000 francs ;

Ordonne l'insertion du présent jugement dans trois journaux, au choix de Frédérick-Lemaître.

M. de Villemessant, qui avait fait défaut devant la Police correctionnelle, appela de sa sentence, mais la Cour impériale confirma simplement la décision des premiers juges (21 avril 1853). L'indemnité allouée à Frédérick-Lemaître et la part de frais applicable aux condamnés formaient un total respectable ; les gens de justice en poursuivirent le remboursement, et M. de Villemessant, peu riche à cette époque, eut le désagrément de voir saisir et vendre ses meubles. Il en garda rancune à Frédérick, bien que le comédien, étranger à cette exécution, eût refusé même d'en recueillir le moindre bénéfice. Nous lisons, en effet, dans l'*Annuaire des Artistes dramatiques pour* 1854, cette note significative :

M. Frédérick-Lemaître a gagné un procès en diffamation et a fait condamner son adversaire à 2.000 francs de dommages-intérêts. Les frais s'élevant à 750 francs, c'était une somme de 1.250 francs qui revenait à M. Frédérick-Lemaître et dont il a fait présent à l'Association.

On peut juger de la façon dont Me Jules Favre avait défendu son client par la lettre suivante, où la gratitude de Frédérick s'exprime en termes les plus clairs :

10 Janvier 1854.

Monsieur et illustre,

Mon silence vous a étonné, je le sais, mais j'attendais toujours une occasion de vous témoigner ma reconnaissance pour votre sollicitude et mon admiration pour votre génie.

Je n'accepte pas le blâme, Monsieur. Que la faute de mon silence retombe sur votre immense talent, sur votre voix éloquente ! Elle résonne encore à mon oreille malgré plus d'une année écoulée ; il me semble que c'est hier que vous preniez si magnifiquement la défense de mon honneur.

Je me rappelle aussi, Monsieur, la demande que me fit un de vos honorables amis : il avait raison de désirer un autographe de votre protégé, s'il aime les choses rares. D'autres vous eussent écrit vingt lettres pour vous remercier. Moi, je n'écris pas, je pense beaucoup, et j'ai la mémoire du cœur.

Croyez à l'admiration ainsi qu'au dévouement de votre très-humble serviteur.

FRÉDÉRICK-LEMAITRE.

Frédérick nous avait trop souvent entretenu de son procès avec *la Chronique de Paris* et de la plaidoirie de Jules Favre pour que l'idée ne nous vînt pas d'interroger, sur cet incident, les souvenirs de l'avocat illustre. Depuis 1852 tant de grands événements s'étaient produits, auxquels Jules Favre avait été mêlé si intimement et si glorieusement, qu'il eût été compréhensible que le procès et le plaideur fussent sortis de sa mémoire. Il en était ainsi pour la cause mais non pour l'homme, et c'est avec une émotion sincère que nous reçûmes, en son temps, cette réponse à nos questions et à l'envoi d'un des chapitres du présent livre :

27 Juin 1877.

Monsieur,

Je suis fort en retard pour répondre à la lettre que vous m'avez fait l'honneur de m'écrire le 8 courant. Je m'en excuse : vous en aurez deviné et apprécié les causes. Malheureusement, en vous répondant aujourd'hui, je ne puis vous donner les renseignements que vous me demandez. Le procès dont vous me parlez remonte à une époque si éloignée que j'en ai oublié les détails. Il ne m'en est resté que le vif souvenir d'une originale et puissante nature à laquelle il m'a été précieux d'offrir le secours de mon humble effort. Mais, en vous disant ces choses, je n'ajoute rien au témoignage de ses contemporains, non plus qu'à l'hommage beaucoup plus efficace que vous lui avez rendu. Je suis l'écho, vous êtes le son. Je regrette de ne pouvoir être mieux et je vous prie d'accepter l'assurance de mes sentiments très-distingués.

Jules Favre.

XI

Le Vieux Caporal. — Le Banquet de Molière. — *La Bonne aventure.* — Frédérick-Lemaître et Mlle Clarisse se séparent. — Un directeur sauvé. — Second toast de Frédérick à Molière. — *Henri III et sa cour.* — *Le Sonneur de Saint-Paul.*

L'avénement du second Empire et le rétablissement de la censure avaient porté au répertoire de Frédérick-Lemaître une sérieuse atteinte. *Richard Darlington*, *l'Auberge des Adrets*, *Robert Macaire* étaient défendus, *Ruy Blas* partageait l'exil de Victor Hugo, et *le Chiffonnier de Paris* était proscrit au même titre que son père. Il y avait nécessité pour le comédien, revenu dans son milieu populaire, de combler ces lacunes par des créations nouvelles. Tant de rôles antithétiques lui étaient échus déjà qu'il devenait difficile aux auteurs d'imaginer, pour son usage, des personnages inconnus et des situations neuves. Deux dramaturges ingénieux, MM. Dumanoir et d'Ennery, tournèrent la difficulté en arrangeant, à l'intention de Frédérick, une fable au milieu de laquelle s'agitait, malheureux, pathétique, intéressant au plus haut point, un vieux soldat frappé de mutisme.

L'idée de faire jouer à Frédérick un rôle de muet n'était pas précisément nouvelle ; quinze mois auparavant, M. d'Ennery l'avait eue, et nous trouvons à ce sujet, dans les papiers de Frédérick-Lemaître, deux lettres instructives.

Prié par Frédérick, alors pensionnaire de la Gaîté, de communiquer le scénario de son drame, M. d'Ennery répondait d'Etretat, le 9 septembre 1851 :

Vous me demandez de vous faire connaître *mon plan*. Hélas! mon cher ami, quel plan pourrais-je vous communiquer?

J'ai cherché un type qui fût tout à fait neuf *pour vous*. J'ai pensé qu'une idée, si vieille qu'elle pût paraître d'abord à des esprits vulgaires ou ignorants du théâtre, deviendrait originale et neuve quand vous vous chargeriez de la traduire sur la scène. Vous le dirai-je enfin, j'ai eu l'orgueil de croire que ce que d'autres avaient fait d'une manière commune et plate, je le ferais, moi, d'une façon plus originale et plus élevée, surtout lorsqu'il s'agirait de mettre à votre taille ce que, jusqu'ici, on avait ajusté à la taille de quelques nains. En un mot j'ai pensé qu'un muet deviendrait une physionomie toute neuve par ce fait seul que vous n'en avez jamais joué.

Est-ce à dire pour cela que j'aie voulu vous faire jouer la pantomime? vous faire exprimer, par des gestes bêtes, des pensées ou des récits non moins bêtes eux-mêmes? — Allons donc!

Ce que j'avais rêvé n'était qu'un point de départ. J'avais rêvé pour vous cette grande et noble figure du vieux soldat de l'Empereur, qui revient après quinze ans, tout accablé, tout brisé, du fond de la Sibérie ; j'avais rêvé ce personnage devenu muet, et j'étais certain que rien n'était plus intéressant qu'une infortune pareille. Je voulais que ce vieux soldat, revenu dans ses foyers, n'y trouvât plus que sa fille, née pendant son absence, sa fille privée des soins et des conseils de sa mère qui est morte, et qui, déshonorée d'une façon neuve et dramatique que j'ai trouvée, n'a plus que ce vieux soldat muet pour soutien, pour défenseur.

Il me semblait qu'un pareil personnage ayant à faire rendre l'honneur à son enfant, ayant à lutter contre des gens puissants, ayant à faire accomplir un mariage *impossible*, redoutant à chaque instant de voir sa fille mourir de désespoir, alliant enfin tout ce qu'il y a de sympathique, de grande énergie chez le soldat, à la tendresse paternelle et à la faiblesse de moyens d'un pauvre muet, il me semblait, dis-je, qu'il y avait là un rôle très-neuf et à très-grand effet pour vous.

J'aurais cherché et j'aurais trouvé des situations telles que le mutisme aurait, *cette fois*, produit de grands effets. J'aurais voulu que votre physionomie si expressive, si terrible ou si touchante dans *la Dame de Saint-Tropez*, jouât cette fois un rôle immense; et j'ignore jusqu'où serait allé le délire du public s'il avait senti dans votre cœur, s'il avait lu dans vos yeux un mot qui pût sauver votre fille mourante, quand ce mot qu'aucune pantomime, qu'aucun geste n'aurait pu traduire, serait venu expirer sur vos lèvres!

Je voulais que, dans ce grand monde contre lequel luttait notre pauvre soldat, il rencontrât une femme jeune, gaie, spirituelle qui, seule, laissât tomber sur lui un regard de pitié et devînt son appui. Je voulais... mais on m'a si peu compris que tout ce que je voulais est resté dans ma tête à l'état de germe. Comment aujourd'hui, malgré ma promesse antérieure, pourrais-je vous conter un plan qu'on m'a ôté le désir de faire? Depuis que j'en ai parlé à ces Messieurs, depuis qu'ils m'ont dit que vous ne consentiriez jamais à abdiquer les grands effets de votre voix, je n'ai plus pensé à ce sujet avec plaisir.

J'ajoute cependant que, persuadé du succès de *mon* muet, je vais m'y mettre d'arrache-pied — et, soit à la Gaîté, soit ailleurs, j'ai l'intime conviction que vous le jouerez un jour. Quand? je l'ignore. — J'attendrai, car, ainsi que le disait Bilboquet : « Mes moyens me le permettent! »

De cette longue épître, Frédérick ne voulut retenir qu'une phrase :

Paris, 12 Septembre 1851.

Mon cher d'Ennery,

Je viens de causer longuement avec Hostein. Nous nous sommes communiqué vos lettres; il en résulte que, ainsi que vous disait ma précédente, il dépend beaucoup de vous de faire cesser un état de choses qui devient de jour en jour moins tolérable (c'est entièrement l'avis de Hostein).

Il est un mot dans votre lettre que je note : « Je travaille d'arrache-pied. » — Pour le moment, c'est la seule chose à faire; mais, dans quelques jours, il faut nous voir et causer. Un sujet pareil ne peut être traité sans que nous ne nous soyons entendu sur mille détails : ce sera une véritable collaboration.

A votre proposition : « Voulez-vous jouer un rôle de pantomime? » je réponds : « Oui. » — Voyons votre idée ; moi, je vous dirai tout ce que je rêve dans une chose semblable. Il serait surnaturel que nous nous rencontrassions en tous points, mais vos idées et les miennes amèneront, je l'espère, du curieux.

Avec qui écrirez-vous la pièce? Est-ce avec Maquet? Veut-il se nommer, collaborer avec nous? — Je vous le répète : dans très-peu de jours, il faut nous voir et causer cartes sur table, vous, Maquet, Hostein et moi.

Hostein doit partir demain pour vous rejoindre ; il m'invite à l'accompagner et il a raison, mais je le laisse partir d'abord. Vous m'écrirez ce que vous avez arrêté, j'attendrai vos décisions avant de voir Maquet, afin qu'il me dise bien franchement sa pensée.

Nous devrions nous enfermer ensemble quatre heures par jour; l'un est à la chasse, l'autre à la pêche, et nous... sur une patte! — Vous voyez que je pense encore vous appeler le maître des dieux! — Si chacun y met de la bonne volonté, tout peut être fini jeudi prochain. Ceci n'est nullement une menace, mais, passé cette date, qui oserait me blâmer d'abandonner l'affaire? Il y a un grand mois que je suis le serviteur de tout le monde; cependant je me dis encore avec plaisir le vôtre.

FRÉDÉRICK.

Le délai fixé s'étant écoulé sans amener la solution attendue, le comédien cessa toute correspondance. M. d'Ennery ne renonça point à son sujet pour cela; bien lui en prit, car la pièce terminée au moment où Frédérick était en quête de créations nouvelles lui fut soumise alors et lui agréa. A la collaboration de M. Maquet s'était substituée celle de Dumanoir, et diverses modifications avaient été apportées au plan primitif; l'ouvrage n'en offrait pas moins des chances de réussite, et Marc Fournier, directeur de la Porte-Saint-Martin, se l'assura, le 5 février 1853, en engageant Frédérick-Lemaître pour quatre mois et demi, moyennant cinquante francs par jour d'étude et trois cents francs par représentation (9).

9 Mai. — *Le Vieux Caporal*, drame en cinq actes, par MM. Dumanoir et d'Ennery. — Rôle *d'Antoine Simon*.

Le théâtre représente un camp près d'Ulm, en 1801. L'empereur a donné l'ordre au général Roquebert d'attirer l'ennemi de son côté pour masquer un mouvement qu'il médite. Roquebert est brave, ce n'est pas une mort presque certaine qui l'effraie, mais il pense au sort d'êtres chéris dont il est l'unique soutien. Entre deux victoires, le général a trouvé moyen de se faire aimer de Mlle Mina de Ransberg, jeune personne de noble famille, et de cet amour est résultée une enfant assez embarrassante. Roquebert confie Mina à Taverny, commissaire des vivres, qui l'emmène avec ses fourgons, et la petite Emmeline à Antoine Simon, un brave caporal, frère d'armes du général qu'il a suivi dans toute sa carrière militaire sans pouvoir de son côté monter en grade, parce qu'il ne sait ni lire ni écrire. Emmeline passera pour Geneviève, la fille morte récemment de Simon et de la vivandière sa femme. En outre, Roquebert joint aux dépêches qu'emporte une estafette un paquet cacheté à l'adresse de M. Germond, notaire; ce pli lègue tous les biens du général à la personne qui les réclamera en prononçant le nom de Mina de Ransberg. Le caporal Simon accepte la mission qui lui est confiée, et jugez si cela lui coûte : il lui faut rester seul auprès d'Emmeline pendant que son général et ses camarades se battent. Mais soudain Simon voit reluire des armes dans le bois sur la lisière duquel il se croyait à l'abri avec son précieux fardeau ; un gros d'ennemis s'avance, et bientôt des coups de feu se font entendre. — « Ce n'est rien, dit Simon à l'enfant, n'aie pas peur, nous allons jouer. » — Jeu terrible, celui-là! Simon met la petite fille à cheval sur son sac, et, tremblant pour la première fois de sa vie, fait le coup de fusil à la grande joie d'Emmeline qui bat des mains. Nos troupes reparaissent; le caporal et sa petite compagne sont à peu près sauvés, mais le général Roquebert est blessé et ne peut, avant de mourir, que répéter à Simon le nom mystérieux qu'il doit dire à M. Germond.

Quinze ans s'écoulent. Nous sommes dans le département de l'Isère, au village qui vit autrefois partir ensemble Roquebert et Simon, et qui a vu revenir le caporal seul. Encore Simon est-il resté bien peu de temps au pays ; il a embrassé son fils Lucien, il a vu mourir sa femme, et il est retourné à l'armée en recommandant à Lucien d'avoir bien soin de la petite Geneviève. Par une négligence assez peu explicable, il n'a pas vu le notaire Germond, absent momentanément, et dont il n'a pas jugé nécessaire d'attendre le retour. Pourtant la chose en valait la peine, comme l'événement le prouve. Simon, en effet, a été tué sur un champ de bataille, et voici les deux enfants, Lucien et Geneviève, voués à un malheur éternel. Ils s'aiment, eux qui savent pouvoir s'aimer, et, aux yeux de tous ils sont frère et sœur ; de plus, ils sont pauvres, chargés de dettes, menacés d'être expulsés de la maison paternelle. Pendant ce temps-là, le domaine donné jadis par l'empereur au général Roquebert est devenu la propriété de Frochard, ancien casseur de pierres et cousin du général. Pendant ce temps-là encore, Mina de Ransberg, devenue Mme Taverny, pleure sa fille autrefois perdue et la pleure en secret ; l'homme dont, chargée d'une faute irréparable, elle a accepté la main généreusement offerte, est jaloux de son honneur, et il n'a consenti à oublier le passé qu'à la condition que ce passé était mort à jamais. — Donc les cloches sonnent et on célèbre dans l'église une messe pour l'âme de feu le caporal Simon, quand un vieil homme couvert d'une capote délabrée apparaît sur le penchant de la colline. C'est Simon, revenant de Sibérie après une captivité de onze années. Il traverse péniblement la route, jetant autour de lui un regard plein de souvenir. Au moment de frapper à cette maison aimée où il a laissé son fils, une peur le prend : après un si long temps, aura-t-on conservé sa mémoire ? Il interroge, sa mauvaise étoile le fait s'adresser à Frochard lui-même, et, quand il apprend que ses enfants sont pauvres, il raconte imprudemment quelle fortune il leur apporte. On devine aisément l'impression que fait cette confidence sur l'ex-cantonnier menacé de perdre l'héritage de Roquebert. Aussi se ronge-t-il les poings de rage et d'inquiétude, quand on vient lui annoncer qu'un vol a été commis dans sa maison ; tout de suite après, le garde-champêtre Picard, un vieux soldat que nous avons vu figurer au prologue, vient rapporter l'argent pour sauver le coupable, qui n'est autre que son fils. Frochard a trouvé ce qu'il cherchait ; Simon ayant imprudemment abandonné son sac, le compère en profite pour déchirer la feuille de route du caporal et mettre à sa place la somme restituée par le garde-champêtre. Simon va s'élancer pour embrasser son fils quand on lui demande ses papiers ; il ouvre son sac pour les prendre et en tire devant tous l'argent introduit par Frochard. Ce dernier ne se gêne pas pour traiter le vieux soldat de voleur ; à ce mot, Simon furieux se jette sur le traître ; on le retient, il veut crier et des sons inarticulés sortent seuls de sa gorge : l'indignation et la colère l'ont rendu muet.

Se donnant de faux airs de clémence, Frochard fait chasser Simon du pays comme vagabond sans papiers ; mais le pauvre homme revient furtivement chez Lucien et Geneviève, et se fait reconnaître d'eux par un récit mimé, mille fois plus éloquent que l'amplification de Théramène. Cela ne suffit pas, il veut arracher à Frochard la fortune qu'il usurpe. Lui ne peut plus parler, mais Picard, le garde-champêtre, couché par terre, frappé d'une balle, a entendu à Ulm le nom confié par Roquebert au caporal ; ce nom il s'en souvient et se dit prêt à le répéter ; mais, au moment où il va parler, Frochard le menace de révéler le crime de son fils ; Picard s'élance au dehors, un fusil à la main ; une détonation se fait entendre : il est mort sans avoir parlé.

Malgré son infirmité, Simon parvient cependant à faire savoir à Mme Taverny que sa fille n'est pas morte ; malheureusement Frochard, instruit du mystère, trouve dans la jalousie du mari une aide inattendue. Par excès de tendresse filiale, Geneviève en vient à accepter la main de ce même Frochard qui menace le ménage Taverny de scandale. Lucien apprend cette nouvelle avec désespoir ; au moment où Geneviève va signer son contrat de mariage, il saisit un pistolet pour se faire sauter le crâne. Simon, qui assiste à cette scène terrible, détourne le coup, mais l'émotion qu'il éprouve est telle que la parole lui revient. Dès lors le dénouement du drame se précipite ; Simon dit au notaire Germond le nom magique de Mina de Ransberg, la lettre de Roquebert est ouverte, Lucien et Geneviève s'épousent, et Frochard désolé reprend son marteau de casseur de pierres.

Il fallait une grande habileté, une rare sûreté de main pour édifier une pièce pareille. *Le Vieux*

Caporal contient sans doute des ressouvenirs de drames antérieurs, mais ce qui appartient en propre à MM. Dumanoir et d'Ennery, c'est le charme des détails, la science de l'arrangement, la moralité de l'œuvre. L'événement, en outre, avait donné raison à l'espérance de M. d'Ennery, convaincu que la présence seule de Frédérick-Lemaître suffirait à transformer en œuvre originale un thème usé. Réduit à la pantomime dès la fin du second acte, le comédien, avec des gestes, des attitudes, des jeux de physionomie, avait à créer tout le drame laissé à l'état de canevas de ballet, et il avait fait pressentir au-delà de ce que les auteurs eussent pu exprimer ou même rêver. La première représentation fut pour Frédérick-Lemaître un triomphe ininterrompu; il fit pleurer et frémir toute la salle; il eut des inspirations telles que ses partenaires eux-mêmes le regardaient et, pleins d'enthousiasme pour son jeu, paraissaient disposés à applaudir avec le public.

Deux jugements, entre vingt, donneront la mesure exacte et du talent dépensé par le comédien dans *le Vieux Caporal* et de l'effet produit par lui sur les spectateurs et sur la critique. Soldat brillant, pimpant, jovialement héroïque au premier acte, ruine humaine au second, il avait, au troisième acte, créé une mimique à lui, une langue pleine de style, d'images, de nombre, d'harmonie, qui disait tout ce qu'elle voulait dire avec une expression si haute que la parole ensuite semblait insuffisante, plate et incolore.

Il faut voir Frédérick dans la scène merveilleuse où il se fait reconnaître — disait Gautier dans *la Presse*. — Il a une suite de poses si belles, si nobles, si antiques, que chaque attitude devrait être éternisée par une statue : on dirait Michel-Ange taillant dans le marbre les figures symboliques de l'Héroïsme, de la Douleur, de la Résignation, de la Captivité. A coup sûr, ses esclaves enchaînés ne sont pas plus beaux que Frédérick, poignet sur poignet, la tête basse, l'œil regardant en arrière, le dos courbé, le pas contraint, en marche pour la Sibérie! Et lorsque, sortant des mines, il revoit enfin la lumière, quel frissonnement de vieil aigle rouvrant ses ailes ankylosées, secouant ses plumes humides et faisant palpiter ses paupières éblouies déshabituées du soleil ! Quel regard s'emparant de l'espace, quel enivrement de clartés! -- Quand Simon recouvre la parole, Frédérick a trouvé un effet magnifique. Des vagues de folle joie le parcourent de la tête aux pieds, et il dit : « Je parle ! » d'un ton vraiment surhumain. Onze ans de misère brûlent et s'évaporent dans ce mot comme un papier brouillard dans un incendie. Jamais ivresse du bonheur n'a éclaté en jets plus fulgurants. — Les phrases manquent pour rendre de tels effets dramatiques; ce que nous délayons péniblement en huit ou dix lignes, un geste, un clin d'œil de Frédérick le rendent avec une puissance, une lucidité, et une grandeur incomparables. Nous ne croyions pas qu'il était possible d'amener ainsi l'âme à la peau, de la rendre visible et de lui faire crever son enveloppe matérielle. Le sublime acteur a réalisé ce miracle; il a mis son cerveau et son cœur à découvert devant trois mille spectateurs éperdus, haletants, frénétiques d'enthousiasme, et qui le rappelaient d'acte en acte, n'ayant pas la patience d'attendre la fin du drame pour lui témoigner leur admiration.

Pendant deux actes — écrivait Jules de Prémaray dans *la Patrie* — pendant deux actes, Frédérick-Lemaître a parlé et l'éloquence de sa parole puissante n'a cessé de provoquer l'enthousiasme. Eh bien! la parole de Frédérick n'est rien auprès de son silence. Il faut le voir dans le troisième acte qu'il emplit à lui seul de sa douleur muette, qu'il illumine de son œil profond, qu'il anime de son geste imposant, pour savoir jusqu'où peut aller le génie de la mimique. Frédérick-Lemaître, dans cet acte, c'est un lion sans griffes, un aigle sans regard, César sans épée, Jupiter sans foudre; et pourtant on sent les griffes du lion, on frissonne sous le regard de l'aigle, on voit l'éclair de l'épée, on entend les grondements de la foudre! Jamais pareil miracle ne s'était produit au théâtre : c'est l'idéal de l'art moderne. Il n'y a pas de style qui puisse traduire la pantomime de Frédérick-Lemaître. Les batailles géantes de la campagne de Russie, le soldat blessé, déchiré, mais vivant et couché sous les cadavres, les férocités de la Sibérie, le génie et l'audace de l'évasion, la joie de la liberté, les fatigues, les impossibilités, les humiliations du retour : je ne sais, en vérité, comment vous dire ces choses, que les auteurs n'ont pas écrites, qu'ils ont seulement indiquées. Frédérick-Lemaître, lui, s'arrache volontairement la langue, et le voilà qui, avec le geste, le regard, avec l'attitude, avec les larmes, le voilà qui, sans voix et sans plume, se met à chanter et à écrire, — car ce silence vivra dans les annales du théâtre, — un poème énorme comme *l'Iliade* et *l'Odyssée*. Je n'exagère pas la louange : Frédérick muet ne peut se comparer qu'à Homère aveugle.

Le succès du *Vieux Caporal* n'eut pas la durée que son éclat avait fait présager; quarante-cinq représentations l'épuisèrent, et Frédérick rentra pour six grands mois dans le silence. Il en sortit pour une circonstance imprévue, l'inauguration du *Banquet de Molière*. Chose étonnante, l'idée de cette manifestation n'avait pas pris naissance dans l'établissement qui se pare avec ostentation du nom de notre plus grand écrivain dramatique; elle émanait de M. Berthier, artiste du ballet de l'Opéra, et rencontra même plus d'adhésions dans les petits théâtres qu'à la Comédie-Française. Le premier banquet de Molière réunit, le dimanche 15 janvier 1854, une centaine d'hommes de lettres et d'artistes; on y toasta, comme de raison, et Frédérick ne laissa point passer son tour de parole : — « A Molière! dit-il, en levant son verre ; et comme, pour faire comprendre cet immense génie, ce n'est pas trop de tous les concours, je forme les vœux les plus ardents pour qu'à l'avenir nul ne soit déshérité du droit glorieux de l'interpréter! » — C'était un coup droit à l'adresse des détenteurs de privilèges; MM. Samson et Régnier, présents au banquet, ne le reçurent pas sans grimace, mais la presse fut unanime pour approuver des paroles qui exprimaient en même temps un regret et une espérance. Regret inutile, espérance trompeuse : le premier comédien de l'époque ne devait jamais paraître sur la première scène de notre pays ni commenter à sa façon les chefs-d'œuvre du répertoire.

Ces chefs-d'œuvre, cependant, lui étaient familiers, et il devait trouver un singulier contraste entre eux et la plupart des drames qu'il interprétait, avec celui surtout que préparait pour sa rentrée le théâtre de la Gaîté, et que divers auteurs avaient tiré d'un des plus invraisemblables romans d'Eugène Sue.

21 Avril 1854. — *La Bonne aventure*, drame en cinq actes, précédé d'un prologue, par MM. Paul Foucher, d'Ennery et Dinaux. — Rôle de *Joseph Fauveau*.

Au prologue de la pièce, nous nous trouvons chez Alberta, nécromancienne, rayonnante de toilette et de beauté dans son ameublement de satin bleu. Alberta n'est autre que la veuve d'un pirate exécuté à Constantinople et qui a pu se soustraire par la fuite à l'échafaud qu'on lui réservait pour complicité dans divers crimes. Un jeune ambitieux, Anatole Ducormier, connaît le secret d'Alberta; il en profite pour disposer d'elle et de sa science. Il a loué dans une maison voisine un appartement contigu à l'antre doré de la pythonisse, et il y fait percer une porte grâce à laquelle il pourra circuler à toute heure chez Alberta. C'est qu'il désire assister à la consultation que deux femmes de sa connaissance vont demander à la sorcière. L'une de ces femmes est la duchesse Diane de Beaupertuis, nièce du duc de Morsenne chez qui Ducormier tient l'emploi de secrétaire, et le plumitif ne vise à rien moins qu'à se faire épouser par la duchesse qui, d'ailleurs, ne le voit pas d'un œil défavorable. Diane, en effet, se rend chez Alberta, en compagnie de la blonde et rieuse Maria Fauveau, son amie, car la famille Beaupertuis a pris depuis longtemps l'humble fille du peuple sous son patronage affectueux et paternel : Diane et Maria sont deux sœurs ou à peu près. Alberta interroge ses appareils sibyllíques : « Vous mourrez par le poison, » dit-elle à la duchesse tremblante ; puis, s'adressant à Maria Fauveau qui l'écoute avec un rire d'incrédulité : « Vous, lui dit-elle, l'échafaud vous attend. » L'horoscope est terrifiant et les deux femmes se retirent plus émues qu'elles ne voudraient le laisser paraître.

Maria Fauveau tient avec son mari Joseph un magasin de parfumerie dans le faubourg Saint-Germain. C'est un intérieur ravissant que le leur : commerce prospère, amour partagé, petit garçon charmant que les voisines arrêtent pour l'embrasser quand il se rend à l'école. Joseph Chauveau nous apparaît dès le second lever de rideau ; flambant sous son uniforme de garde national, il a quitté le corps de garde pour savoir si rien de nouveau ne s'est passé dans sa boutique. Mais arrive le docteur Bonaquet, son ami, puis un ami encore, Anatole Ducormier. Tant pis pour l'ordre public, le service aura tort : Joseph dîne avec sa femme, avec Bonaquet et Ducormier. Après dîner on soupera ; c'est Ducormier qui convie chez lui Bonaquet, Fauveau et d'autres camarades. Dans l'intervalle des deux repas, Fauveau livre lui-même une commande de parfumerie faite par Alberta, et, profitant de l'occasion, consulte la devineresse sur la vocation de son fils. Occupée d'un autre horoscope, Alberta ne s'aperçoit même pas de la présence du parfumeur ; elle parle, les yeux attachés sur le miroir magique : « Trompé, dit-elle, trompé par une femme qu'il aime ! » et Fauveau, que le domestique pousse à la porte, s'éloigne avec ce malheureux augure. Il le repousse d'abord comme une calomnie, mais c'est à contre-cœur qu'il assiste au souper de Ducormier. Ce souper cache une machination odieuse ; grâce à la complicité d'Alberta, Ducormier attire, afin de la compromettre et de rendre le mariage indispensable, Diane de Beaupertuis dans un piège d'où elle ne sortira que pour s'offrir aux yeux des convives. Maria, qui est venue chez la devineresse à la suite de Diane, prend la place de son amie, et Joseph, dont la jalousie vient de s'éveiller aux fumées du champagne, aux propos inconsidérés des soupeurs, Joseph se trouve face à face avec sa femme cachée dans l'appartement de Ducormier, et tombe renversé comme par un coup de foudre. Bonaquet, accouru aux cris de Maria, relève son pauvre ami, qui reprend à peine ses sens, tandis que la duchesse, revenue, atteste par serment l'innocence de Mme Fauveau, et annonce elle-même son mariage avec Ducormier.

Fauveau cependant reste convaincu qu'Alberta a dit vrai et qu'il est trompé par sa femme. Dès lors, la maison va mal ; la clientèle s'éloigne ; les injures, les coups sont l'ordinaire du ménage Fauveau. Maria souffre en silence, et, quand la violence de Joseph la chasse du logis, elle pleure en emportant son fils. Alors Fauveau se livre sans retenue à la boisson ; mais c'est trop peu de l'ivresse ; chaque jour, au coup de deux heures, le délire le prend, un délire féroce qu'un mot, un mouvement, un hasard peut conduire au crime. A la suite d'un accès épouvantable, pendant lequel il a levé le couteau sur son propre fils, le malheureux supplie lui-même Bonaquet de lui enlever la liberté qui pourrait être fatale à quelqu'un des siens.

Maria quitte sa maison ruinée et son mari aliéné pour entrer comme dame de compagnie chez l'ex-duchesse de Beaupertuis, devenue Diane Ducormier. Soudain cette dernière s'alite et dépérit, frappée d'un mal qu'on ne s'explique pas jusqu'au moment où le hasard révèle au docteur Bonaquet qui la soigne qu'une dose d'arsenic est introduite par une main criminelle dans les breuvages qu'il ordonne. Qui verse le poison? Ducormier dont Diane, par mépris, refuse de servir les projets ambitieux; Ducormier, qui a trouvé dans sa femme un obstacle au lieu d'un moyen et qui veut supprimer cet obstacle. Mais Maria entre seule dans la chambre de Diane, Maria sait que Diane a fait un testament en faveur de son fils ; on saisit sur elle une poudre suspecte ; divers autres indices l'accusent : on l'arrête comme empoisonneuse et la cour d'assises la condamne à mort.

La double prédiction d'Alberta est donc en voie de s'accomplir : Diane se meurt et l'échafaud attend Maria. Joseph Fauveau, amené de sa maison de santé dans le cabinet du directeur de la Conciergerie, ignore les événements accomplis ; il croit que sa femme a simplement changé de demeure. Séparé d'elle et de son enfant depuis plusieurs mois, Fauveau retrouve des moments lucides qui rappellent à lui et à sa femme leur vie d'autrefois ; mais l'exécuteur vient chercher la condamnée qui dissimule héroïquement son angoisse et dit à son mari adieu, puis au revoir!... Diane cependant ne croit pas à la culpabilité de son amie; mais chaque fois qu'elle a voulu parler devant le tribunal, Ducormier, sous prétexte de soutenir sa faiblesse, lui a porté au visage un mouchoir empoisonné qui provoquait une syncope. Au moment où Maria est conduite à l'échafaud, Diane tente un dernier effort; pour la réduire au silence, Ducormier lui présente un flacon dont Fauveau s'empare pour réconforter Alberta présente à la scène et prise de faiblesse. La sibylle tombe comme foudroyée; tout se découvre alors, Ducormier est mis entre les mains de la justice, et Fauveau, complètement guéri, tombe aux pieds de Maria justifiée.

L'ouvrage est violent, brutal même, mais non sans art et sans intérêt. Il réussit grâce à l'étrangeté de la fable, grâce surtout au rôle de Fauveau, qui permettait à Frédérick de faire valoir divers côtés de son talent. Les premières scènes où paraît Fauveau ont toutes les allures d'un vaudeville; bientôt le caractère se dessine et aborde les parages de la comédie; un pas encore et le personnage devient dramatique. Gai, bonhomme, puis craintif, affligé, jaloux enfin et furieux jusqu'à la folie, l'acteur fut admirable dans cette succession de mouvements, d'émotions et de contrastes. Trente-cinq bonnes représentations en résultèrent. Elles devaient être malheureusement couronnées par une catastrophe intime dont Frédérick resta meurtri d'une façon cruelle.

Eprise à cette époque d'un jeune acteur de province, bellâtre sans talent, Mlle Clarisse n'hésita pas à tromper pour lui le grand artiste qui l'adorait et l'associait depuis treize ans à ses travaux et à sa vie. Prise en flagrant délit d'infidélité, Clarisse eut beau verser des larmes, écrire des lettres éperdues, multiplier enfin les témoignages d'un repentir plus ou moins sincère, Frédérick, qui l'avait tout d'abord chassée, se refusa fermement à reprendre l'existence commune.

La trahison de Clarisse atteignait Frédérick dans son cœur et dans son orgueil ; son chagrin, cependant, ne fut point tel qu'il le désintéressât du mouvement théâtral. On en eut une preuve convaincante à la fin de cette même année 1854. Le directeur de l'Ambigu, Charles Desnoyers, poursuivi par la chance mauvaise, était sur le point de déposer son bilan, quand l'idée lui vint d'appeler Frédérick à son aide. Lié à Desnoyers par une longue camaraderie, le comédien accueillit volontiers sa requête : — « Messieurs, dit-il aux acteurs de l'Ambigu, réunis sur sa demande, la situation de votre directeur est fâcheuse, mais non désespérée ; il faut le sauver : je vous apporte ma présence et mon répertoire et je compte en retour sur votre bonne volonté. » — On applaudit avec mille protestations de zèle et chacun se mit résolûment à l'œuvre. *Paillasse*, *Trente ans*, *la Dame de Saint-Tropez*, *Kean* et *Don César de Bazan* défilèrent successivement, de janvier à juin 1855, procurant à l'artiste des bravos qui le distrairent de sa douleur, et à l'impressario des recettes qui le sauvèrent.

Dans trois de ces pièces, les rôles établis par Mlle Clarisse étaient tenus par Mme Marie Laurent qui s'y faisait fortement applaudir. Cela déplut à la créatrice qui se croyait sans doute des droits imprescriptibles sur ces personnages. Poussée par la jalousie et s'inspirant de quelque mélodrame, Mlle Clarisse s'introduisit un soir dans la loge de Frédérick-Lemaître et versa du laudanum dans la boisson réconfortante destinée au comédien. La dose était assez forte pour mettre en danger la vie de Frédérick ; il garda le silence pourtant, et ce n'est qu'à la mort de Clarisse — quinze ans plus tard — que ses intimes connurent la faute grave commise par elle et qu'il avait pardonnée.

Pendant les représentations de *Paillasse* à l'Ambigu était revenu l'anniversaire de la naissance de Molière. Comme l'année précédente, un banquet eut lieu, le 15 janvier 1855, auquel assistèrent cent douze membres de la Société des Auteurs ou de l'Association des Artistes dramatiques. Nommé quelque temps auparavant vice-président de cette dernière association, Frédérick-Lemaître avait sa place marquée au côté du baron Taylor. Le toast qu'il porta, après Mélesville, fut le succès de la séance, et l'on ne s'en étonnera pas en lisant ces phrases émues, généreuses et vibrantes :

Messieurs et chers collègues,

Je laisse à la littérature, à la philosophie, je laisse à tous ceux qui, plus doctes que moi, ont fouillé, commenté, analysé les œuvres de Molière, le soin de découvrir et d'indiquer ce qu'elles contiennent de trésors.

Placé dans une sphère qui n'atteint pas aux spéculations de la métaphysique, je m'arrêterai à Molière, bon, généreux; à l'ami solide, au travailleur infatigable, au collègue prévoyant, au camarade dévoué. Je négligerai le poëte pour m'occuper de l'homme, et, de ce qui le composait, je ne prendrai que le cœur.

Molière, vous le savez tous, Messieurs, est mort à la peine! Et quand il consumait son reste d'existence sur les planches du théâtre, s'agissait-il pour lui de la production de ses ouvrages? Non. Il était trop profond pour ne pas avoir la conscience de leur valeur! Avait-il à satisfaire des besoins personnels? Non. Le produit de son travail suffisait, et au-delà, à la simplicité de ses goûts, à la naïveté de ses habitudes. Etait-ce qu'à côté de sa réputation de littérateur, il ambitionnât le peu de bruit qui se fait autour du talent de l'acteur? Non. Il voyait les choses de trop près pour ne pas savoir ce que ce genre de gloire a d'éphémère et de passager!

Ce qu'il voulait, Messieurs, c'est bien simple, bien terre à terre : il voulait que ses camarades ne connussent pas l'indigence! Il voulait leur faire ignorer la misère; et il a donné sa vie, le saint homme, dans l'espoir de leur procurer un peu de pain!

Oh! vantez, Messieurs de la littérature, vantez tant que vous voudrez, tant que vous pourrez, le plus grand écrivain, le plus grand moralisateur qui ait jamais existé! Pour moi, humble, je vous avoue que lorsque, il y a un an, je suis venu pour la première fois m'asseoir à ce banquet, mon âme, si je puis m'exprimer ainsi, s'est exaltée en s'attristant. J'étais triste en songeant à ce que le monde a perdu de chefs-d'œuvre quand Molière est mort! Et j'étais fier en pensant que notre œuvre commune, qui a pour base et pour but la bienfaisance et la charité, nous mettait en collaboration directe avec le cœur du plus élevé des hommes de génie... avec Molière!

A Molière! Messieurs; à Molière!

Avec *le Vieux Caporal*, Frédérick-Lemaître avait inauguré le système qu'il devait suivre jusqu'à la fin de sa carrière : ne s'engager avec les directions théâtrales que pour des pièces déterminées, créations ou reprises, et rester maître ainsi de son talent et de sa personne. A des allocations mensuelles, les directeurs substituaient alors tant pour cent sur les recettes brutes, ou un cachet quotidien de deux à trois cents francs. C'est à ce dernier chiffre qu'avaient été taxées les représentations de *la Bonne aventure;* c'est ce chiffre encore qui fut stipulé dans le traité par lequel Frédérick s'engagea à répéter et jouer, sur le théâtre de la Gaîté, le rôle du duc de Guise, dans *Henri III et sa cour,* drame en cinq actes d'Alexandre Dumas, et celui du sonneur, dans le *Sonneur de Saint-Paul*, drame en cinq actes de Joseph Bouchardy (10).

La pièce intéressante de Dumas fut reprise le 1er mars 1856. Frédérick tint avec ampleur et illumina d'éclairs le sombre rôle de Guise, établi vingt-sept ans auparavant par Joanny à la Comédie-Française. Laferrière jouait Saint-Mégrin, et M. Hostein, qui n'était pas forcé de connaître l'histoire de *Marino Faliero*, avait fait confectionner des affiches où se lisait ce pléonasme inélégant mais attractif : « M. Frédérick-Lemaître et M. Laferrière n'avaient jamais joué ensemble dans la même pièce. » — Frédérick et Laferrière ! le Titan robuste coudoyant un mirmidon efféminé ! l'association était bizarre ; elle fut goûtée, cependant, et valut à la Gaîté des recettes abondantes.

Le Sonneur de Saint-Paul comptait trois cents représentations environ quand Frédérick le joua pour la première fois (17 avril 1856). Le rôle de John qu'il reprenait avait été créé, en 1838, par un artiste de mérite nommé Francisque aîné. La copie n'avait raison d'être qu'en surpassant l'original : Frédérick remplit son devoir en faisant mieux que Francisque.

XII

André Gérard. — Reprise heureuse. — Une incartade. — Laferrière joue *Richard Darlington.* — *Le Maître d'école.* — *Le Marchand de coco.* — Triste année!

Au mois d'avril 1857, Frédérick-Lemaître prenait avec M. de La Rounat, directeur de l'Odéon, l'engagement de jouer sur son théâtre le rôle principal d'un drame de Victor Séjour, intitulé *André Gérard.* Ce drame, baptisé d'abord *Michel Rallu,* avait été reçu à la Porte-Saint-Martin d'où l'auteur, soucieux pour son œuvre d'un auditoire littéraire, l'avait bientôt retiré.

Frédérick attachait à sa réapparition sur le Second Théâtre-Français une importance compréhensible. Docile pendant les répétitions aux conseils de l'auteur, nous le voyons, au dernier moment, solliciter l'appréciation du directeur même, et M. de La Rounat formulait, comme suit, ses avertissements et ses craintes :

1° L'inspecteur de la censure a demandé que l'on coupât, au quatrième acte : « M. de Morand, vous êtes un misérable et un lâche! » — Il faut dire : « Ah! M. de Morand! M. de Morand! »

2° A votre entrée au troisième acte, M. de Morand reste en scène. Vous devez dire votre monologue, il n'y a que le mot « Lui! » à retrancher, puisque vous le voyez tout de suite.

3° J'appelle votre attention sur la difficulté que vous éprouvez à déboutonner votre gilet, au quatrième acte, quand vous dites à Truphême : « Assassine-moi donc ! »

4° La dernière scène du premier acte doit se terminer ainsi :

MARCELLE. — Mon ami, assiste à la prière des enfants, tu n'y as jamais manqué.

ANDRÉ. — La prière !... oh ! oui...

TRUPHÊME. — Allons, je t'attends.

ANDRÉ. — Non... je reste !

TRUPHÊME. — Comment ?

ANDRÉ. — Dieu n'abandonne pas ceux qui ont confiance en lui.

Si la prière se dit, ce sera absolument contre ma volonté ; je persiste à la trouver dangereuse. — C'est seulement sur les derniers mots d'André que les enfants doivent se mettre à genoux.

Un dernier mot. Je voudrais encore plus de retenue dans le « Merci ! » quand M. de Morand prête l'argent, et je vous recommande surtout la grande scène du quatrième acte, *comme mémoire*, car notre sort est là !

Il y a dans ces observations une sincérité et une minutie honorables à la fois pour le directeur qui les signait et pour l'artiste qui les avait provoquées. Tous deux d'ailleurs s'étaient ingéniés avec raison, car l'annonce d'*André Gérard* avait causé dans le quartier latin une émotion inaccoutumée. On se battit à la porte de l'Odéon, le soir de la première représentation, et les scènes de début se jouèrent au milieu d'un tumulte causé par l'affluence des spectateurs.

30 Avril. — *André Gérard*, drame en cinq actes, par M. Victor Séjour. — Rôle d'*André Gérard*.

La scène se passe à Paris, en 1844. André Gérard est un artiste graveur. Depuis vingt ans, son travail nourrit la famille dans laquelle il a placé toutes ses affections. Près de lui grandissent deux petits enfants, et leur sœur aînée, jeune fille de dix-sept ans. Leur mère est souffrante ; la gêne, presque la misère, étend son manteau glacé sur ce ménage. André est fils d'un gentilhomme, il pourrait se faire appeler le vicomte de Sivry, mais il a été maudit par son père qui n'a pu lui pardonner de s'être mésallié à une fille pauvre. Le fils de famille a revêtu la blouse de l'ouvrier, usé sa vie, éteint ses yeux dans des veilles fatigantes pour assurer aux siens le pain de chaque jour. Quelle douleur s'empare de son âme quand il découvre tout à coup que l'affaiblissement de sa vue lui rend tout travail d'art impossible! Il court chez un oculiste et en revient désespéré. Avant un mois, au dire du médecin, André sera aveugle. Un repos de deux ans assurerait sa guérison; mais deux ans, quand on n'a pas de pain, quand les êtres qui font votre joie attendent de vous la subsistance! Dans cette situation terrible, André se dit qu'il n'a qu'un parti à prendre : se tuer après avoir recommandé sa femme et ses enfants à son père qui peut-être ne gardera pas rancune à une tombe. Mais pendant qu'il écrit ses dernières volontés, André sent le bras d'un étranger heurter le sien. Il se retourne et se trouve en présence d'un jeune homme dont il a déjà reçu la visite le matin et qui lui a rappelé leur amitié d'enfance. Truphême est un enfant du hasard, que le hasard a jeté dans la société élégante et qui y vit en parasite, en chevalier d'industrie même. Truphême a pénétré le projet de Gérard, il déclare ce projet une sottise et il veut apprendre au désespéré comment on fait figure dans le monde sans qu'il soit pour cela nécessaire de s'abîmer les yeux ou de se trouer la poitrine. André se révolte aux théories étranges de ce démon tentateur, mais la misère frappe si fort à sa porte qu'il hésite et qu'il cède. Une fois encore, l'ange de la famille le sauve de lui-même. Ses enfants se mettent à genoux; il écoute leur prière du soir, et leurs accents ramènent dans son cœur la foi qui lui donne la force et l'espérance qui lui rend le courage.

La force et le courage l'abandonnent cependant quand il apprend que son père est mort en le déshéritant. Truphême alors lui prête un habit et le conduit à une soirée chez le général de Morand. M. de Morand, qui reconnaît dans André le petit-fils de son ancien colonel, l'accueille à merveille. Mais des tables de jeu sont dressées, un lansquenet s'établit. André, fasciné par la vue de l'or roulant sur le tapis, prend les cartes et risque une somme de deux cents francs qui lui a été remise par Truphême. Il gagne une fois, deux autres fois encore; le tas d'or qu'il a sous les yeux l'éblouit; il avance la main pour ramasser son bénéfice, quand Truphême le pousse du coude : « Continue, lui dit-il tout bas, tu as encore deux coups. » — Les cartes ont été préparées par Truphême qui est un escroc prudent et se contente de faire jouer les autres. André frémit à cette révélation : il a été le complice du misérable dont il avait repoussé les honteuses propositions et bon gré malgré lui a servi d'instrument. Que faire? Reculer ou poursuivre? André a deux secondes pour se décider, car ses adversaires le regardent, le pressent... le malheureux se croit perdu, sa tête se trouble, il continue le jeu en frémissant et gagne les deux coups prédits par Truphême. Au dernier coup le général examine les cartes et reconnaît la fraude. Resté seul avec André il le soufflète de son gant; André se révolte sous l'outrage et provoque le général qui consent à croiser l'épée avec lui; mais bientôt les conseils de Truphême ramènent André à d'autres idées; s'il était tué, que deviendraient sa femme et ses enfants? Non, il ne se battra pas; il a été voleur, il sera lâche — et il s'enfuit en abandonnant l'or qui l'a perdu.

A tant d'humiliations et de tortures vient se joindre un grand désespoir. Marguerite, la fille aînée de Gérard, aime Léon, le fils du général de Morand, et Léon, fort épris, bon et loyal, veut l'épouser. La belle-mère de Léon est dans la confidence de leurs amours. Cette belle-mère n'est pas une marâtre; elle a du cœur et même de l'indulgence. Léon a séduit Marguerite, mais il réparera sa faute envers l'humble fille du graveur. M. de Morand a consenti à ce que son fils épousât une ouvrière sans fortune, mais quand il apprend que cette ouvrière n'est autre que la fille d'André, il sépare les amants de toute son autorité paternelle. Marguerite ne peut croire à l'infamie de son père; ses doutes sont bientôt dissipés; cachée dans une chambre voisine, elle entend André avouer sa honte et s'humilier devant M. de Morand dont il sollicite le pardon et l'aumône. Elle connaît la faute de son père et lui confesse la sienne. En apprenant le déshonneur de sa fille, André saisit un burin pour l'en frapper, puis sa fureur fait place aux larmes et il pardonne à la prière de sa femme.

Truphême cependant, pour gagner cent cinquante mille francs promis par M. de Morand, vient demander, le pistolet au poing, la main de Marguerite; André désarme et chasse le misérable. Il se résout ensuite à faire au général la confidence entière de ses angoisses, de ses souffrances, de la misère enfin qui l'a mal conseillé au moment où la faim menaçait sa famille. Le général s'émeut, il consentira de nouveau au mariage d'Henri avec Marguerite, mais il demande à André de s'éloigner pour s'enterrer vivant dans l'oubli. André accepte le sacrifice, mais Marguerite refuse d'être heureuse et riche à ce prix. Devant cette protestation d'amour filial, M. de Morand s'incline à son tour : Marguerite sera sa bru et André ne quittera pas sa famille. Mais tant d'émotions successives ont ébranlé la santé du graveur ; le pardon de M. de Morand l'achève et il meurt, heureux du bonheur de sa fille et fier de sa propre réhabilitation.

Ce drame qui, pour la première fois, plaidait au théâtre la cause des invalides du travail, est plein de mouvement, d'intérêt, de situations attendrissantes. Son point de départ, cependant, est essentiellement discutable. Un père de famille, un gentilhomme qui a la garde de son honneur et du nom de ses aïeux, un artiste habitué à planer dans les sphères élevées de l'intelligence, un honnête homme, en un mot, ne saurait devenir un escroc en quelques minutes, s'agît-il de sauver ses enfants de la détresse. Lorsqu'André Gérard, jouant aux cartes, apprend par l'avertissement de Truphême qu'elles sont bizeautées et que, par conséquent, il vole ses partenaires, pourquoi ne révèle-t-il pas le guet-apens dans lequel on vient de le faire tomber? Cette conduite ne lui est-elle pas dictée par la prudence, par le bon sens, par le devoir? Et pendant que l'auteur véritable de cette infamie reste impuni, son complice involontaire en porte la honte au lieu de raconter, dès la première explication, l'histoire qui attendrit M. de Morand au cinquième acte et le relèverait aux yeux de l'homme qui se croit en droit de le flétrir! En raison de cet illogisme, *André Gérard* est et parut une œuvre inégale : délicate et vraie dans ses deux premiers actes, mélodramatique et fausse dans les trois derniers. Victor Séjour, en somme, s'était trompé en choisissant pour cadre une scène littéraire, et la critique renvoya avec unanimité son œuvre au boulevard d'où il avait cru pouvoir l'éloigner avec avantage.

Si l'auteur recueillit plus de blâmes que de louanges, le comédien, par contre, se vit saluer et acclamer dans tous les feuilletons dramatiques. Il était entré en conquérant dans ce rôle difficile d'André pour en faire ressortir clairement les aspects étranges et les nuances disparates.

Toute l'attention, la curiosité, l'intérêt du public se portaient sur Frédérick-Lemaître — écrivait Fiorentino dans *le Constitutionnel*. — Il a été reçu à son entrée par cinq à six salves d'applaudissements qui ont ébranlé la salle. Et ce n'était vraiment pas trop pour son admirable talent. Il a eu, dans le rôle d'André Gérard, des moments d'une incroyable énergie, d'une tendresse concentrée et profonde, des élans de douleur, des bondissements de colère, des attitudes sublimes ou touchantes, des silences plus terribles que la plus véhémente tirade, des cris partis du cœur, des éclairs de génie!

Le grand acteur, — disait M. Hector Malot, dans *le Lloyd Français*, — le grand acteur, d'un personnage la plupart du temps insensé, incohérent, absurde, emphatique et trivial, noble et lâche sans transition, a su faire un rôle superbe. Je ne sais quelle a été l'impression de ceux qui ont pu l'applaudir en ses beaux jours, mais pour nous qui ne l'avions vu jusqu'alors que dans ces tristes créations qu'on lui avait confiées en ces dernières années, son apparition dans André Gérard a été une véritable révélation. Telle est encore la puissance du geste, telle est, lorsque la passion l'agite, la puissance de l'œil, telle est l'autorité des attitudes expressives et des silences éloquents, qu'il suffit de sa volonté pour entraîner le public et obtenir des effets terribles, des élans passionnés, des cris de colère qui soulèvent et transportent.

La clôture annuelle de l'Odéon interrompit, au vingt-huitième soir, les représentations d'*André Gérard*, qui ne fut pas repris à la réouverture par suite du mauvais état de santé de Frédérick-Lemaître. L'anémie, en effet, battait en brèche cette constitution vigoureuse, et le comédien dut se cantonner pendant de longs mois dans un établissement hydrothérapique de Bellevue. C'est là que Billion, directeur du Cirque, alla lui proposer un engagement d'une année (novembre 1857) ; là que Hostein, directeur de la Gaîté, alla lui offrir le principal rôle d'un drame d'Alexandre Dumas, intitulé provisoirement *le Père de famille* (décembre 1857); là enfin que M. d'Ennery, ambassadeur de la Porte-Saint-Martin dépourvue, alla lui demander de reprendre sur ce théâtre un de ses meilleurs rôles. Cette dernière négociation aboutit seule, et les lettres suivantes témoignent de ce résultat une satisfaction partagée.

21 Février 1858.

Mon cher Frédérick,

Je n'ai pas besoin de vous dire combien le succès de la démarche faite par D'Ennery auprès de vous m'a fait plaisir, et je compte que cette apparition au théâtre de la Porte-Saint-Martin aura tout le résultat que nous attendons.

Ainsi, mon cher Frédérick, il est entendu entre nous que vous reprendrez d'abord *Don César* (le plus vite que vous pourrez, car le temps presse), et qu'ensuite, s'il y a lieu, nous choisirons dans votre répertoire d'autres reprises. Il est également convenu que je vous compterai *dix pour cent* de la recette brute.

Recevez, avec mes remerciements, l'assurance de mes meilleurs sentiments.

Marc FOURNIER.

22 Février 1858.

Mon cher Fournier,

Croyez que je suis on ne peut plus flatté des sentiments que m'exprime votre gracieuse lettre ; j'y réponds avec le plus grand plaisir par une adhésion entière à votre proposition. Ainsi, *Don César* d'abord, et ensuite « nous ferons, d'un mutuel accord, ce que nous supposerons devoir être dans nos intérêts communs. » Je serai rétribué chaque soir à raison de *dix pour cent* de la recette brute.

Comme vous, mon cher Fournier, j'espère que cette petite affaire aura un heureux résultat ; mais, quoi qu'il arrive, je vous prie d'agréer l'assurance de mon parfait dévouement et l'expression de mes vieilles amitiés.

FRÉDÉRICK-LEMAITRE.

Don César de Bazan fut repris le 4 mars 1858 et donné trente-cinq fois avec une recette moyenne de 4.000 francs par soirée. Le résultat artistique ne fut pas moins heureux que le résultat pécuniaire ; Frédérick eut des élans de jeunesse et de verve dont s'émerveilla le public et dont la presse entière le félicita. Une seule note discordante se fit entendre, et cette note était donnée, dans le *Figaro-Programme*, par un homme que ses relations antérieures avec le comédien eussent dû préserver de cette injustice. Un incident regrettable s'en suivit. A la première représentation des *Mères repenties*, qui succédèrent le 15 avril à *Don César*, au moment où l'un des personnages débitait une tirade contre les pamphlétaires, Frédérick, qui occupait une loge près de son critique, se leva brusquement, et, le menaçant du poing, s'écria : « A toi, Wœstyn ! » — Un certain tumulte résulta de cette apostrophe, et l'émotion se répercuta dans la presse, tant et si bien que Frédérick crut devoir adresser aux directeurs de plusieurs journaux cette lettre explicative :

19 Avril 1858.

Monsieur,

J'ai toujours évité, autant que je l'ai pu, d'entretenir le public des tribulations et des misères qui accompagnent le comédien dans sa périlleuse carrière ; mais aujourd'hui les circonstances m'obligent à rompre le silence, et je viens vous prier de donner place dans votre estimable journal aux lignes suivantes.

M. le rédacteur du *Figaro-Programme* se plaint, dans son journal, de ce que le soir de la première représentation des *Mères repenties*, au théâtre de la Porte-Saint-Martin, je lui ai adressé la parole en public, et cherche à faire voir dans ce fait, qui lui était entièrement personnel, une insulte générale à la presse !... Étrange et singulière prétention que je tiens à détruire.

M. Wœstyn, pendant plusieurs années, était, ou du moins se disait mon ami ; il était reçu dans l'intimité de ma famille, s'asseyait à ma table, m'apportant ses drames, que je n'ai pu parvenir à faire représenter, malgré tous mes efforts.

Un jour, M. Wœstyn s'est éloigné, et a commencé ses attaques par ce joli calembour : un de mes amis lui demandait s'il avait vu le *Vieux Caporal?* — Oui, répondit-il ; le vieux *cabot râle*.

Quelques jours auparavant, il me serrait la main dans mon salon ! Depuis cette époque, il n'a laissé échapper aucune occasion de m'injurier.

Dans son compte-rendu de la reprise de *Don César* de *Bazan*, M. Wœstyn m'a *éreinté* (c'est son mot) à tel point, qu'il a encouru les reproches de M. le directeur du journal, et, quelques jours après, pour compléter son œuvre, il me faisait dire, par un ami commun, *qu'il n'avait pas assisté à la représentation !*

Le reproche et non l'insulte que j'adressais au jeune Wœstyn n'était pas fait au journaliste, mais au faux ami !

Vous m'obligerez donc infiniment, Monsieur, en insérant cette lettre dans les colonnes de votre journal ; elle dissipera toute espèce de doute, et me fournira l'occasion de témoigner hautement et publiquement de mon profond respect et de ma reconnaissance pour MM. les écrivains de la presse qui, bien souvent, m'ont accordé des louanges au-dessus de mon mérite.

Agréez, Monsieur le rédacteur, l'assurance de ma parfaite considération et de mes sentiments distingués,

FRÉDÉRICK-LEMAITRE.

Deux semaines durant, les camarades de l'artiste et de l'écrivain échangèrent des phrases aigres-douces, puis le calme se fit dans les esprits, et un ami commun des deux adversaires publia, dans *le Courrier de Paris* du 3 mai, la note suivante que toute la presse reproduisit et qui donnait au différend sa solution naturelle :

Depuis quinze jours, le public s'est entretenu d'un incident arrivé à la première représentation des *Mères repenties*, à la Porte-Saint-Martin, incident qui a mis en présence M. Frédérick-Lemaître, le plus grand comédien de notre époque, et M. Eugène Wœstyn, un de nos spirituels écrivains.

D'attaques en réponses, on était arrivé à un procès orné de ce qu'on appelle au palais une action reconventionnelle.

Puis on a fini par une explication : c'est par là qu'on eût dû commencer.

Donc, puisqu'on s'est expliqué, plus de polémique, plus de procès, parce qu'il résulte de tout ceci que chacun regrette le bruit inutile fait autour de cette affaire, et que M. Wœstyn reste un écrivain spirituel, comme M. Frédérick-Lemaître le premier comédien de notre époque.

Ce n'était là, en somme, qu'un épisode fâcheux; une douleur véritable devait bientôt atteindre Frédérick. Menacé, par Laferrière, d'un procès pour inexécution de traité, Marc Fournier détourna ce danger en offrant à l'acteur mécontent de monter pour lui *Richard Darlington*, dont l'administration venait d'autoriser la reprise. Laferrière n'eut garde de refuser cette aubaine. Que pouvait Frédérick? Protester; — il le fit et de la façon la plus énergique; mais, en définitive, les auteurs et le directeur étaient dans leur droit strict, et rien ne pouvait mettre obstacle à leur projet. Laferrière joua donc *Richard Darlington* avec la trépidation d'accent et de geste qui était la dominante de son talent, sans réussir à donner à cet ambitieux épique autre chose que les allures mesquines d'un intrigant de province (10 janvier 1859). Le succès médiocre de son parodiste n'apaisa qu'à moitié Frédérick-Lemaître; il voulait surtout remonter sur la scène pour provoquer une comparaison immédiate, aussi accepta-t-il avec empressement le rôle que Chilly, directeur de l'Ambigu, lui offrit dans *le Marchand de coco*, mélodrame nouveau de MM. d'Ennery et Dugué. La pièce était des plus inoffensives, mais elle se passait sous la première République, et cela seul suffit pour éveiller les susceptibilités de la censure impériale qui la frappa d'un *veto* au moment où la première représentation allait être affichée. La direction surprise ne savait comment parer à cet événement quand Frédérick se souvint d'un drame intime que lui avait offert, quelque temps auparavant, M. Paul Meurice, et dont le principal rôle l'avait séduit. C'était *le Maître d'école*, que Chilly s'empressa de demander à l'auteur, et qu'on mit aussitôt à l'étude.

Ce *Maître d'école* avait été fait d'abord à l'intention de Bocage qui, tout en adoptant le personnage et la plupart des situations, s'était obstinément refusé à accepter un troisième acte auquel M. Meurice attachait la plus grande importance. Quand, lassé de cette opposition, l'auteur s'enquit d'un autre interprète, c'est précisément l'acte condamné par Bocage qui charma le plus Frédérick-Lemaître : il y pressentait des effets mimiques que son rival n'avait point soupçonnés. Il eut pourtant, lui aussi, des objections à formuler, mais il les appuya d'une raison que M. Meurice aurait eu mauvaise grâce à combattre. — « Je ne jouerai pas le quatrième acte tel que vous l'avez écrit, dit-il franchement au dramaturge ; ayant à me dépenser largement au troisième acte et au dénouement, il me serait impossible de rendre avec l'énergie voulue les scènes intermédiaires. » — C'était là de la probité artistique, et l'auteur, qui savait qu'en effet Frédérick, se substituant aux personnages qu'il représentait, vivait, sentait, souffrait réellement sur le théâtre, l'auteur, disons-nous, sacrifia volontiers son quatrième acte primitif, tout intime, pour lui substituer un tableau de mélodrame qui permît à l'acteur de reprendre haleine.

M. Paul Meurice, qui figure aujourd'hui parmi nos écrivains les plus délicats et les plus attractifs, comptait, à cette époque déjà, de nombreux succès dramatiques. *Falstaff*, *Antigone*, *Hamlet*, *Schamyl*, *Paris*, *l'Avocat des Pauvres* avaient fait successivement applaudir son talent pathétique et charmant, et l'Ambigu remplaçait, par *le Maître d'école*, un *Fanfan la Tulipe*, de lui, qui, pendant quatre mois, avait intéressé les littérateurs et ému le public, au point que l'on se demandait si le succès passé ne nuirait point à l'œuvre nouvelle. Les deux drames de M. Meurice étaient assez dissemblables pour réussir l'un après l'autre ; l'événement devait le démontrer, à la grande joie de l'auteur et au grand profit du théâtre.

10 Mars 1859. — *Le Maître d'école*, drame en cinq actes, par M. Paul Meurice. — Rôle d'*Everard*.

La scène se passe, en 1803, à Mijoux, dans le Jura. La veillée vient de finir dans une grande chambre à demi rustique ; villageois et villageoises chantent en chœur une ronde du pays et regagnent joyeusement leurs chaumières, car la brave Périnette, paysanne au service de M. Everard, vient d'annoncer le retour prochain de son maître, depuis trois semaines à Paris. C'est une grande nouvelle, car cet Everard est à la fois le maire, le médecin, le conseiller amical et le maître d'école de l'endroit. Il n'y a pas, à Mijoux, une infortune qu'il n'ait secourue, une douleur qu'il n'ait apaisée, et cependant cet homme aimé, estimé, est malheureux au milieu des heureux qu'il a faits. C'est qu'il y a une faute dans sa vie. Médecin renommé, il a, vingt ans auparavant, été violemment séparé d'une jeune fille qu'il aimait et à qui l'on a fait épouser le banquier Dellemare ; ce dernier a bientôt délaissé sa femme pour aller fonder un comptoir dans l'Inde ; pendant son absence, les deux amants se sont retrouvés, et Mme Dellemare est morte en mettant au monde une fille. Le banquier, après avoir vainement cherché le séducteur de sa femme, est parti de nouveau, laissant l'enfant adultérin à des soins mercenaires. Everard alors, renonçant à l'avenir brillant qui lui était promis, s'est fait maître d'école au petit village qu'habite l'abandonnée ; depuis lors, il élève, il instruit, il voit grandir près de lui son Elise, belle et gracieuse, qu'il destine à un de ses élèves, Fabien, orphelin de père et de mère. Le bonheur d'Everard est d'aimer Elise, son supplice est de ne pouvoir réclamer les droits qu'il a à la tendresse de la jeune fille, car Mme Dellemare, en mourant, lui a fait jurer qu'Elise ignorerait toujours le secret de sa naissance ; il ne sera relevé de ce serment que dans le cas où, par le hasard des circonstances, il mourrait pour sa fille. Rien de moins probable que ce dénouement, M. Dellemare n'apparaissant qu'à de rares intervalles à Mijoux, et laissant à Everard la direction entière d'Elise. — A peine, cependant, le maître d'école revient-il de Paris, où, selon son habitude, il s'est occupé des autres plus que de lui-même, que M. Dellemare se présente pour le voir. Cette démarche imprévue atterre Everard et ses pressentiments ont raison. C'est, en effet, avec d'infâmes projets que Dellemare reparaît à Mijoux, en compagnie d'un nommé Varade, son associé, espèce de coquin, qui marche flanqué d'un garde du commerce, mais dont, heureusement, Everard connaît tout le passé et à peu près le présent. Les deux financiers, complètement ruinés et sous le coup de poursuites, soupçonnent Everard d'être le père d'Elise ; s'ils peuvent acquérir la preuve de cette paternité, Varade épousera la jeune fille, laquelle apportera, d'une part, la fortune de sa mère, de l'autre, la dot qu'ils arracheront au maître d'école, récemment enrichi par un bel héritage. Il est vrai que celui-ci peut déranger, par un refus, la combinaison des misérables, mais, dans ce cas, Dellemare, se posant en mari outragé, provoquera le séducteur, et Everard, mortellement frappé, ne pourra moins faire que de léguer sa fortune à Elise. Il s'agit donc de s'introduire, la nuit même, chez l'instituteur, et de saisir ses papiers pour y chercher à loisir la preuve désirée. Ces messieurs ont sous la main l'homme qu'il leur faut pour cette expédition, Bux le sauvage, le contrebandier, le braconnier, le mari de Périnette, qui, arrêté la veille par les gardes de Dellemare, attend son sort dans la prison du château. Ne croyant pas Everard chez lui, Bux escalade une muraille, brise une porte d'entrée et se trouve face à face avec celui qu'il vient voler. Le couteau à la main, il se précipite sur le maître d'école, mais, au moment de frapper, il recule et laisse tomber son arme. Bux n'est pas un assassin, ni même un voleur; ce qu'il veut, c'est la liberté qu'on lui a promise. Everard le comprend; il désire sauver Bux, mais il se sauvera par la même occasion; il ouvre son armoire, en retire les lettres qui pourraient compromettre la mémoire de Mme Dellemare et les brûle, tandis que le braconnier s'empare des autres papiers et d'un flacon bleu qui lui a été recommandé par Varade.

Le vol n'ayant pas amené de résultat décisif, Dellemare se présente, le lendemain, avec son associé, chez le maître d'école, et, en présence de Fabien, il lui annonce le prochain mariage de Mlle Dellemare avec Varade. Vainement, Everard proclame la ruine de cet homme et ses projets infâmes; on lui demande de quel droit il prétend régler le sort d'Elise; le père retient son secret prêt à lui échapper et essaie de justifier son intervention par les soins qu'il prend depuis dix-sept ans de l'âme et du corps d'Elise. — « Puisque vous prétendez encourager ma fille dans un esprit de révolte, dit le banquier furieux, vous ne la reverrez plus; quant au mariage décidé par moi, il aura lieu dans quelques jours. »

Grand est le désespoir du maître d'école. Que faire? avouer sa faute passée, ce serait se perdre sans sauver Elise; révéler à cette enfant le secret de sa naissance, ce serait trahir le serment fait à la morte. Pendant ses hésitations, le jour fixé pour le mariage arrive; Everard et Fabien sont mandés au château; ils s'y présentent avec des épées, et Fabien a bientôt fait d'insulter son rival, mais cette provocation n'a pas le résultat espéré, car Varade déclare qu'il se battra dans huit jours et pas avant. Elise, cependant, a demandé à embrasser le maître d'école, et Dellemare a jugé bon de consentir à cette entrevue pendant laquelle il espère qu'Everard se trahira enfin. La jeune fille, désolée, va de Dellemare à Everard, s'étonnant que son père soit si froid et que son vieil ami lui témoigne seul une tendresse réelle. Elle sort sur un mot brutal du banquier, et le maître d'école laisse éclater sa tendresse et son amour. Dellemare, une fois de plus, lui demande avec hauteur et mépris quel est son droit à s'interposer entre lui et Elise. — « Elle est ma fille », dit Everard, éclatant. — A cette exclamation, Dellemare bondit sur les épées apportées par Fabien et restées sur la table, mais, au moment où ils croisent le fer, Elise reparaît et les sépare. — L'aveu du maître d'école ne retarde pas le malheur de sa fille; on va procéder au mariage, et, en l'absence des adjoints, c'est Everard lui-même qu'on somme de consacrer cette union. Il s'y refuse avec énergie, mais Elise le prie de l'assister de sa présence, et le pauvre homme, ceignant l'écharpe municipale, ouvre en tremblant le livre de la loi et lit d'une voix altérée les articles traditionnels. La question adressée à la fiancée meurt presque dans sa gorge et il retombe assis en se couvrant le visage de ses mains; mais un *non* imprévu retentit aux oreilles des témoins ébahis et réveille le pauvre père abîmé dans ses sanglots. C'est une vaillante fille, qu'Elise; à défaut de protecteur, elle s'est protégée elle-même; en vain, Dellemare prétend-il rendre Everard responsable du refus de sa fille. — « Ce n'est pas moi qui la défends contre vous, c'est la loi! » répond l'instituteur radieux.

Varade, que son recors menace d'une arrestation immédiate, n'est point désarmé par la résistance d'Elise. Il attire la jeune fille dans un guet-apens, et, quand elle est entre ses mains, au milieu de rochers inhabités, il fait prévenir Everard qu'il ait à lui envoyer son consentement au mariage en lui faisant l'abandon de sa fortune, faute de quoi il enlèvera Elise en Suisse, avec l'escorte de contrebandiers dont il s'est assuré le concours. Compromise par lui, il faudra bien qu'elle l'épouse. Prévenu par Brax qui se repent d'avoir servi les projets de Varade, Everard se dresse comme un obstacle entre le drôle et la frontière; mais c'est en vain qu'il essaie d'attendrir les contrebandiers qui l'entourent :

sur la prière d'Elise, qui veut bien mourir, mais non pas déshonorée, il doit céder, en frémissant, et jurer de faire ce que Varade exige de lui.

Le dénouement du drame se joue chez Dellemare, dans un oratoire où figure, au-dessus d'un prie-Dieu, le portrait de la mère d'Elise. Everard ramène Elise et la remet à son protecteur *légitime*. Puis, Varade et Everard se retrouvent seuls. La promesse que Varade a arrachée au maître d'école ne peut le préserver de la banqueroute et de la prison. Il ne suffit pas que la fortune d'Everard lui soit assurée, il faut encore qu'il en ait l'immédiate et libre disposition; mais, à la demande qu'il lui adresse effrontément, le maître d'école répond par un refus formel : « Elise, dit-il, n'aura le capital de ma fortune qu'à ma mort. » C'est, entre ces deux hommes, entre le crime et l'amour, un duel de sang-froid. Une voiture est prête, Everard va partir pour ne pas voir déshonorer le nom que portera sa fille. Il appelle Elise et lui fait ses adieux; mais la douleur de cette séparation est trop forte pour lui; il se trouve mal. On apporte de l'eau et l'on fait boire l'instituteur qui se ranime, puis, tout à coup, fixe des yeux hagards sur le verre à demi-vide. — « Qu'est-ce que ce breuvage? » demande-t-il; on lui répond que Varade a jeté dans le verre quelques gouttes du flacon bleu volé par Bux : il est empoisonné! Comme il se relève, alors; assassiné par Varade et mourant pour sa fille, il est délié de son serment à la morte : — « J'ai, dit-il, le ciel dans le cœur et le cantique de Siméon sur les lèvres! » — Puis, quand il a livré Varade à la justice, il s'agenouille devant le portrait de Mme Dellemare, entend Elise, délivrée, l'appeler son père, et meurt plein de joie, emportant du bonheur pour l'éternité.

Ce drame, dont se dégage une idée puissante et féconde, contient des épisodes charmants, des situations émouvantes, des sentiments généreux exprimés avec éloquence. Sa réussite fut considérable, et le comédien se vit unanimement associer aux succès de l'auteur. Puissant et paternel, il avait, dans ce rôle fait de courage et de tendresse, trois scènes surtout où son talent brillait d'un éclat incomparable. Dans la première, le maître d'école fait réciter à un enfant *la Cigale et la Fourmi*, de Lafontaine. Arrivé à l'endroit où la fourmi, prudente et avaricieuse, raille méchamment la cigale en détresse, le petit bonhomme se met à rire. — « Pourquoi ris-tu? » demande Everard, d'une voix subitement attristée. — « Dame, fait l'enfant, c'est drôle, ce que dit la cigale. » — « Non, c'est mauvais », reprend le maître d'école, et il enseigne au gamin le bonheur de partager son bien avec l'être qui pâtit, fût-ce par sa faute. — Frédérick, qui avait emprunté pour ce dialogue l'aspect de Béranger, donnait la douce leçon de charité avec une physionomie ouverte, un accent pénétré, une effusion de cœur vraiment admirable. — La seconde des scènes merveilleusement réussies par Frédérick, est cette fin du troisième acte, qui montre Everard contraint de marier sa fille à l'aventurier qu'il méprise. Tandis que l'acteur lisait d'une voix brisée les articles du code, son regard, attaché sur Elise, peignait tant d'angoisses et de supplications encourageantes qu'un soupir de soulagement s'échappait de la poitrine des spectateurs au *non* courageux de la jeune fille. — L'agonie d'Everard, enfin, donnait à Frédérick l'occasion d'effets poignants et superbes : c'était l'extase dans ce qu'elle a de plus religieusement sublime. — Bouquets, bravos, rappels, rien ne manqua, le premier soir, au triomphe de l'artiste, qu'on attendit même à sa sortie pour lui faire cortége. Et la presse, cette fois encore, confirma l'arrêt flatteur du public.

Frédérick se révèle sous un aspect tout nouveau dans *le Maître d'école* — disait Paul de Saint-Victor, dans *la Presse*. — Sa voix s'est apaisée, son geste s'est agrandi, son jeu s'est voilé de mélancolie. C'est l'automne pâlissant et pur d'un grand talent qui se recueille après les orages. Il y a du clair-obscur dans son regard et dans sa parole. On dirait une de ces soirées extraordinaires dont les crépuscules sont des phénomènes.

En face de la tragédie, — écrivait M. Edouard Thierry, dans *le Pays*, — Frédérick-Lemaître a été jadis un acteur osé, aventureux, hasardant tout dans ses contrastes; en face du réalisme de nos jours, Frédérick-Lemaître est un tragique de la plus belle école. Il néglige le détail, le pittoresque, les habitudes de la vie humble et les manies de la profession; il est un héros, il est un sage, il est un prêtre et un martyr sous les habits du maître d'école.

Frédérick, — déclarait M. Henri Rochefort, dans *le Charivari*, — Frédérick s'est élevé, au troisième acte, à une hauteur qu'il n'a jamais dépassée, j'en suis sûr, aux meilleures époques de son talent. Il est magnifique de noblesse et de familiarité digne, notamment dans la scène où il avoue qu'Elise est sa fille. Il n'a pas dit une phrase de trois lignes qui ne provoquât cinq minutes d'applaudissements. — Frédérick, qu'on avait dans ces derniers temps remis en discussion, a résumé les débats en démontrant péremptoirement qu'il était toujours le *grand comédien*, et, qu'en fait d'art, 1836 et 1859 ne sont pas si éloignés qu'on le croit. Le niveau de son organe est un peu descendu peut-être, mais la puissance relative en est restée la même. C'est un diapason plus bas d'un quart de ton, voilà tout. On lui a fait, d'ailleurs, un de ces accueils comme le public n'en garde plus que pour le dieu du boulevard.

Parallèlement aux critiques de profession, un grand poète jugeait l'œuvre, tandis qu'un grand historien appréciait l'interprète.

Vous venez encore de faire là une œuvre forte et douce, — écrivait Victor Hugo à M. Paul Meurice. — Vous faites rire, sourire, rêver, penser, pleurer. La scène finale du premier acte est un chef-d'œuvre. Votre Everard est le Saint-Michel de la douceur. Et la scène de la fable! comme c'est joli et comme c'est grand! — L'action poignante, réelle, intime, se tord de scène en scène avec une angoisse qui ne nous quitte que dans la sérénité douloureuse du dénouement. Everard n'a pu dire *ma fille*, mais il a pu entendre *mon père*. On ferme le livre sur cette larme profonde et l'on rêve!... »

Je vous sais gré, — écrivait à son tour Michelet, ému par Frédérick-Lemaître, — je vous sais gré d'avoir donné à cet homme immortel une telle occasion de montrer une autre jeunesse. Il n'eût pu jouer cela plus tôt, dans cette suavité adorable qui a emporté les cœurs, le mien surtout... »

Le Maître d'école, après cinquante et une représentations courues, fut interrompu par un été précoce. Frédérick alla le jouer dans divers départements, qui l'accueillirent avec une faveur marquée. Puis, le comédien revint à Paris, où des reprises applaudies du *Vieux Caporal*, de *Don César* et de *Trente ans* conduisirent l'Ambigu à la première représentation du *Marchand de coco*, que la censure avait rendu après l'avoir fait passer de la Terreur rouge à la Terreur blanche, et dont on attendait le plus brillant résultat.

28 Décembre 1859. — *Le Marchand de coco*, drame en cinq actes, par MM. Ad. d'Ennery et Ferdinand Dugué. — Rôle de *Gaspard*.

Nous sommes en 1814, sous la première Restauration. Le marchand de coco Gaspard, en regagnant son domicile, après une journée employée à débiter son liquide, a rencontré, par les rues de la ville, une jeune fille exténuée et mourant de faim; saisi de compassion, il l'a recueillie, installée dans une mansarde, et lui donne la moitié de son gain, supportant avec l'impassibilité d'une conscience pure les reproches de sa ménagère qui l'accuse de dissiper au cabaret la meilleure partie de sa recette. La protégée de Gaspard est la fille du général Bernard, disparu dans une tentative militaire en faveur de Napoléon; son cousin et son fiancé, le capitaine Georges, blessé dans la même affaire et décrété d'accusation, a été séparé d'elle par les événements; elle errait à sa recherche quand Gaspard l'a sauvée. Elle a été comprise dans le procès de sa famille et condamnée par contumace. Sans ses beaux yeux, on la déroberait pourtant à toutes les recherches; par malheur, un certain Fauvel a remarqué la jeune fille; il l'attend au passage et lui débite la plus injurieuse déclaration. Louise le repousse avec mépris et appelle à son secours; le père Gaspard, accourant d'une rue voisine, reconnaît dans Fauvel un sien cousin, et, au lieu de le rouer de coups, le raille impitoyablement sur sa laideur et ses prétentions galantes; après quoi, Louise rentre chez elle, et Fauvel, éconduit, s'éloigne avec colère en jurant de se venger.

Il a bientôt découvert et la demeure et le secret de Louise; il lui dépêche alors un coquin subalterne pour l'avertir que son fiancé Georges, blessé et caché, la réclame. La jeune fille accourt, les portes se ferment derrière elle et elle se trouve en présence du malfaisant amoureux. Elle lui tient tête, crie à l'aide, et brise un carreau de la fenêtre. Au même moment, on entend résonner dans la rue la sonnette du marchand de coco. Fauvel, déconcerté, pousse Louise dans une pièce voisine, ouvre sa porte, et tâche de donner le change à Gaspard par l'aplomb avec lequel il le reçoit. Mais le bonhomme, qui a tout deviné, traîne sa visite en longueur et finit par s'inviter à déjeuner sans façon. Le traître imagine de se débarrasser de Gaspard en le grisant, et le marchand de coco, s'excusant sur son peu d'habitude qu'il a du bon vin, s'endort bientôt les coudes sur la table. Fauvel envoie chercher un fiacre pour reconduire l'ivrogne et se dirige vers la chambre où est Louise; Gaspard se relève alors, l'œil étincelant; son ivresse et son sommeil n'étaient qu'une ruse; il saisit les couteaux de la table, saute sur le misérable et le contraint à délivrer Louise qu'il emmène dans la voiture commandée par Fauvel.

Gaspard conduit Louise à sa femme, qui apprend de la sorte à quelle œuvre charitable était employé l'argent gardé par le brave homme. Elle, de son côté, a recueilli un ouvrier charpentier, blessé à l'épaule; ce charpentier, on le devine, c'est le fiancé de Louise, le capitaine Georges. La reconnaissance s'opère avec les transports d'usage, et les personnages n'auraient plus qu'à être heureux si Fauvel, suivi de soldats et d'agents de police, ne pénétrait dans la petite maison du marchand de coco. Louise a le temps de fuir; Fauvel, furieux de la manquer toujours, fait arrêter Georges ainsi que la femme et la fille de Gaspard, coupables de l'avoir recueilli. Gaspard, désespéré, se jette sur les soldats qui emmènent ceux qu'il aime; il reçoit dans le côté un coup de baïonnette, tombe presque mourant, et n'a que la force de saisir sa sonnette et d'en envoyer, comme un adieu, les tintements aux prisonniers.

Le pauvre homme est en grand danger. Non content de

le mal soigner, Fauvel le séquestre dans sa propre maison et essaie de lui arracher, pendant la fièvre et le délire, le secret de la retraite de Louise. Celle-ci, rendant au marchand de coco le bon office qu'elle en a reçu, éloigne Fauvel, pénètre dans le grenier où gémit Gaspard, le réconforte et l'emmène.

Fauvel le rattrappe cependant et le fait conduire à la Force. Il s'en échappe pour pénétrer à la Conciergerie, où sont enfermés sa femme, sa fille et ses protégés. Gaspard a repris son commerce et il explique au geôlier que sa fontaine, remplie, d'un côté, de coco pour les prisonniers, contient, de l'autre, un bon vin destiné à ceux qui les gardent et qui passent ainsi par dessus les règlements ; geôlier et guichetiers se mettent à boire en applaudissant, mais le vin que leur sert Gaspard est narcotisé et ils s'affaissent bientôt sur les bancs et sur les tables. Sans perdre de temps, Gaspard prend leurs clefs et ouvre la grille qui sépare les siens de la liberté ; Fauvel se dresse devant lui et veut l'arrêter ; il lui paie d'une balle dans la tête ses nombreuses traîtrises ; mais la détonation donne l'éveil, la grille est refermée et les prisonniers se regardent avec une anxiété nouvelle quand des coups de canon retentissent, suivis aussitôt de grands cris de joie : Napoléon est revenu de l'île d'Elbe. La prison est ouverte, les personnages, délivrés, s'embrassent, et le brave Gaspard fait tinter gaiement sa sonnette à la gloire de la France.

En sautant de 1793 à 1815, la pièce était tombée dans le vide. Ses personnages sont nuls, ses situations fausses, son dialogue semé de rengaînes. Le comédien, par la beauté de ses attitudes et de sa mimique dans les scènes d'ivresse et de maladie, lui valut pourtant un demi-succès. Mais, bien que la direction, trompée dans son espoir, publiât d'hyperboliques réclames en répandant le bruit que Gaspard devait être la dernière création de Frédérick-Lemaître, les recettes du *Marchand de coco* descendirent promptement à des chiffres médiocres, et Frédérick dut reprendre *Trente ans* pour compléter les cinquante représentations qu'il avait promises.

Trois mois plus tard, un deuil cruel atteignait Frédérick-Lemaître. Sa mère, qu'il vénérait, et qui, depuis 1826, habitait avec lui, mourut subitement, le 9 mai 1860, dans sa quatre-vingt-troisième année. Par une étrange cruauté du sort, Frédérick, atteint alors de rhumatismes aigus, ne put rendre à la défunte les derniers devoirs. C'est d'une fenêtre où on le porta qu'il dit à sa mère l'adieu suprême. — « Triste année! » s'écrie douloureusement Frédérick en consignant dans ses notes particulières et son deuil et sa maladie. L'impossibilité où il fut de suivre le convoi de sa mère inspira au comédien la résolution de n'assister, par la suite, à aucunes funérailles d'étrangers : résolution pieuse, que les biographes, par ignorance ou méchanceté, ont maintes fois taxée d'égoïsme!

XIII

Courtes apparitions de Frédérick-Lemaître. — *Les Saltimbanques*. — L'Etat pensionne Frédérick. — *Don César* au Châtelet. — La liberté des théâtres. — Un juge sagace. — *Le Comte de Saulles*. — On décore Samson. — Projet manqué.

En novembre 1860, Frédérick-Lemaitre, complètement rétabli, jouait *Don César* au théâtre de Versailles, dont son fils aîné venait d'être nommé directeur. Le 10 janvier 1861, il reprenait, au théâtre de la Gaîté, cet *André Gérard* qu'on avait jadis renvoyé au boulevard et pour lequel le boulevard se montra plus sévère encore que le quartier des Ecoles. Huit représentations suffirent au public, qu'une reprise de *Trente ans* trouva beaucoup plus favorable.

Il fut question, au mois d'octobre de la même année, d'une rentrée de Frédérick à la Porte-Saint-Martin, et une lettre de Marc Fournier nous donne à ce sujet d'intéressants détails. Des cinq manuscrits que lui avait soumis le comédien, le directeur en condamne quatre comme impossibles, et poursuit en ces termes :

De tout cela, ce qui me va le mieux, c'est *le Père Gachette*, dont la couleur populaire sourit à ma fantaisie, et dont les rôles sont assez soutenus. Le vôtre est bien fait, quoique, dans certains endroits, il manque de coloris et de sobriété ; mais, avec des retouches intelligentes, on peut en faire un très-bon rôle... Je m'en tiens donc au *Père Gachette*. Seulement, il reste convenu entre nous que si je m'entends avec d'Ennery, à qui j'ai touché deux mots de l'affaire, et s'il se charge de remanier entièrement *les Faiseurs* (rappelez-vous que, quoi qu'on dise, il est bien plus l'auteur de *Mercadet* que Balzac), nous tenterons cette grande entreprise et nous tâcherons de la mener à bien. Je suis particulièrement amoureux de cette idée d'essayer la grande comédie contemporaine à la Porte-Saint-Martin, et, je ne sais si je me trompe, mais il me semble que nous avons là, sous la main, un type et un titre qui peuvent nous y conduire.

Ainsi, voilà qui est dit. Ce sera *le Père Gachette*, ou ce sera *le Faiseur*, mais, à coup sûr, ce sera l'un des deux, et nous passerons après *la Grâce de Dieu*, dont vous jouerez le Loustalot.

— « Venez me voir », disait le post-scriptum de cette lettre ; Frédérick se rendit à l'invitation, mais l'entrevue n'eut pas le résultat qu'en attendait l'impressario, à qui parvenait, le lendemain, la déclaration suivante :

26 octobre 1861.

Mon cher Fournier,

D'après notre entretien d'hier, la question d'une pièce nouvelle est encore à résoudre.

Dans cette incertitude, il m'est impossible de prendre l'engagement de reparaître, sur le théâtre de la Porte-Saint-Martin, dans un rôle aussi nul que celui de Loustalot, rôle qui sera réduit à l'état de comparse par le spectacle que vous devez déployer dans la pièce.

Je vous ai en trop haute estime pour penser que vous m'en voudrez, ainsi que l'auteur à qui je dois plus d'un succès, de la résolution négative que ma dignité d'artiste me fait prendre.

Croyez, mon cher Fournier, que le jour où je pourrai remonter *heureusement* sur le théâtre que vous dirigez avec tant d'éclat sera pour moi un bien beau jour.

Agréez l'assurance des sentiments affectueux de votre tout dévoué

FRÉDÉRICK-LEMAITRE.

Moins philosophe que ne le croyait son correspondant, le directeur jeta des cris de colère, auquel Frédérick coupa court par ces lignes très-nettes :

27 octobre 1861.

Mon cher Monsieur Fournier,

Je suis désespéré qu'une pensée tout amicale, que la réflexion et les circonstances ne me permettent pas d'accomplir, m'attire autant de reproches. J'aurais désiré qu'il en fût autrement. Ne pouvant *rien* en ce moment, qu'il ne soit plus question de *rien!*

Recevez mes regrets et mes salutations.

FRÉDÉRICK-LEMAITRE.

Peu de rancunes tiennent contre l'intérêt; la carrière de *la Grâce de Dieu* terminée, Marc Fournier engagea Frédérick pour deux représentations de *la Tour de Nesle* d'abord, qui furent données les 20 et 21 avril 1862, pour une reprise de *Don César* ensuite, qui permit à la Porte-Saint-Martin de réparer quelque peu le grand désastre des *Volontaires de* 1814 (mai 1862). On parla même de reprendre alors *Paillasse,* mais le projet échoua, par suite de la mauvaise volonté d'artistes qui rendirent leurs rôles, et cet avortement fut cause que Frédérick, pressé par un besoin d'argent, s'engagea, deux mois plus tard, dans une périlleuse entreprise.

Lorsqu'il donnait, en 1852, des représentations au théâtre des Variétés, Frédérick s'était vu, à diverses reprises, sollicité de jouer le rôle de Bilboquet, dans *les Saltimbanques.* — « Messieurs, avait-il répondu, je ne m'aviserai jamais de toucher à une création irréprochable. » — Comment en arriva-t-il à être d'un avis différent, dix ans plus tard? Par besoin d'argent d'abord, nous l'avons dit plus haut, mais encore et surtout par désir de jouer un bon tour aux censeurs de l'époque. Il lui paraissait à la fois injuste et ridicule que l'exhibition de Robert Macaire fût interdite, quand des personnages évidemment calqués sur lui se faisaient applaudir dans *les Bohémiens de Paris*, dans *le Courrier de Lyon*, dans *le Fou par amour* et dans *Cartouche*. Son intention secrète était donc de ressusciter le bandit facétieux sous le carrick de ce Bilboquet, qu'on avait appelé souvent « un Macaire au petit pied. » Le tort du comédien fut de ne point s'assurer à l'avance des concours qui lui étaient nécessaires. Son traité avec MM. Dormeuil et Plunkett signé — traité qui lui assurait 10,500 francs pour les études et trente représentations des *Saltimbanques* — il advint que les acteurs ordinaires du Palais-Royal mirent obstacle, par leur refus, à un projet dont ils entrevoyaient plus clairement le danger que le profit. Resté seul de son avis et contraint de donner au rôle une allure tout autre que celle qu'il avait rêvée, Frédérick prit en dégoût l'entreprise; il fallut poursuivre néanmoins, et l'on aboutit finalement à un désastre. La première représentation des *Saltimbanques* fut lamentable ; seule, *la Valse de Faust*, empruntée à *l'Auberge des Adrets*, recueillit quelques applaudissements (16 août 1862). — « On faillit me siffler dans *les Saltimbanques*, nous disait Frédérick un jour, et l'on eut raison. Quand l'impossibilité d'y paraître en Macaire me fut démontrée, j'avais dû chercher une interprétation différente de celle d'Odry, dont je ne possédais ni le physique commun, ni l'apparence grotesque; je me trompai et fus mauvais, presque ridicule. J'avais eu, de plus, le grand tort de consentir à introduire dans le rôle une phrase contre Lamartine, qu'il était de bon goût de railler alors, je la supprimai dès le lendemain et j'acceptai mon insuccès du premier soir comme une expiation de cette mauvaise action que le souvenir de *Toussaint Louverture* aurait dû m'interdire. » — Cet aveu sincère nous défend d'insister sur l'erreur de Frédérick-Lemaître et sur un échec que beaucoup déclarèrent irréparable, et qu'il devait réparer bientôt de la façon la plus complète.

L'Etat n'attendit pas que Frédérick eût pris sa revanche pour lui décerner une récompense inusitée et par cela même des plus flatteuses. Un brevet de pension parvenait six mois plus tard au comédien, avec la lettre suivante :

Paris, ce 24 février 1863.

Monsieur,

Je vous annonce avec plaisir que, désirant vous donner un témoignage d'intérêt et de sympathie en souvenir de votre longue et brillante carrière, qui, j'espère, n'est pas encore terminée, je viens de vous allouer, sur les fonds de mon ministère, une indemnité annuelle de *deux mille francs*, dont les arrérages commenceront à être payés à partir du 1er janvier dernier.

Recevez, Monsieur, avec mes compliments, l'assurance de mes sentiments distingués.

Le Ministre d'Etat,
WALEWSKI.

Satisfait, comme de raison, Frédérick répondit aussitôt :

Paris, ce 25 février 1863.

C'est humblement, Monsieur le Ministre, que je vous prie d'agréer mes profonds remerciements pour la récompense inattendue dont vous venez de m'honorer.

Cette récompense m'est d'autant plus précieuse, Monsieur le Ministre, que tous les artistes savent qu'auprès de vous, le mérite, quelque faible qu'il soit, l'emporte sur la faveur. — Permettez-moi cette fierté.

Daignez agréer, avec l'expression de ma reconnaissance, Monsieur le Ministre, l'assurance de mon profond respect.

FRÉDÉRICK-LEMAITRE.

Frédérick ne fut pas seul à ressentir quelque orgueil de la décision ministérielle ; le Comité de l'Association des artistes dramatiques s'en émut et le témoigna par cette adresse délibérée en séance spéciale et transmise avec solennité au nouveau pensionnaire :

Paris, ce 4 mars 1863.

Monsieur et cher camarade,

La lettre que vous avez reçue de Son Excellence le Ministre d'Etat nous a comblés de joie.

En accordant à un comédien une faveur qui semblait réservée aux autres artistes, M. le comte Walewski vient de donner une nouvelle preuve de cet éminent esprit de progrès qui l'anime constamment.

Le comité est heureux que le choix de Son Excellence soit venu se fixer sur une de nos plus grandes illustrations.

Agréez, Monsieur et cher camarade, l'expression de nos meilleurs sentiments de confraternité.

Les Membres du Comité présents à la séance,

Bon TAYLOR, D. FONTENAY, DERVAL, E. VALNAY, MOCKER, H. OMER, A. LANDROL, LHÉRITIER, J. CHAUMONT, J. BERTHIER, Gabriel MARTY, E. GOUGET, SURVILLE, Eugène MOREAU, AMIDIEU, SAINT-MARC, TANNEY.

La libéralité qui consacrait officiellement le renom de Frédérick-Lemaître imposait presque à celui-ci l'obligation de démontrer qu'en dépit d'un récent insuccès il n'était point réduit encore à l'impuissance. Cette démonstration fut victorieusement faite, en juin 1863, par une série de représentations de *Don César* qui attirèrent, au théâtre du Châtelet, une foule extasiée.

Sur ces entrefaites, le gouvernement impérial décréta la liberté des théâtres. Ce n'était, au fond, que le droit pour les capitalistes de se ruiner en soutenant la concurrence des scènes subventionnées; on y vit pourtant, au premier moment, les plus engageantes promesses, et l'on accueillit ce bienfait apparent par des acclamations bruyantes. Frédérick ne fut pas un des moins enthousiastes. Son contentement se fit jour au banquet de Molière, du 15 janvier 1864. Là, rappelant le vœu qu'il avait exprimé dix ans auparavant en faveur de la libre interprétation des chefs-d'œuvre, le comédien remercia chaudement l'auteur de la mesure qui était, suivant lui, le signal de la régénération de l'art dramatique en France. — Illusion grave que le temps devait promptement dissiper!

Au mois de mars suivant, l'Ambigu-Comique acceptait d'Edouard Plouvier une pièce présentée successivement, en vain, à la Comédie-Française, au Vaudeville, à la Porte-Saint-Martin, et que recommandaient néanmoins l'élévation de sa donnée et l'éclat de son style. Frédérick-Lemaître connaissait l'œuvre de Plouvier; il avait exprimé, au sujet du rôle principal, un désir dont l'auteur se souvint pour lui faire offrir ledit rôle aux conditions suivantes : quinze répétitions gratuites, cinquante francs par répétition supplémentaire, et, pendant les représentations, dix pour cent de la recette brute (11). La proposition était des plus acceptables, et Frédérick l'accepta d'autant plus volontiers qu'il voyait dans cette création nouvelle l'occasion de racheter définitivement l'insuccès des *Saltimbanques.*

L'affiche de l'Ambigu-Comique annonça donc bientôt les représentations de Frédérick-Lemaître dans *le Comte de Saulles.* Cette annonce eut le don d'irriter un journaliste plaisant, que les circonstances devaient transformer plus tard en personnage politique, et qui faisait alors métier d'alimenter la badauderie parisienne de paradoxes plus ou moins réussis. Prenant texte de la réapparition de Frédérick, M. Henri Rochefort écrivit, dans *le Nain Jaune* du 6 avril, ces lignes tapageuses :

Non-seulement Frédérick-Lemaître n'a plus de talent, mais, sauf amende honorable, j'ai l'idée qu'il n'en a jamais eu.

Depuis le premier jour que j'ai vu Frédérick-Lemaître, jusqu'à ses représentations des *Saltimbanques* inclusivement, je l'ai toujours trouvé insupportable. Il est vrai que je ne l'ai jamais connu que déjà âgé. Il est difficile d'admettre que Frédérick ait été admirable pendant la première moitié de sa carrière dramatique et soit devenu, sans transition, détestable pendant la seconde.

Il y a évidemment quelque chose là-dessous. J'ai vu, il y a déjà cinq ou six ans, Frédérick-Lemaître dans *Don César de Bazan.* Il ne se sauvait même pas par son audace. Sa façon de lancer les mots comme un homme qui a avalé son rôle de travers, et de décrire un rond avant de ramasser son mouchoir, n'eût pas tardé à porter sur les nerfs d'un public non prévenu.

Or, j'ai vu des gens très-âgés ramasser leurs mouchoirs sans se croire obligé de décrire des ronds.

Du reste, je suis forcé d'avouer que la salle était transportée, mais comme cela n'empêchait pas que Frédérick ne fût très-mauvais, j'en ai conclu qu'il n'avait peut-être jamais été meilleur, et que le public lui avait toujours pardonné, comme il lui pardonnait à ce moment-là.

Un jugement aussi net aurait eu besoin de s'appuyer sur un considérant moins puéril. Un comédien peut arrondir son geste en ramassant un mouchoir sans être pour cela le sot ou l'homme médiocre que M. Rochefort découvrait dans Frédérick-Lemaître. L'article, d'ailleurs, manquait de sincérité; il suffit, en effet, de se reporter au chapitre du *Maître d'école* pour acquérir la certitude que, contrairement à son assertion, M. Rochefort n'avait pas *toujours* trouvé Frédérick *insupportable*. L'attaque, en somme, alla contre son but en groupant les sympathies des gens sérieux autour du comédien qui reparaissait le soir même et que des bravos de protestation saluèrent à son entrée.

6 Avril 1864. — *Le Comte de Saulles*, drame en cinq actes, par M. Edouard Plouvier. — Rôle du *Comte de Saulles*.

Après une vie de dissipation, M. d'Hortal est mort, laissant une veuve et un enfant sans fortune. Sa femme, jeune et belle, s'est remariée promptement avec l'amiral comte de Saulles. L'amiral n'était pas pour elle un ami nouveau. Jeune fille, il l'avait aimée et demandée, mais son grade d'enseigne de vaisseau, le brillant avenir ouvert devant lui, son mérite constaté n'avaient pu entrer en balance, aux yeux des parents, avec la fortune de M. d'Hortal. Quelques années après, Mme d'Hortal, malheureuse et négligée, avait vu revenir le comte de Saulles riche, couvert de gloire, et contre-amiral; l'amour ancien s'était réveillé, Jeanne avait oublié des serments imposés et de sa faute était résulté un fils accepté par M. d'Hortal avec la légèreté et l'indifférence d'un seigneur de l'autre siècle. A ses derniers moments, le mari a pardonné en exprimant même le désir que M. de Saulles épousât Mme d'Hortal : « Ma vie vous séparait, leur a-t-il dit, que ma mort vous réunisse ! » — Mariés enfin après une longue attente, M. et Mme de Saulles devraient être heureux; ils le seraient, en effet, sans l'enfant né de leur faute et qui passe aux yeux de tous et à ses yeux propres pour le fils de M. d'Hortal, dont il porte le nom. Léon d'Hortal a l'âge d'homme quand la pièce commence. Il adore sa mère, mais, à mesure qu'il a grandi, son aversion pour le comte, qui le protège et le choie cependant, s'est fait jour davantage. Pour vivre, pour terminer son éducation, il se contente obstinément des douze cents francs de rente que lui a laissés M. d'Hortal. Ce mince héritage lui a suffi jusqu'au jour où, lauréat de l'Ecole de Droit, il s'est fait inscrire sur le tableau des avocats. Déjà les clients lui arrivent. Il a fait gagner un procès important à M. Fromont, honnête et riche négociant de la rue du Sentier, dont il aime ardemment la fille. Son mariage avec celle-ci se décide; M. Fromont donne trois cent mille francs de dot à sa fille; il exige de Léon un apport égal, et M. de Saulles s'empresse d'offrir cette somme à son beau-fils; mais ce dernier refuse assez sèchement l'offre de l'amiral, déclarant qu'il entend ne devoir sa fortune qu'à lui-même.

Ce refus, qui fait ajourner le projet de mariage, contriste et irrite M. de Saulles. Il en demande la raison vraie au jeune homme. — « Je refuse votre fortune, répond Léon, parce que je hais votre personne. » — Et il raconte qu'il a découvert, tout enfant, que le comte poursuivait Mme d'Hortal de ses obsessions; il ne suppose pas que sa mère ait pu succomber, mais il en veut à M. de Saulles pour son enfance attristée, pour son cœur défloré, pour l'apprentissage de défiance et de doute qu'il lui doit. Cette confession faite, Léon ajoute qu'il lui est impossible de rester désormais au foyer du comte, et il part, malgré la douleur de l'amiral, malgré les larmes de sa mère. Entre ces deux proscrits de la paternité éclate alors une scène déchirante : reproches amers, retours désespérés vers le passé, remords aigus, plaintes touchantes, toutes les cordes de la douleur humaine résonnent tour à tour dans ces âmes souffrantes : « Quel châtiment! » dit la comtesse. — « Quelle justice ! » s'écrie l'amiral.

Léon d'Hortal est allé s'établir chez le docteur Joseph, ami de sa famille, et y attend vainement les causes. Un client lui arrive pourtant, c'est M. de Saulles. Un ancien camarade, le capitaine de frégate Lalande, vient de mourir après avoir fait le comte son légataire universel; un cousin du défunt accuse l'amiral de captation ; c'est moins l'héritage qu'une réparation d'honneur que M. de Saulles demande aux tribunaux : Léon ne laissera pas flétrir le nom que porte sa mère, il plaidera, et voilà le comte presque heureux d'un outrage qui l'a rapproché de son enfant !

Cependant, Mme de Saulles, désespérée de ne plus voir

son fils, est tombée dangereusement malade; le comte, ne voulant pas séparer plus longtemps l'enfant et la mère, se décide à reprendre du service. Pendant ce temps, le procès marche. Un marin, vieux serviteur du capitaine Lalande, accourt auprès de l'avocat pour lui révéler des secrets étranges. Le prétendu legs n'est qu'une restitution. A la veille d'un long et périlleux voyage, cet argent avait été remis par l'amiral au capitaine, à titre de dépôt; il était destiné à un enfant mystérieux à qui M. de Saulles ne pouvait donner son nom. Cette confidence réveille toute la haine de Léon pour le comte. Quoi! ce dernier avait déjà un fils quand il a épousé Mme d'Hortal! Quoi! il a dérobé en même temps à l'époux mort la tendresse conjugale, à l'enfant vivant la tendresse paternelle! Là-dessus s'engage un entretien décisif entre le fils et le père : le premier amer, hautain; le second, triste, accablé, mais qui relève enfin la tête pour imposer silence à son accusateur. A l'issue de cet entretien, l'amiral, qui pense ne plus revoir Léon, le prend par les deux mains, le jette sur sa poitrine et l'embrasse éperdument. Ce baiser est une révélation pour Léon, révélation que Mme de Saulles complète par quelques mots qui, sans qu'elle s'en doute, confessent son secret. Que faire? Se jeter aux pieds de l'amiral, lui demander pardon, l'appeler son père, c'est condamner sa mère à rougir devant lui; c'est perdre Marthe, que ses parents ne consentiront jamais à laisser entrer dans une famille souillée par l'adultère. Léon a une inspiration délicate. Il gagne le procès de M. de Saulles, va trouver l'amiral, et, d'une voix émue, lui annonce qu'il accepte comme honoraires les trois cent mille francs qu'il avait refusés comme dot. Le comte, à ce mot, devine que le jeune avocat sait tout et le presse avec effusion dans ses bras. Léon épouse Mlle Fromont, et l'amiral, heureux de pouvoir dire aux jeunes époux « mes enfants », renonce à reprendre du service. Quant à la comtesse, elle ignorera toujours que Léon connaît sa faute.

L'auteur du *Comte de Saulles* n'était point un faiseur vulgaire. Personne ne prenait son art plus au sérieux et ne se donnait plus de mal pour obtenir un succès. Ce succès, jusque-là, lui avait été marchandé par les feuilletonistes qui voulaient bien reconnaître à Plouvier quelque ingéniosité, mais l'accusaient, par contre, d'effort, d'indécision ou d'inhabileté. *Le Comte de Saulles* fut à la fois pour la critique une surprise et pour l'auteur une réhabilitation. La pièce est nettement conçue, bien menée, écrite d'un style ferme et sobre. La terrible question de l'adultère y est présentée sous une face nouvelle et saisissante : la faute du père et de la mère punie par l'enfant même qui en est le fruit. Des caractères vrais, des situations fortes, des scènes pathétiques ou naïves affirmant l'honnêteté de l'idée principale, tout se réunissait pour mériter au drame le chaleureux accueil qui lui fut fait.

Il ne l'eût pourtant pas rencontré, cet accueil, avec un autre interprète que Frédérick-Lemaître. L'acteur, en effet, servit merveilleusement le poète. Plouvier, que nous connûmes précisément à cette date heureuse, nous disait alors suivre avec autant d'étonnement que de joie les répétitions de sa pièce. Chaque jour, Frédérick avait des trouvailles de gestes ou d'intonations qui éclairaient le rôle de lueurs imprévues. — « Quel artiste! disait Plouvier, heureux au total des mésaventures qui avaient conduit *le Comte de Saulles* à l'Ambigu; il a une majesté et une puissance incroyables; il crée, dans ma pièce même, une pièce que je ne soupçonnais pas et qui est plus intime, plus profonde, plus passionnée, plus humaine que la mienne! » — Nous avons dit les applaudissements qui accueillirent le comédien à son entrée, en façon de réplique à l'offense étourdie de M. Rochefort; ces applaudissements se reproduisirent à chacune des scènes où il figurait, pour se fondre, au baisser du rideau, dans une acclamation unanime.

La clef du rôle du comte de Saulles et le secret de sa grandeur sont dans ce contraste : l'homme si doux, si patient devant les cruautés et les injures d'un enfant qui le méconnaît, est cependant un audacieux navigateur, le héros de plus d'un combat terrible. Sa paternité se martyrise volontairement par devoir; mais, à travers les déchirements de son âme assoifée d'affection, quelle noblesse, quelle hauteur, quelle majesté !

Deux détails de ce rôle sont restés présents à notre mémoire. A la fin du deuxième acte, Léon quitte l'hôtel de Saulles; le bruit de la porte qui se ferme, pour toujours peut-être, entre son fils et lui, retentit au plus profond du cœur de l'amiral : « Avez-vous entendu? » lui demande Mme de Saulles, et le pauvre père s'écrie en sanglotant : « Elle me demande si j'ai entendu! » — La douleur l'étouffe, il tombe anéanti sur un fauteuil... Là, comme pour échapper à une apoplexie de désespoir, Frédérick arrachait sa cravate, déboutonnait son gilet, ouvrait sa chemise et mettait presque sa poitrine à nu dans un mouvement superbe que nul autre, certes, n'eût osé risquer. — Le second détail est un mot ou plutôt l'intonation extraordinaire donnée à ce mot. Faisant au docteur Joseph l'éloge de son fils, M. de Saulles s'écrie, au troisième acte : « Qui ne l'aimerait! il est beau, il est noble, il est bon, il est fier ! » — Tous les acteurs eussent dit avec un tremblement ému ce mot : *il est fier*, qui est la constatation d'une vertu dont le père souffre cruellement; dédaignant cette intention banale, Frédérick le lançait avec une satisfaction rayonnante, en l'accentuant d'un geste qui semblait dresser dans le ciel le piédestal de son enfant. Cette fierté faisait son supplice, sans doute, mais elle était la constatation évidente de sa paternité et devenait ainsi pour lui sujet de sincère enthousiasme.

Vivement applaudi le premier soir, jugé flatteusement par la critique entière, *le Comte de Saulles* affectait néanmoins des allures trop sages pour attirer longtemps le public du boulevard; aussi disparut-il de l'affiche après quarante et une représentations; mais le résultat voulu par Frédérick avait été complètement atteint : nul désormais ne pouvait, sans injustice, proclamer sa décadence; l'amiral de Saulles rejetait Bilboquet dans l'éternel oubli.

Au moment où Frédérick, glorieux d'un nouveau laurier, quittait pour un temps le théâtre, le gouvernement impérial décorait, pour la première fois, un artiste dramatique. Samson, doyen du Théâtre-Français, bénéficia de cette mesure, qui perdait de son importance par ce fait qu'elle avait été longuement sollicitée et que le comédien décoré ne jouait plus la comédie. — « C'est ma croix que va porter M. Samson », s'écria Frédérick, à la lecture du décret. L'opinion publique en jugea comme lui. Mais, quoi ! Par cela même qu'il était un homme de génie, un créateur, peignant avec un geste, sculptant avec un pli des lèvres, embrassant des mondes dans sa pensée ardente et répandant sur une œuvre cette lueur vive, l'idée, Frédérick n'avait pas eu l'existence exempte d'accidents, de tourmentes et d'orages que les dirigeants admiraient surtout chez Samson. Et puis, il ne jouait pas le répertoire ! Quand cette dernière objection parvint à ses oreilles, le comédien y répondit en frappant à la porte du Second Théâtre-Français, et la lettre suivante nous fait connaître les propositions qu'il y porta et l'accueil qu'elles reçurent :

Paris, le 26 août 1864.

Mon cher Frédérick,

Je reproduis ici les points principaux de notre conversation.

Donc, vous jouerez, en novembre prochain, *l'Avare*, *Tartuffe*, etc., après répétitions, bien entendu, à moins que les recettes du *Marquis de Villemer* nous fassent maintenir la pièce sans interruption sur l'affiche, auquel cas vous redeviendriez libre de disposer de vous-même.

Je vous offre, au-dessus de 1,200 francs, le partage du bénéfice de la recette.

Bien cordialement à vous,

Ch. de la ROUNAT.

Harpagon, Tartuffe : on a bien lu. Frédérick savait les rôles à l'époque dite ; ce ne fut pas sa faute si l'éventualité prévue par le directeur se produisit et si George Sand jugea bon de ne point s'effacer devant Molière !

XIV

Les Dernières armes de Robert Macaire. — *Le Père Gachette.* — *Le Crime de Faverne.* — Une soirée. — Mort de Mme Lemaître. — *La Femme en blanc.* — *Vautrin* à l'Ambigu-Comique. — Littérature d'antichambre.

De 1864 à 1867, Frédérick-Lemaître ne fit que reprendre *Trente ans* à l'Ambigu-Comique, et figurer, sur divers théâtres, dans des représentations à bénéfice. Ce n'était pas que les directeurs parisiens lui épargnassent leurs instances. En janvier 1865, Chilly le sollicitait de rejouer *Lisbeth* à l'Ambigu; quelques mois après, M. Harmant lui offrait le Vaudeville pour y reprendre *Kean;* en 1865, enfin, MM. Anicet-Bourgeois et Ernest Blum écrivaient à son intention un mélodrame comique, intitulé *les Dernières armes de Robert Macaire*, que l'Ambigu s'empressa d'accepter, mais que le comédien refusa, bien qu'on lui assurât, pour le jouer, la somme respectable de vingt mille francs. — « Je suis trop vieux pour faire la parade », déclara nettement Frédérick. — « Soit, répondirent les auteurs, *les Dernières armes de Robert Macaire* resteront complétement inédites. » — Mais, six mois plus tard, revenant sur cette parole, ils recopiaient leur pièce en changeant son titre pour celui du

Major Trichmann, et la faisaient représenter à la Gaîté, où le public la siffla avec un rare ensemble.

La prudence de Frédérick était récompensée. Après avoir été Robert Macaire en sa force, il avait eu raison de ne pas l'être en sa faiblesse. On ne se recommence pas et rien ne se ressuscite moins facilement qu'un succès, parce que le public en veut toujours un peu à celui qui l'a fait. Un rôle, d'ailleurs, préoccupait exclusivement Frédérick-Lemaître à cette époque, celui de ce *Père Gachette*, que nous avons vu Marc Fournier accepter dès 1861, sans que cette quasi-réception amenât, en cinq années, la moindre tentative de mise en scène. La mort de l'auteur, qui survint en mai 1866, rappela son œuvre à la mémoire du directeur. Par un traité signé le 2 août suivant, Marc Fournier engagea décidément Frédérick-Lemaître pour répéter *le Père Gachette*, de feu Paulin Deslandes, à raison de cinquante francs par répétition, et pour le jouer moyennant un traitement de dix pour cent sur les recettes brutes (12). *Le Père Gachette*, mis au point par Amédée Rolland, fut effectivement répété, en novembre 1866, à la Porte-Saint-Martin; mais diverses circonstances empêchèrent de mener à bien ces études, et le drame passa, avec son interprète, aux Folies-Dramatiques, dirigées par M. Moreau-Sainti (13).

13 Juin 1867. — *Le Père Gachette*, drame en cinq actes et huit tableaux, par Paulin Deslandes. — Rôle de *Gachette*.

La scène est à Paris, en 1814. Le père Gachette est un serrurier de la vieille école; il ne sait pas lire, mais il connaît à fond les plus rares secrets des maîtres en serrurerie de l'ancien régime. C'est, de plus, un homme excellent. Il a jadis sauvé du désespoir et ramené au travail un jeune maçon, Saverne, qui est devenu un architecte distingué et qui a voué une reconnaissance sans borne au serrurier qu'il emploie comme contre-maître. Nous apprenons en outre, au lever du rideau, qu'il a éteint la veille un incendie qui s'attaquait à une maison de fous, et nous le voyons adopter une petite pauvresse qu'on appelle la « Malpeignée » en raison des cheveux en broussailles qui lui tombent d'ordinaire sur les yeux. Cette pauvresse est une orpheline sans nom, âgée de seize ans à peine, et qui sert de souffre-douleur à un gargotier louche appelé Lorrain, et à sa femme La Taloche, une mégère qui la roue de coups. L'enfant a sa niche dans le taudis de cet affreux couple, mais non la pâtée. Tous les matins, on la jette dehors avec une bourrade, et on l'envoie chercher sa vie entre les pavés. Gachette, ému, enlève la petite à ses tortureurs; tout d'abord, il la débarrasse de son vilain sobriquet : la Malpeignée s'appellera désormais Etoile. Comme le serrurier vient d'accomplir cette bonne action, un homme en grande livrée l'aborde avec mystère et l'invite à le suivre au faubourg Saint-Germain, chez le duc d'Aubigny, où l'attend un fort salaire. Pour lui seul, Gachette eût refusé; pour Etoile, il accepte.

Le duc d'Aubigny, qui a entendu parler des talents merveilleux de Gachette, l'envoie chercher pour ouvrir un curieux coffret en fer ciselé dont il n'a pu trouver le secret. La difficulté pique le compagnon; il palpe le coffret, le scrute, l'interroge et en a bientôt pénétré le mystère. La cassette contient des papiers que le duc se réserve d'examiner à l'aise. Mis en belle humeur par son succès, le père Gachette parle avec lyrisme de son art et vante l'usage qu'on en faisait autrefois : portes masquées, armoires de fer, cages ingénieuses dont on se servait pour mettre les bijoux ou les papiers de famille à l'abri du feu ou pour déjouer les poursuites de quelque ennemi. Une de ces chambres de fer existe dans l'hôtel d'Aubigny même, et Gachette en connaît une seconde à l'hôtel de Rouville; il en révèle l'existence au duc que semble intéresser vivement son récit, et prend congé de lui après avoir refusé simplement la bourse qui lui était offerte.

Le serrurier regagne son modeste logis. Etoile, de souillon méchante qu'elle était, se métamorphose en belle et bonne fille. Gachette l'y aide par ses soins touchants et ses câlineries paternelles. Il lui a cédé son lit, dort dans un fauteuil, et, tandis qu'elle fait la grasse matinée, lui nettoie le ménage et confectionne une soupe aux choux. Etoile est ignorante à ce point que le nom de Dieu même l'étonne; c'est la prière que Gachette lui apprend d'abord, et la sainte parole tombe en un terrain si favorable qu'Etoile, d'elle-même, quitte le serrurier pour aller à l'église. Pendant l'absence d'Etoile, Saverne arrive chez Gachette pour confier à son vieil ami le grand secret de sa vie. Il a, dans sa jeunesse, aimé une noble demoiselle dont il a eu une fille. La mère et l'enfant ont disparu dans la tourmente révolutionnaire. Saverne s'est vainement informé en tous lieux. Une fois, cependant, renversé à Coblentz par une calèche de voyage, il a eu le temps de reconnaître, dans la voiture, Marguerite, son infidèle amante. Il vient de la rencontrer de nouveau à un bal donné par le ministre des travaux publics, il sait qu'on l'appelle la duchesse d'Aubigny et il est bien résolu à lui redemander son enfant. Comme Saverne achève sa confidence, Etoile rentre, toute joyeuse. Dans l'église où elle priait à haute voix, une belle dame l'a entendue, s'est intéressée à elle et va lui apporter des cadeaux. La dame arrive, en effet; c'est la duchesse d'Aubigny. Saverne, comme on pense, ne laisse pas échapper l'occasion d'obtenir d'elle les explications qu'il attend depuis seize années. Marguerite explique son mariage par la nécessité de sauver son père de l'échafaud; par malheur, elle ne sait ce qu'est devenue sa fille. C'est le duc qui fera retrouver les traces de l'enfant perdue. Il a saisi dans le coffret ouvert par Gachette, des lettres et un portrait qui lui ont révélé le roman de sa femme et le nom de celui qu'elle a aimé; sa haine perspicace a découvert qu'Etoile est le fruit de leur amour, et il essaie de la faire retomber dans les mains de Lorrain et de La Taloche; mais il a compté sans Gachette qui le défie de lui ravir sa fille adoptive. Le bonhomme est secondé par Saverne et par la duchesse, qu'une lettre édifie sur l'état-civil d'Etoile : force est donc au duc d'Aubigny de faire une retraite humiliante, mais il s'en vengera.

Son plan de vengeance commence à s'exécuter dans un cabaret de barrière où se célèbre la noce d'un des ouvriers de Saverne. Les agents du duc sont chargés de griser le père Gachette, ce qui n'est pas une opération difficile. Pendant ce temps, La Taloche remet à Saverne une lettre par laquelle la duchesse le prie de lui amener sa fille, qu'elle n'a pu embrasser encore. Saverne et Etoile, sans défiance, suivent la mégère, tandis que Gachette, dont la tête et les jambes sont perdues, est bâillonné et enlevé par Lorrain, aidé de deux estafiers robustes.

Le duc n'a pas oublié l'entretien qu'il a eu avec Gachette. Il a fait acheter par son intendant l'hôtel de Rouville ; c'est dans le pavillon où se trouve la chambre de fer que le duc conduit sa femme qu'il abhorre et qui le méprise, c'est là que La Taloche amène Etoile et Saverne. Malgré sa joie de les revoir, la duchesse s'étonne pourtant de les rencontrer en cet endroit. Saverne montre le billet que lui a remis La Taloche ; ce billet est faux et la duchesse le constate avec épouvante. — « C'est une trahison, fuyez ! » s'écrie-t-elle. — Au même instant, un bruit de chaînes et d'engrenage se fait entendre ; des murailles de fer s'élèvent du plancher, tandis que des voûtes de fer s'abaissent du plafond : le père, la mère et la fille sont enfermés dans une prison d'airain. C'est le père Gachette qui les emprisonne sans le savoir. On a profité de son ivresse ; moyennant une bourse pleine d'or, qu'il se propose de donner à Etoile, il a consenti à faire jouer les ressorts d'une chambre de fer. Ce travail accompli, il entend des cris, il croit reconnaître des voix, et, pris d'un soupçon terrible, il veut rouvrir l'effroyable machine ; on le renverse alors d'un coup de feu, et, toujours bâillonné, on le reporte dans le cabaret et sur le banc où on l'a pris.

Il se réveille au bruit d'un coup de feu tiré par un invité de la noce. Les événements de la nuit lui reviennent confusément à la mémoire ; il les raconte pourtant avec énergie, mais on l'écoute en hochant les épaules. La bourse donnée par le duc lui a été prise par Lorrain ; la blessure qu'il a au cou est attribuée à l'invité maladroit ; quelle preuve peut-il donner de l'aventure étrange dond il se prétend le héros ? — « Vous avez rêvé cela », lui dit-on. — Gachette, qui sent que tout retard peut être fatal à ceux qu'il aime, essaie en vain de convaincre les incrédules ; plus il s'anime, plus on doute ; on le conduit enfin dans une maison de santé, comme atteint de folie momentanée.

Cette maison est celle que Gachette a préservée quelque temps auparavant de l'incendie. On l'y traite avec tous les égards possibles, mais la seule chose que réclame le pauvre homme, la liberté, lui est obstinément refusée. Il obtient cependant qu'un de ses compagnons et le docteur fassent avec un commissaire de police perquisition à l'hôtel d'Aubigny ; on n'y trouve rien de suspect et l'on rapporte à Gachette une lettre où Saverne le prie de ne s'inquiéter ni de lui, ni d'Etoile. Gachette croit reconnaître que cette lettre est fausse et n'en est que plus ardent à s'échapper; il y parvient en mettant le feu à l'hospice.

On le poursuit et on le rejoint dans un parc au moment où il ramasse une pipe qui lui appartient et qu'il croyait perdue. Il est donc venu déjà dans cet endroit? Il examine les lieux, se frappe le front, et, sans dire une parole, se précipite sur un pavillon qu'éclaire la lune. C'est le pavillon de Rouville. Un simple effort, les ressorts jouent de nouveau et la chambre de fer rend ses trois prisonniers, tandis que le duc d'Aubigny meurt de la main de Lorrain et de La Taloche, ses complices.

Le Père Gachette contient, au premier acte, des scènes populaires bien observées, mais il dégénère bientôt en mélodrame violent, niais, invraisemblable. Qu'importait à Frédérick? Ne savait-il pas, du premier motif dramatique venu, faire jaillir l'émotion, la terreur, la pitié, les larmes ou le rire? Jamais il ne le prouva mieux que dans cette pièce bâtarde. Qu'il était charmant et plein de bonhomie avec cette Etoile dont il soignait également et le corps frêle et l'âme ignorante! Qu'il était digne et plein d'aisance en face du duc d'Aubigny! Quel parfum de respectable galanterie quand il mettait ses gants de filoselle pour donner la main à la mariée! Et, dans ce même tableau de la noce, quelle réjouissante ivresse de bon vivant trompé par le rubis des verres!

Mais où le comédien fut surtout admirable, c'est dans l'acte auquel la maison des fous sert de cadre. Gachette, enfermé par un sentiment d'humanité mal compris, compte les minutes. Chaque instant qui s'écoule augmente les chances de mort pour Etoile et Saverne; il le sait et crie au médecin, aux surveillants, aux aliénés eux-mêmes l'histoire de la chambre de fer. Il contient néanmoins sa colère, qu'on pourrait taxer de folie furieuse. Parmi ceux qui l'écoutent, les uns plaignent Gachette, les autres se moquent de lui; les déments seuls entrent dans son raisonnement, l'un d'eux lui dit : « Ecoutez, j'ai des ailes au dos, nous nous sauverons ensemble. » — Et le malheureux, éperdu, se demande : « Est-ce que vraiment je serais fou! A quoi reconnaît-on la folie? » — Il passa dans la salle, au moment où le pauvre homme, les coudes sur la table, se prenait à douter de lui-même, un frisson d'épouvante et de pitié.

Un des mouvements prêtés par Frédérick-Lemaître à Gachette est resté célèbre. Il se produisit à cette scène du dernier acte où le serrurier, conduit par le hasard dans le parc de Rouville, trouve à ses pieds la pipe qu'il a perdue la veille. — « Il la ramasse, dit M. Sarcey dans son compte-rendu de la pièce, il la regarde, il semble méditer, et nous voyons, sans qu'il dise un seul mot, ses réflexions passer sur son visage. Enfin, la vérité a lui : la chambre de fer est là, au fond du théâtre. Il se retourne et ôte résolûment sa veste. Nous n'apercevions plus que son dos; mais le geste dont il a écarté son habit a été si puissant; il disait si bien : « Ah! je tiens mon affaire, et ce ne sera pas long! » il a développé une carrure si formidable, une si implacable énergie, qu'il n'y a eu qu'un cri de l'orchestre aux loges. »

Toute la presse, sévère pour l'œuvre, acclama l'interprète. *Le Nain Jaune*, soucieux peut-être de racheter un tort ancien, se montra particulièrement favorable à Frédérick-Lemaître. Non-seulement M. Ranc, le lendemain de la représentation, y couvrit l'artiste de louanges délicates, mais un écrivain de race, M. J. Barbey d'Aurevilly, faisant, suivant son expression, un feuilleton du surlendemain, y écrivit plus tard une étude minutieuse de la création nouvelle de Frédérick-Lemaître, création qu'il déclarait nettement supérieure à toutes les autres.

En ses rôles les plus brillamment écrits et les plus heureusement inventés, — concluait le maître critique — Frédérick ne s'est jamais montré plus fort que dans le misérable *Père Gachette*, où il s'est révélé si différent de tout ce que nous l'avions vu toujours... A force de concentration, de réflexion et d'art, le Frédérick nouveau du *Père Gachette* est devenu plus surprenant que l'autre Frédérick que nous connaissions... Celui-ci, dans l'ensemble de sa physionomie dramatique, était ce que j'appellerais volontiers : « Un lyrique de la scène, » qui parfois touchait à l'emphase, et c'était même là la seule critique qu'on pouvait risquer contre cet homme formidable, quand on n'était pas médusé par la force intense et fascinatrice de son jeu. Mais le Frédérick du *Père Gachette* est le Frédérick de la simplicité, trouvée enfin, surprise, arrachée au Sphinx de l'Art, dont elle est le dernier secret ! Dans tous ses autres rôles, le foudroyant Frédérick n'était pas arrivé à ce point de vérité simple, tandis que l'y voilà, dans *le Père Gachette !* « Salut, Macbeth, roi ! » Je ne dirai pas qu'il y est l'artiste le *plus* consommé, parce que ce mot de consommé implique une idée absolue ; mais je dirai qu'il y est artiste consommé, et en disant cela j'aurai dit assez, car on ne peut pas dire plus. Toutes les qualités qui firent Frédérick autrefois sont ici, du reste ; mais elles y sont employées avec une discrétion, une sobriété, une sûreté, une profondeur qu'on ne saurait trop admirer, et qui démontrent en art la souveraine puissance.

Applaudie par les connaisseurs en fait d'art, comme une chose puissante et belle, la création de Gachette n'eut point le don de plaire aux habitués des Folies-Dramatiques. Le 3 juillet, Frédérick recevait de l'administration de ce théâtre une lettre l'informant que les representations du *Père Gachette*, produisant des recettes trop minimes, seraient suspendues le jour même. La pièce ne se joua donc que dix-neuf fois. Sa disparition subite étonna à ce point que, ne lui trouvant pas d'explication plausible, un chroniqueur du *Soleil* l'attribua simplement à un caprice du comédien. L'insinuation était méchante et présentée en termes tels que Frédérick ne put la lire avec indifférence ; il y riposta, le lendemain même, par la lettre suivante :

A Monsieur le Directeur du Soleil.

Lundi, 8 juillet 1867.

Monsieur,

J'attends de votre impartialité et de votre obligeance l'insertion de cette lettre dans votre plus prochain numéro.

Ma juste susceptibilité ne me permet pas de laisser passer sous silence un article de M. Cochinat, à la date du 7 de ce mois. J'abandonne aux lecteurs du *Soleil* l'appréciation du style élégant, de la délicatesse et surtout du bon goût des plaisanteries de M. Cochinat, mais ce qu'il m'appartient, c'est de relever une erreur grossière et *volontaire* que contient ce charmant article.

M. Cochinat raconte que, suivant mes propres expressions, *j'ai lâché le Père Gachette!* — Ce mot *lâcher*, mis à la mode, est selon moi une quasi-injure. *Lâcher... lâcheur...* conséquemment *lâche!* Mais, sans chercher à prouver la logique de ma déduction, je viens simplement protester contre une insinuation qui peut porter atteinte à mes intérêts d'artiste et à ma dignité d'homme, que je ne *lâcherai* jamais! Ce n'est nullement, Monsieur, par le fait de mon *originalité* qu'ont été arrêtées les représentations du *Père Gachette*, mais bien d'un commun accord avec M. Moreau-Sainti, et par suite de clauses stipulées dans notre traité. — Voilà, Monsieur, la vérité *vraie*. Tout le reste n'est que de la pure fantaisie.

Agréez, je vous prie, avec ma reconnaissance, mes civilités empressées.

FRÉDÉRICK-LEMAITRE.

Cochinat, qui était nègre, reçut cette volée de bois vert avec la philosophie de ses congénères. — « Ce Frédérick, soupira-t-il simplement, nous l'aimons et nous lui passons tout! »

L'opérette prit naissance, vers cette époque, au grand préjudice de l'art et des artistes. La Porte-Saint-Martin et la Gaîté, descendant le courant mauvais, s'adonnèrent dès lors aux pièces à spectacle; seul l'Ambigu-Comique, soucieux de l'honnêteté de son répertoire, resta fidèle au genre populaire qui avait fait son renom. Là seulement donc Frédérick pouvait rencontrer un milieu favorable, et c'est là que nous le retrouvons, après huit mois de silence, dans un rôle qui fut, à vrai dire, son dernier grand succès.

6 Février 1868. — *Le Crime de Faverne*, drame en cinq actes et sept tableaux, par MM. Théodore Barrière et Léon Beauvallet. — Rôle de *Séraphin*.

Deux couturières parisiennes, Jeanne et Geneviève, en vacances à Ville-d'Avray, y ont rencontré le comte Roger de Faverne qui, moitié par désœuvrement, moitié par bonté d'âme, se fait leur cicérone à la fête du pays. Les deux sœurs sont vivement touchées de l'amabilité du comte; l'aînée surtout, Jeanne, ne peut se défendre contre l'éclosion d'un sentiment très-sympathique, et cette affection redouble quand Roger, ayant gagné à la loterie un bracelet de corail, le lui offre galamment. Par malheur, M. de Faverne quitte Ville-d'Avray le lendemain. Un substitut, Raoul Mauclerc, voit Jeanne, s'éprend d'elle et veut l'épouser. Bien que le temps n'ait fait que changer en amour l'amitié de Jeanne pour le comte, elle accepte la main de Mauclerc, parce qu'elle a promis à sa mère mourante de se dévouer au bonheur de Geneviève, et que, Raoul étant riche, elle pourra doter sa sœur, et lui donner ainsi la possibilité d'épouser l'avocat Raymond, qu'elle aime.

Jeanne pense, d'ailleurs, ne jamais revoir Roger. Il revient pourtant, treize mois après le mariage, et, comme il invite tous ses voisins à célébrer au château de Faverne son heureux retour, Mauclerc et Raymond, ses amis, lui présentent Jeanne et Geneviève. Le comte a presque oublié les deux sœurs, mais la plus jeune se rappelle à son souvenir, et, la conversation tournant bientôt en confidence, elle raconte ingénument que, depuis son union avec Mauclerc, Jeanne est triste et souffrante. M. de Faverne, par intérêt pour Raoul, qui lui a jadis sauvé la vie, se promet d'éclaircir ce mystère. Il interroge donc Jeanne avec une insistance paternelle, et la pauvre femme, après vingt dénégations mensongères, avoue dans un sanglot que son mariage n'a été qu'un sacrifice, et qu'elle déteste Mauclerc parce qu'elle en aime un autre. Le comte, plus vieux de vingt ans que Jeanne, ne se soupçonne pas l'objet de cet amour coupable; il exhorte sincèrement la malheureuse, la sermonne, la condamne, jusqu'au moment où, brisée de douleur, suffoquant de honte, elle porte une main fiévreuse à son corsage trop étroit, qui laisse échapper le bracelet à elle offert, quatre ans auparavant, par M. de Faverne.

A partir de cet involontaire aveu, l'amour de Jeanne suit le cours naturel des passions condamnables. Le comte, de son côté, croit ne pas faillir à l'honneur en trahissant un ami, et, pendant que Mauclerc, après ses rudes journées de labeur, qui n'ont pour but qu'une augmentation d'aisance pour sa femme, est inflexiblement exilé de la chambre conjugale, les deux amants s'y réunissent, et en font le théâtre de leurs ébats.

Le comte, du reste, a trouvé plus commode de loger sa maîtresse au château, et Mauclerc, confiant en sa qualité d'honnête homme, n'a point combattu sa volonté. Tout ce que redoute le bon mari, c'est que Jeanne, prenant à Faverne des habitudes luxueuses, se résigne difficilement ensuite à revivre leur modeste existence de ménage. Désireux de lui éviter ce désagrément, il veut augmenter ses revenus, et confie pour cela ses économies à un banquier qui, au lieu de les décupler comme il l'a promis, les emporte à l'étranger. Heureusement, M. de Faverne est là; il offre à Mauclerc la moitié de sa fortune et fait en faveur de Jeanne, malgré ses protestations, un testament d'abord, puis une donation immédiate de tous ses biens, qui reste entre les mains de Séraphin, son vieux notaire.

Mais Roger de Faverne a un frère cadet, le chevalier Balthazar, agent d'infamies qui, bien que pardonné et recueilli à la seule prière de Jeanne, n'entend pas être ruiné par elle. Il imagine d'empoisonner la dame, et lui prépare à cet effet un foudroyant breuvage; mais, pendant une entrevue amoureuse, qui doit être la dernière, le comte, se trouvant pris d'étouffement, vide le verre destiné à sa maîtresse. Il se croit empoisonné par elle, et s'en va néanmoins généreusement mourir ailleurs, pour rendre son décès explicable par un suicide. L'opinion publique, cependant, l'attribue à Jeanne, et celle-ci ne peut s'en défendre victorieusement, l'acte de donation, qui la justifierait en prouvant l'inutilité de son crime, ayant disparu de chez Séraphin, devenu fou.

Mauclerc ne sait trop quelle conduite tenir pour imposer silence aux calomnies, lorsqu'en visitant la chambre où le dernier entretien du comte avec Jeanne a eu lieu, il trouve un fragment de lettre qui affirme l'existence de la donation, mais contient aussi la preuve de son déshonneur. Transporté de colère, il anéantit ce papier, bien résolu à laisser condamner l'adultère comme empoisonneuse. Mais le chevalier Balthazar, mortellement blessé par un paysan dont il a séduit la femme, fait, en mourant, l'aveu de son crime, et Mauclerc, ramené à l'indulgence par les prières insensées de Séraphin, pardonne à Jeanne, pour laquelle il promet ne vouloir plus être qu'un père.

Dans cette œuvre complexe, où le vrai se heurte au convenu, l'intérêt sautille d'un personnage à l'autre sans trop se poser sur aucun. Il contient cependant de belles scènes, des mots spirituels et des situations comiques. Mais ce qui la fit réussir d'une façon inespérée, c'est le rôle de Séraphin, que jouait Frédérick-Lemaître. Ce rôle tient si peu à l'action principale que nous n'avons pu que l'indiquer dans notre analyse; il constitue néanmoins, à lui seul, un second drame plus original, plus vivant, plus terrible que le premier.

Maître Séraphin, notaire royal à Blois, — la scène se passe dans le Blaisois, vers 1820, — est un type de bonhomie et de probité. Coiffé de cheveux blancs, simple et naïf comme toutes ces natures primitives développées dans la sphère étroite d'une étude, soigneux, facile et doux, il porte au cœur une plaie incurable : le deuil de Thérèse, sa femme adorée, qu'il a perdue treize mois auparavant. Pauvre Thérèse, bonne Thérèse! comme le veuf en parle avec des larmes sincères! Quand elle vivait, c'était le temps où l'on riait, où l'on s'amusait. Les heureuses soirées d'hiver quand, maître Séraphin occupé à collectionner des *minutes*, partaient du coin de l'âtre les rires de Thérèse et de Joseph, le premier clerc de son étude. Un trésor d'assiduité que ce Joseph, prévenant, dévoué, et d'une réserve envers les femmes qui le font gourmander quelquefois par son patron. — Thérèse morte, plus de rires, plus de ces bonnes promenades du dimanche où l'on allait manger des mûres dans les bois. Il ne reste plus à Séraphin que la consolation d'embrasser les reliques de la morte, rubans fanés, vêtements froissés, qui sont réunis dans la chambre où elle a rendu le dernier soupir et dans laquelle Séraphin ne pénètre qu'avec une émotion respectueuse.

Jeté par les nécessités de sa profession au milieu du commerce adultère de Roger et de Jeanne Mauclerc, le pauvre tabellion rougit de sa complicité involontaire et se réfugie plus ardemment encore dans le souvenir de sa Thérèse qui, pense-t-il, n'aurait jamais imité Jeanne. Hélas! tout ce culte s'égare sur un objet indigne : Thérèse, comme bien d'autres, a goûté à l'amour coupable, et c'est l'hypocrite Joseph qui a été son complice.

Séraphin apprend la vérité d'une façon inattendue. Il y a fête à Blois; le bon notaire donne congé à ses clercs, grands et petits, et profite de sa solitude pour aller prier dans la « chambre des souvenirs. » Un bruit joyeux le trouble dans son recueillement. Les petits clercs, surexcités par la fête, raillent de sa continence Joseph, leur vertueux collègue. Joseph, qui est gris, supporte impatiemment leurs brocards. Lui vertueux, lui timide, ah! bien, oui; et, pour se grandir aux yeux de ses camarades, le premier clerc se met à entonner, sur un air de complainte, le récit de ses amours avec sa patronne défunte. C'est le bruit des rires accueillant le refrain de cette chanson qui a frappé l'oreille de Séraphin. Le vieux notaire paraît, pâle et tremblant, au seuil de la chambre de Thérèse; le dernier couplet, qu'il entend de là, contient le nom des masques : plus de doute possible, Thérèse n'était qu'une coquine infâme. Séraphin alors — et quand nous disons Séraphin, il faut lire désormais Frédérick, car rien dans la brochure n'indique ces mouvements successifs — Séraphin, un instant foudroyé par la stupeur, se redresse bientôt; terrible, il bondit sur le misérable chanteur, le terrasse d'une secousse herculéenne, le soulève à demi pour voir de près son visage et le rejette encore par un geste subit de dégoût. Puis la prostration arrive avec les larmes. Le pauvre homme s'arrache les cheveux, boutonne et déboutonne machinalement son habit, va d'une chaise à l'autre, se heurtant aux meubles, chancelant, sanglotant, éperdu. Soudain, il se lève et s'élance dans la chambre de l'épouse adultère; il reparaît, l'œil ardent, tenant, dans ses bras serrés convulsivement, les reliques qu'un instant auparavant il couvrait de baisers et qu'il jette au feu avec des cris de colère. Il ne fait grâce qu'à un portrait de Thérèse, peint après son décès, car ce n'est pas la morte qui l'a trahi. Il tâche cependant de revenir à lui-même; ses souvenirs se rassemblent pour former des preuves; il tâte son front d'un geste tragi-comique en se rappelant qu'une amie de sa femme disait jadis en riant « qu'il avait là des bosses. » — Elle avait raison, ma foi, et il le constate avec une satisfaction singulière. Peu à peu la folie le gagne; la complainte de Joseph est entrée dans sa cervelle et l'ébranle en y tintant comme un glas ironique; il veut reconstituer et l'air et les paroles de la chanson cruelle; il y parvient peu à peu; plus il se souvient, plus il s'anime; le délire enfin le possède tout entier, il se met à rire, et, brandissant une chaise, gambade dans l'étude en répétant fiévreusement le refrain diabolique :

C'est fait par devant notaire,
On n'a rien à dire à ça.

Nous revoyons, en retraçant cette scène unique, la physionomie bouleversée, navrante, superbe de Frédérick; nous entendons sa voix lamentable, entrecoupée de rires nerveux, chanter la complainte méchante et bête; nous entendons aussi les cris qui s'élevèrent alors de tous les coins de la salle, cris de terreur et d'enthousiasme d'un public jeté hors de lui-même, et qui fit par trois fois reparaître l'artiste.

Décidément fou, Séraphin promène sa démence à travers les derniers actes du drame. Là se joue encore une scène originale et saisissante. Les clercs de Séraphin ont profité d'un dimanche pour rendre visite à leur vieux patron; ils le rejoignent dans un coin du parc de Faverne, où le malheureux embrasse fébrilement le portrait de Thérèse. D'abord défiant, Séraphin finit par leur sourire : « N'aimez pas, leur dit-il avec des larmes, n'aimez jamais. » — Et, comme il reprend ce cri désespéré dans un rapide accès de colère, voici que des trompes de chasse sonnent, dans l'éloignement, l'air de la complainte qui a tué la raison du malheureux homme. A cette fanfare maudite, le vieillard se dresse en sursaut ; il va et vient hagard, aux abois, ramenant son manteau sur sa tête, et finit par s'enfuir en criant avec épouvante : « La chanson ! la chanson ! je ne veux pas l'entendre ! je ne veux pas l'entendre ! » — Le terrible cri, et les savantes attitudes dans leur apparent abandon ! On récompensa le comédien par une seconde ovation, et c'était simple justice.

Frédérick n'avait pas eu, dans ces deux épisodes seuls, des inspirations de génie ; le rôle tout entier le montrait égal à lui-même, et les feuilletons le constatèrent avec unanimité.

Comme il est doux, paternel, familier, exquis — disait, entre vingt autres, M. Louis Ulbach, dans *le Figaro* — quand il fait manger des mûres dans les bois aux amoureux qu'il bénit de son sourire ! Comme il est bon, humain, plein de dignité dans son étude de notaire ; et à partir de la sinistre découverte qui brise son passé, qui mord son cerveau, qui le précipite, tout rajeuni, pour souffrir, dans les bras de la folie, comme il est grand, vrai à tous les points de vue physiologiques, psychologiques, et beau à tous les points de vue de l'art !

Le Crime de Faverne eut soixante-quinze représentations productives. Comme il l'avait fait pour *le Père Gachette*, le poète-photographe

Carjat fixa très-intelligemment, en huit portraits-cartes, les poses sculpturales et les masques variés de maître Séraphin. Frédérick remercia l'artiste en figurant sur le programme de la soirée à bénéfice donnée, le 24 juillet 1868, pour l'inauguration de ses nouveaux ateliers. Le fait n'a pas grande importance et nous aurions négligé de le relever si nous n'avions entre les mains le brouillon de l'allocution que Frédérick prononça en cette circonstance, et qui rachetait évidemment, dans son esprit, l'irrévérence commise par lui à la date fâcheuse des *Saltimbanques*. — « Messieurs, permettez-moi de vous dire qu'en venant ici concourir à un acte philanthropique, je suis heureux de trouver l'occasion de pouvoir, par un souvenir, témoigner de ma reconnaissance envers l'illustre poète qui me fit autrefois l'honneur de me croire digne d'interpréter le rôle principal dans une œuvre qui, malheureusement, fut la seule dont il enrichit le théâtre moderne. » — Cette préface débitée, le comédien récita un fragment capital de *Toussaint Louverture*, puis un monologue de *Tragaldabas*, et l'on fit fête à son art merveilleux qui n'avait, pour émouvoir ou charmer, aucun besoin de l'optique du théâtre.

Le 28 septembre de la même année, Frédérick reparut, à l'Ambigu-Comique, dans *Trente ans*. Ses représentations cessaient à peine quand Mme Lemaître mourut, dans la maison de santé du docteur Blanche, où elle était en traitement depuis nombre d'années. C'était un deuil tout intime, et Frédérick ne convia aux obsèques, célébrées le 18 novembre, qu'un nombre restreint de personnes. Sans être bruyante, la douleur du comédien n'en fut pas moins vive, et c'est avec une émotion vraie qu'il prononça, au cimetière Montmartre, ces paroles d'adieu : « Ici, repose le corps de ma vénérée mère; ici, vont reposer les restes de celle qui fut bonne fille, épouse fidèle et tendre mère. Son âme est remontée vers le Créateur : qu'elle intercède pour nous ! »

L'Ambigu-Comique, où M. Faille avait remplacé Chilly, passé directeur du Second Théâtre-Français, ne rencontrait pas que des réussites. Frédérick-Lemaître était, aux heures d'insuccès, le sauveur attitré de l'entreprise. Malgré son âge, il n'avait rien perdu de son empire sur le public, et c'est à lui que les dramaturges songeaient encore en écrivant la plupart de leurs œuvres nouvelles. Nous voyons, par exemple, vers la fin de 1868, l'acteur-auteur Fechter tirer pour lui, de *la Femme en blanc*, de Wilkie Collins, un rôle dont il indiquait ainsi les lignes principales :

Fosco est un Tartuffe grand seigneur, ne descendant jamais à de bas subterfuges, regardant ses propres machinations, comme les dangers qu'elles entraînent, en face. Frappé de la supérieure nature de son antagoniste femelle, Marian, il éprouve pour elle le premier amour qui soit jamais entré dans son cœur, jusqu'alors rempli d'embûches. Cet amour le perd, mais il tombe de haut et de sa propre volonté.

Je joins à la partie du roman, que je conserve, de nouveaux incidents, et je resserre l'action dans les situations les plus dramatiques du livre. Quant au traitement du rôle, c'est difficile à expliquer par lettres, et il m'eût été bien doux d'en causer avec vous. J'en veux faire la physionomie dont les autres rôles préparent les effets ; enfin — et je ne vous l'eusse pas proposé sans cela — ce sera le grand bonhomme qui agit sur tous, et mène l'action entière du bout du doigt.

Cette lettre, écrite de Londres, se terminait par une invitation pressante à Frédérick d'aller en Angleterre pour y causer du drame en gestation. Non-seulement le comédien ne passa point la Manche, mais le rôle de Fosco ne le séduisit pas comme l'adaptateur l'espérait. A la date du 20 janvier 1869, il écrivait, en effet, au directeur de l'Ambigu :

Vous m'invitez à venir causer avec Mme Laurent, afin d'arriver à une combinaison qui vous tire d'embarras. Laquelle, puisqu'elle refuse de jouer avec moi autre chose que *la Femme en blanc?* — Je ne refuse pas de jouer cette pièce; j'ai cru pouvoir me permettre des observations, des critiques même auxquelles j'ai ajouté des conseils que l'un des auteurs a goûtés, que vous-même avez approuvés. Voilà la situation vraie : serai-je donc victime de mon excès de zèle?

Tout bien pesé, *la Femme en blanc* fut abandonnée, et c'est dans une reprise de *Don César* que parut Frédérick-Lemaître (2 février). Cette reprise fournit à un poitrinaire de lettres — Gustave Maroteau — l'occasion d'un article prétentieux et brutal où le comédien était fort malmené. Cédant à un mouvement d'indignation, nous protestâmes, dans le journal même où vaguait le malingre Aristarque (*le Peuple,* fondé par Jules Vallès). Notre intervention devait être amplement récompensée. Le soir où nous portâmes à Frédérick l'attaque et sa réfutation — « Allez dans la salle, nous dit le comédien, je veux vous remercier en jouant pour vous. » — Et jamais nous ne vîmes un Don César plus jeune, plus fantaisiste, plus merveilleux que ce jour-là !

Quelque temps après, l'Ambigu, surpris par l'insuccès de *la Famille des Gueux,* demandait encore à Frédérick-Lemaître le secours de sa présence. Entre toutes les reprises agréables à l'artiste, celle de *Vautrin* fut alors remarquée, discutée et décidée. Les libraires Lévy, fermiers des œuvres de Balzac, ne mirent aucun obstacle à ce projet; il n'en fut pas de même des censeurs impériaux, et leur hésitation est compréhensible pour qui se reporte principalement au quatrième acte du drame. Rien ne peut, vraiment, appuyer d'une façon aussi éloquente ce mot célèbre : « La politique, plus ça change, plus c'est la même chose. » Des phrases imaginées en 1840 se trouvaient, en 1869, d'une actualité si flagrante qu'il eût été dangereux de les débiter aux spectateurs parisiens. Comment souffrir que les complices de Vautrin le traitassent d'empereur? Comment surtout, au lendemain de la catastrophe de Queretaro, laisser parler sur un ton quasi-plaisant du Mexique et de ses révolutions militaires? On n'autorisa donc *Vautrin* qu'après l'avoir purgé de tout ce qui pouvait faire assimiler l'ex-forçat au premier Napoléon et rappeler au public le résultat piteux de la « plus grande pensée » du troisième Bonaparte.

Il était naturel que l'annonce de *Vautrin* excitât la curiosité. La pièce, on se le rappelle, n'avait été jouée qu'une fois en 1840; la Gaîté l'avait bien reprise après la chute de Louis-Philippe, mais ces quelques représentations, données contre le gré de l'auteur et sans le concours de Frédérick-Lemaître, étaient restées inaperçues. Le drame de Balzac constituait donc, pour la génération de 1869, une primeur véritable et l'on pouvait, sans trop d'optimisme, rêver pour lui une carrière assez longue, Toutes les prévisions devaient être dérangées par l'événement. *Vautrin*, rejoué le 1er avril, fut accueilli avec une froideur intense qui découragea et courrouça Frédérick. — « C'est un parti pris, nous disait-il pendant un entr'acte, la critique a tant de fois condamné Balzac comme homme de théâtre, qu'elle ne veut à aucun prix se déjuger en estimant sa pièce intéressante. » — Intéressante évidemment, mais d'un intérêt spécial, documentaire, auquel les juges dramatiques avaient le droit de rester insensibles. *Vautrin*, d'ailleurs, était encadré d'une façon mesquine et joué par des acteurs secondaires à qui manquait absolument le sens des rôles. Frédérick eut beau montrer de l'invention, de la souplesse et de l'esprit dans son multiple personnage, ni le Tout-Paris, ni le gros public n'apprécièrent à leur juste valeur ses efforts laborieux. Le rideau tomba, le premier soir, au milieu d'un profond silence, et *Vautrin* disparut de l'affiche après douze jours d'existence maladive.

L'occasion parut bonne à certains journalistes pour décocher au comédien des épigrammes. Un rédacteur du *Gaulois* prit la tête de cette course aux méchancetés avec un article où l'on remarquait les passages suivants :

Un petit domestique est seul chargé dans sa loge du soin de la personne de Frédérick, qui ne peut souffrir aucun autre habilleur. Il se fait généralement apporter tous les soirs quatre bouteilles de Bordeaux, qu'il transvase dans un grand saladier, et il boit à même. A minuit, le saladier est vide.

Le logement qu'il occupe rue Béranger, au deuxième étage, est grand et meublé d'une façon bizarre. Un fauteuil éventré, dont le cuir traîne sur le parquet, est placé à côté d'une splendide table en marqueterie; sur une cheminée, on aperçoit une magnifique pendule, et tout auprès un soufflet de cuisine. Un superbe tapis d'Aubusson est souillé de taches de toute espèce. C'est un mélange de confortable, de luxe même, et d'une négligence qui frise la malpropreté.

Il a la manie du billon; un tiroir de commode est plein de sous qu'il y jette en rentrant le soir, après avoir dans la journée changé des pièces de monnaie pour augmenter sa provision. Pour rien au monde, il ne toucherait à cette somme qui s'élève à plus de 2,000 francs.

Depuis la Révolution de 48, il a toujours en portefeuille une somme de vingt à trente mille francs, pour être prêt à toute éventualité. Sa fortune peut s'élever à 300,000 francs, solidement placés.

Ces indiscrétions mesquines ne pouvaient être assimilées à une littérature quelconque. Ainsi pensa, du moins, un des amis de Frédérick-Lemaître. Jugeant, par suite, que le « petit domestique » signalé par le reporter avait seul qualité pour réfuter ses bavardages, cet ami rédigea sans tarder une protestation bouffonne que le valet, glorieux, s'empressa de signer. *Le Gaulois* n'en souffla mot; mal lui en prit : poursuivant son idée, le pseudo-domestique aggrava sa lettre d'un commentaire et fit autographier le tout pour l'envoyer aux feuilles parisiennes. La plupart d'entre elles insérèrent ce document singulier, dont *le Gaulois* feignit alors de rire, et que nous transcrivons ici sur l'original aujourd'hui très-rare :

Réponse d'un Honnête Homme à un Journaliste.

J'ai toujours vécu dans la vie privée ; aussi l'article publié dans le *Gaulois* du 27 avril m'a-t-il affecté péniblement. Je lui ai répondu par une lettre énergique, mais le rédacteur a eu l'audace de ne pas l'insérer. Je l'imprime pour lui et j'offre au public cette protestation généreuse d'un honnête citoyen outragé dans l'exercice de ses fonctions et menacé dans son avenir !

A Monsieur François Oswald. rédacteur du Gaulois.

Paris, le 27 avril 1869.

Monsieur,

Je lis avec étonnement, dans votre journal, un article qui me concerne au sujet de l'appartement du célèbre comédien mon maître, que vous dites malpropre. Vous êtes, je ne crains pas de le dire, dans une profonde erreur; je nettoie consciencieusement aussitôt que mon maître est levé, je fais toujours mon devoir en serviteur fidèle!

J'ignore la circonstance des deux mille francs de sous en billon renfermés dans un tiroir de commode; seriez-vous de la police pour connaître les choses que j'ignore moi-même? Je traite avec dédain les détails différents de votre article; mais, pour tant qu'au Bordeaux, le saladier n'est pas plus vrai que l'appartement est souillé de taches!

Je m'étonne sérieusement et m'afflige de même qu'un homme pourvu d'éducation comme vous devriez l'être, cherche perfidement, par des récits mensongers, à faire retirer le pain d'un honnête serviteur, père même d'une famille nombreuse et considérée, car, Monsieur, je suis domestique il est vrai, mais un homme et un homme qui va fièrement le chapeau sur la tête dans tous les quartiers de la capitale!

Je termine, Monsieur, par ce mot : j'écris comme vous et ne vous crains pas, vous le voyez! Je suis un véritable homme, comme on dit, et si jamais je perdais ma place honorable que j'estime, je n'aurais plus qu'une ressource, me faire journaliste, et j'en userais!

Voilà le langage de la vérité exacte. Vous ne m'avez pas nommé, j'en conviens, mais tout le quartier que nous habitons m'a reconnu. Or la loi que je connais autant que vous me donne le droit formel de réponse, et j'en use avec une sévérité rigoureuse.

Adieu, Monsieur, ou, si vous voulez, au revoir!

L. AUGUSTE,
Domestique du célèbre comédien
Frédérick-Lemaitre,
Rue Béranger, 10, au deuxième.

Avis. — Messieurs les journalistes de Paris et des départements sont priés de multiplier cette réponse.

Frédérick tomba des nues en lisant cette épître, confectionnée à son insu, et qu'Auguste lui offrit avec quelque fierté. Le plus plaisant de l'histoire, c'est qu'à force de lire son nom au bas de la lettre qu'il prenait au sérieux, le « petit domestique » s'en crut bientôt le véritable auteur. Il la lisait complaisamment chez tous les débitants du quartier, passant à la commenter le temps qu'eût réclamé son service, et buvant copieusement avec ceux que charmait son prétendu style : Frédérick fut contraint de le mettre à la porte.

XV

L'Auberge des Adrets est autorisée. — Macaire contrarié par Troppmann. — Négociations inutiles. — _Malheur aux vaincus._ — Fin tragique de Charles Lemaître.

Au mois de septembre 1869, MM. Billion et Dumaine, successeurs de M. Faille, obtinrent du bureau des théâtres l'autorisation de reprendre *l'Auberge des Adrets* à l'Ambigu-Comique. Frédérick, pressenti, se déclara prêt à rejouer le rôle de Macaire aux conditions suivantes : 1,500 francs pour les répétitions, trente représentations assurées, avec un cachet fixe de 300 francs et partage des recettes au-dessus de 2,100 francs. Les études de la pièce allaient commencer quand « l'affaire de Pantin » répandit dans Paris l'épouvante. Un misérable, nommé Troppmann, venait d'exterminer une famille entière pour s'approprier ses dépouilles. Ce n'était pas le moment d'égayer le public aux dépens de M. Germeuil. Frédérick le comprit et adressa à MM. Billion et Dumaine cette lettre, aussitôt répandue et généralement approuvée :

26 Septembre 1869.

Messieurs et amis,

Après profondes et mûres réflexions, il m'est impossible de donner suite à notre affaire. Ainsi que je vous le disais hier, le moment me paraît des plus inopportuns. Ma conviction est que nous serions généralement blâmés, après les horribles événements qui viennent d'avoir lieu, de reprendre *l'Auberge des Adrets*, bien que ce ne soit qu'une bouffonnerie. Ce serait une tentative dangereuse, la pièce pourrait être fort mal reçue par le public; je craindrais une chute déplorable pour moi, et, pour vous, plus onéreuse encore que celle des *Couteaux d'or*. Je suis convaincu que ma résolution nous épargne de grands et mutuels regrets.

Agréez l'assurance de mon sincère dévouement dont je serais heureux de vous donner une preuve incontestable.

FRÉDÉRICK-LEMAITRE.

Troppmann découvert et châtié, les directeurs de l'Ambigu revinrent à la charge, mais avec des exigences qui rendirent les nouvelles négociations laborieuses. Trois lettres de Frédérick nous donneront les raisons vraies de son refus final :

7 Novembre 1869

Vous me dites de vous envoyer une copie du traité, mais, pour cela, il faudrait que nous fussions d'accord, et nous ne le sommes pas.

Néanmoins, je consens à apporter des changements aux conditions arrêtées il y a deux mois, mais encore faut-il qu'elles soient mutuellement acceptées.

Je serai de bonne composition, qu'il en soit de même de votre part.

8 Novembre.

Je vous retourne sans le signer votre traité. Grand Dieu, qu'il y a déjà loin de nos conventions verbales du mois de septembre dernier, qu'un sentiment de pudeur m'a empêché de ratifier, malgré votre menace d'un procès !

Il est temps de nous arrêter, car si cela continuait, je craindrais que dans quelques jours vous me demandassiez, pour avoir l'avantage de jouer *l'Auberge des Adrets*, une somme qu'il me serait impossible de vous accorder.

10 Novembre.

Restons-en là une bonne fois; je vois qu'il est impossible de nous entendre : c'est tous les jours autre chose que ce dont nous étions convenus. — Regrets et salutations.

L'Auberge des Adrets fut reprise cependant, mais sans Frédérick (22 décembre). L'éclipse de l'astre Macaire profita au satellite Bertrand, que l'acteur Perrin mit aisément en première ligne en rééditant les traditions apprises du maître. L'effet, au total, fut médiocre, et Frédérick se consola de son silence en constatant que, pour lui-même, l'entreprise eût offert peut-être des dangers insuffisamment compensés par le profit.

Un nouveau rôle lui fut bientôt offert dans une pièce que la censure avait maltraitée trois ans auparavant. Elle était de Théodore Barrière, avait pour titre *Malheur aux vaincus*, et s'inspirait de cette pensée généreuse : l'indignation causée par le spectacle des bassesses humaines en face des grandeurs déchues. L'Odéon la répétait, en 1866, quand la commission d'examen s'était effrayée d'un prologue qui se jouait aux abords de la Malmaison, le 29 juin 1815, et dans lequel on voyait des généraux et des sénateurs trahir et bafouer sans vergogne le vaincu de Waterloo. Craignit-elle de blesser le Sénat du jour ou d'exciter l'ironie d'un public mal pensant? On ne sait, mais la représentation de *Malheur aux vaincus* fut interdite. L'auteur condamné publia son œuvre, et elle avait atteint un certain nombre d'éditions quand la censure, revenue à des sentiments meilleurs, autorisa sa mise au théâtre. C'est la modeste scène des Menus-Plaisirs, dirigée par M. Gaspari, qui recueillit la pièce de Barrière, et Frédérick-Lemaître y fut engagé, le 27 décembre 1869, pour jouer le principal rôle de *Malheur aux vaincus*, moyennant trois cents francs par soirée.

Les répétitions commencèrent le mois suivant.

Le courriériste du *Gaulois*, qui n'avait pas encore digéré la prose irrespectueuse d' « Auguste », publia, au sujet des premières études, divers entrefilets aigres-doux qui lui attirèrent la lettre suivante, caractéristique au point de vue des relations de Frédérick avec les dramaturges :

1er Février 1870.

Mon cher Monsieur Oswald,

Merci d'abord pour les vœux que vous voulez bien former en faveur de *Malheur aux vaincus*, navire battu par tant de flots, désemparé si souvent, et qui enfin trouve un refuge dans le petit port des Menus-Plaisirs, dont est gouverneur, pour quelques jours encore, un des hommes les plus dignes de sympathie que j'aie connus.

Maintenant, permettez-moi de protester contre les rapports qui ont pu être faits et tromper votre religion, si catholique toujours.

Croyez le bien, mon cher Monsieur Oswald, si Frédérick et moi avons eu quelques discussions un peu vives, par suite de notre exubérante nature à tous deux, ce n'a jamais été que dans l'intérêt de l'œuvre, car Frédérick est toujours le grand artiste plein d'élan, de cœur et de *modestie*.

Enfin, Frédérick-Lemaître n'est pas si *mauvais coucheur* qu'on a bien voulu vous le dire ; nous faisons, je vous le jure, un excellent ménage, et j'espère que notre enfant sera né viable, et que vous voudrez bien en être le parrain.

A vous cordialement,

Théodore BARRIÈRE.

L'apparition de Frédérick-Lemaître dans une pièce longtemps défendue offrait un double intérêt ; elle attira, dans la petite salle des Menus-Plaisirs, une affluence considérable de littérateurs et d'artistes.

24 Février 1870. — *Malheur aux vaincus*, drame en cinq actes dont un prologue, par M. Théodore Barrière. — Rôle du *Général Forestier*.

L'action débute aux environs de la Malmaison, dans la nuit du 29 juin 1815. Des laquais devisent près de la terrasse de la riche habitation du baron de Feuilles. Ils raillent lourdement Napoléon dont l'étoile s'éteint et dont on aperçoit la silhouette passer et repasser derrière les rideaux du palais. Leurs maîtres ont judicieusement abandonné l'homme à qui ils doivent titres et richesses pour se tourner vers celui qui peut seul les leur conserver. Parmi ces traîtres avisés figure le baron de Feuilles, qui a trouvé fort ingénieux de donner une fête le jour même où Napoléon abdique. Henri de Feuilles, fils unique du baron, est fiancé à Christiane, fille du général Forestier depuis deux ans captif en Sibérie et qui revient à point pour recevoir les derniers adieux de son empereur. Si le baron de Feuilles est versatile, le général Forestier est fidèle et il met Christiane en demeure de choisir entre les deux familles.

Christiane a pris le parti de son père, mais non sans un déchirement de cœur, car elle adore Henri. Forestier, de retour dans ses propriétés de Rosoy, y est, en sa qualité de bonapartiste incorrigible, en butte à la grossièreté des paysans et aux tracasseries de la clique administrative; on va même jusqu'à tirer sur lui un coup de fusil qui atteint presque Christiane. Il y aurait bien une issue à cette situation fâcheuse, ce serait que Christiane acceptât la main du comte de Malnoë, légitimiste honnête et bien en cour, mais à la proposition qui lui en est faite la jeune fille oppose un refus très-net, et Forestier s'aperçoit avec épouvante que la vie de sa fille dépend de son mariage avec Henri qu'elle ne peut oublier.

Le baron de Feuilles ne s'oppose pas absolument à l'union d'Henri et de Christiane; obéré par des dépenses excessives, il exige seulement que le général double la dot de cent cinquante mille francs promise à la fiancée; Forestier y consent, bien que ce sacrifice doive le laisser absolument sans ressources. Il devra, en effet, vendre ses propriétés pour réunir la somme exigée; or ces propriétés confiées à un intendant ont subi des déprédations telles que leur valeur est devenue plus que minime. Le général l'apprend par un fermier insolent, qu'il reconnaît pour l'auteur du coup de feu qui a failli tuer Christiane et qu'il cravache avec vigueur.

Cet acte de justice ne fait que lui susciter des embarras nouveaux. Le drôle cravaché s'adresse aux tribunaux légitimistes qui lui allouent une indemnité considérable; bref, des propriétés splendides que lui avait léguées sa famille, Forestier retire cinquante mille livres, bientôt réduites à vingt-sept par les frais judiciaires. Que faire de cela? ce n'est pas la dixième partie de la dot fixée par le baron de Feuilles. Conduit par le hasard dans les galeries du Palais-Royal, Forestier, tremblant de fièvre et grisé par un breuvage imprudemment absorbé, prend tout à coup la résolution de jouer le reste de sa fortune. Il joue, en effet, et gagne sans relâche. La dot de Christiane est amplement reconstituée, mais au moment où le général le constate avec transport, la voix d'une chanteuse ambulante frappe son oreille. Le colonel russe de Lukof, blessé mortellement dans une bataille, a confié jadis à Forestier un écrit en échange duquel on devait lui remettre une fortune destinée à l'orpheline que le colonel avait laissée en France. Si l'orpheline est morte, cette fortune revienda à Christiane. A son retour en France, le général a vainement cherché Mlle de Lukof; il l'a crue morte et a disposé sans scrupule de la fortune de son père. Or, dans la mendiante qu'il rencontre au Palais-Royal, Forestier, à divers indices, principalement à l'air de la chanson qu'elle chante, reconnaît l'héritière du colonel russe. Il est dur de dépouiller Christiane pour cette étrangère inopinément ressuscitée; c'est le devoir pourtant, et Forestier, s'y résignant, jette dans la corbeille de la chanteuse la somme énorme que le jeu lui avait procurée. Il ne reste plus au général que son honneur; c'est quelque chose, et un certain Cornefert, chevalier d'industrie, lui offre cinq cent mille francs pour présider le conseil de surveillance d'une entreprise de mines plus que suspecte. Forestier se révolte d'abord, mais la ruine est à sa porte, le baron de Feuilles le complimente avec ironie et reprend sa parole; pour Christiane, le général va céder peut-être, l'honneur l'emporte cependant et le vieux soldat chasse avec mépris l'ignoble tentateur. En récompense de cet acte héroïque, le vide se fait autour de Forestier. — « Je vous consacrerai ma vie, lui dit Christiane émue. — Et après moi? demande le pauvre honnête homme. — Je la consacrerai à Dieu : Dieu ne repousse pas les vaincus. »

Dans *Malheur aux vaincus*, comme dans la plupart de ses œuvres, Barrière se laisse aller surtout à son tempérament de satiriste. Les traits partent de tous les côtés, aigus et brillants; mais ce cliquetis de mots qui se choquent en produisant des étincelles amuse, distrait et fait oublier la situation. Parfois l'auteur se souvient de son sujet et pousse vigoureusement au but désiré, mais il ne peut rattraper le temps perdu et réveiller l'intérêt affaibli par une attente trop longue. Le drame, d'ailleurs, manque d'originalité. Au prologue, nerveux, terrible, shakespearien, succède cette fable banale et décevante d'une héritière enlevée, devenue chanteuse ambulante et reconnue dans un café à l'audition d'une romance. Le personnage de Forestier, toutefois, n'est pas sans grandeur ; il conquit les sympathies et sauva la pièce, en même temps qu'il augmentait d'un nom la liste des belles créations du comédien.

Frédérick — disait M. J. Barbey d'Aurevilly, dans *le Parlement* — c'est la paternité qui croule de vieillesse au théâtre, ce vieux sentiment exprimé, pressé, tordu, épuisé, qui n'en peut mais, et que lui, Frédérick, pour son compte, a exprimé cent fois ; c'est la paternité qu'une cent et unième il nous a montrée rajeunie et immortelle par le fait de ce talent qui transfigurerait les rengaînes! Frédérick a été neuf là où les autres ne sont que facilement touchants, et c'est là ce que j'appelle, moi, le tour de force du génie! Et non-seulement il a joué le père, mais il a joué le général dans le père, et l'honnête homme dans le père, et il a eu l'art de renouveler, à force de profondeur, ces types de l'honnête homme et du vieux soldat, dans lesquels toute médiocrité dramatique entre, comme dans ces bottes de postillon, qui restent dans l'écurie, et que chaussent, pour le relai, les uns après les autres, tous les postillons.

Rajeuni, lui aussi, en vertu de cette organisation souplement puissante qui est la sienne, de grande mine comme toujours, mais encore de bonne, la joue ferme, la voix nette et qu'on entendait bien, les yeux éloquents, ces deux âmes qu'il a sous les sourcils, le corps solide, avec ces gestes de monument qui en font un être colossal à la scène, Frédérick, costumé avec l'art qu'il faut mettre dans le costume, car le costume c'est une expression, a été magnifique d'un bout à l'autre de son rôle, et quand il a donné (comme Murat l'aurait fait) ces superbes coups de cravache au fermier insolent, et quand il a rendu son portefeuille à Olga, et quand il a pris la résolution de jouer et qu'il a dit en partant pour le jeu ce mot haletant : « Embrassez-moi donc, cela me portera bonheur! » avec le fanatisme de l'espérance! Partout, partout, il a été au niveau de lui-même, de son passé et de sa gloire!

C'était là, certes, un magnifique éloge ; tous les juges intelligents le ratifièrent, et cependant *Malheur aux vaincus* se joua deux semaines bien juste.

Pour interpréter la pièce de Barrière, Frédérick avait dédaigné certain *Fils de Paillasse* dont Charles, le plus jeune de ses fils, lui destinait le principal rôle. A la suite de ce refus, les relations du fils avec le père s'étaient quelque peu tendues. Pendant cette demi-brouille, Charles, qui jouait alors à la Porte-Saint-Martin dans *Lucrèce Borgia*, fut atteint de la petite vérole. Le soir du 15 mars 1870, Frédérick allait se mettre à table quand la sonnette de sa porte retentit.

— Vous arrivez à point, mon cher, dit le comédien en voyant paraître un de ses bons camarades, Jules Vizentini.

Mais l'arrivant refusa cette invitation amicale, s'assit avec embarras, et, après un silence, demanda d'une voix hésitante : Y a-t-il longtemps que vous avez eu des nouvelles de Charles?

— On m'en a donné hier, à la Porte-Saint-Martin; il a été malade, mais il va mieux.

— En êtes-vous bien sûr?

— Pourquoi?... Que voulez-vous dire?...

— Etes-vous sûr que votre fils, au contraire, n'aille pas plus mal?

— Voyons, mon cher, dit Frédérick anxieux, il y a quelque chose; parlez, je vous en prie.

Vizentini fondit en larmes.

— Charles n'est plus, murmura-t-il à travers ses sanglots.

— Que dites-vous?

— Il s'est jeté par la fenêtre, dans un accès de délire; on le relevait quand je passais devant sa maison.

— Voyons, je rêve! s'écria Frédérick, horriblement pâle, Charles est mort?

Il chancelait. — « J'y vais! » dit-il tout à coup. — La nouvelle n'était que trop vraie. Pour fuir quelque vision terrible, Charles, profitant d'une absence de sa garde-malade, avait ouvert la fenêtre de l'appartement qu'il occupait au n° 40 du boulevard de Strasbourg, et s'était précipité dans le vide. Un garde de Paris et un sergent de ville l'avaient relevé, la tête fracassée. — Frédérick, fou de douleur, se jeta désespérément sur le corps déjà noir de son fils, l'embrassa avec une audace héroïque et le déshabilla de ses propres mains.

Charles Lemaître était âgé de quarante ans. Son caractère affable et son talent réel lui avaient mérité de nombreuses sympathies; la foule fut considérable à ses obsèques, célébrées le 17 mars en l'église Saint-Laurent. Blême et se soutenant à peine, Frédérick mena jusqu'au bout le funèbre cortège, et bien des larmes coulèrent en entendant cet adieu prononcé par lui d'une voix entrecoupée :

« Quelles paroles pourraient traduire les sentiments d'un père sur la tombe de son fils! Te voilà donc, Charles, auprès de ma mère, auprès de la tienne ! Sans doute, nous devons accepter les volontés du ciel, mais il me frappe aujourd'hui bien cruellement. Nul mieux que moi n'a pu connaître ton âme loyale et bonne... Charles, mon fils chéri, je ne te dis pas adieu, je te dis au revoir ! »

L'auteur du dernier drame joué par Charles Lemaître ne voulut point laisser partir sans un salut son interprète.

« Je suis triste du coup qui frappe notre grand Frédérick-Lemaître, — écrivait quelques jours après Victor Hugo au directeur du *Rappel*. — J'aimais beaucoup son fils, mon Maffio. Voulez-vous transmettre ce mot que j'écris au père... »

Nous n'avons pu retrouver la lettre du poète, mais nous copions, sur la minute, la réponse émue de l'artiste :

23 Mars 1870.

Merci, mille fois merci des quelques gouttes de baume que vous venez de verser sur ma blessure ! Elles l'eussent guérie, si ces sortes de blessures étaient guérissables !

Croyez à ma profonde reconnaissance.

XVI

La guerre. — *Les Châtiments* au théâtre. — Jours de tristesse. — *Le Portier du n° 15.* — Un attentat. — *Le Centenaire.* — Frédérick vend des autographes. — *Un Lâche.* — Histoire d'une représentation à bénéfice. — Un faux Diogène. — *La Tabatière.*

Au mois de juillet 1870, Napoléon III, inconscient du piège longuement préparé par la Prusse, engageait notre pays dans la sanglante aventure où devait sombrer sa dynastie. Patriote jusqu'au chauvinisme et élevé dans la vénération d'un nom qui résumait vingt ans de gloire militaire, Frédérick-Lemaître ressentit doublement la honte de cette inconcevable journée où le neveu de César livra d'un trait de plume quatre-vingt mille hommes, cinq cents canons et nombre d'étendards. — « C'est, disait-il en son langage imagé, une cacade vraiment impériale. » — Septuagénaire et inutile à la défense, le comédien eût pu quitter Paris à l'approche des Prussiens sans que son départ excitât le blâme ; il ne songea pas un instant à déserter la cité qui l'avait tant de fois applaudi, et qui était plus que jamais le cœur de la patrie.

Le 5 septembre, Victor Hugo rentrait à Paris, après dix-neuf ans d'exil volontaire. Avec lui pénétrait en France un livre superbe, enflammé, prophétique, qui avait partagé la proscription de son auteur : *les Châtiments*. La Société des gens de lettres qui voulait, comme bien d'autres, offrir un canon au Gouvernement de la Défense nationale, eut l'idée de payer le bronze de ce canon avec le produit d'une audition des pièces principales des *Châtiments*. L'inspiration était heureuse, et les artistes les plus aimés tinrent à honneur de figurer dans cette représentation vengeresse. MM. Berton, Coquelin, Lafontaine, Taillade ; Mmes Marie Laurent, Favart, Lia Félix, Duguéret et Gueymard-Lauters choisirent dans l'œuvre du poète des vers d'allures différentes. Frédérick-Lemaître, que la Société des gens de lettres n'avait eu garde d'oublier, demanda pour sa part cette pièce modérée dans l'expression, terrible dans l'idée : *Souvenir de la nuit du 4 décembre*, et l'étudia avec son âme.

Victor Hugo, qui l'entendit à une répétition, lui dit, après un serrement de main : « Vous n'avez rien perdu, vous avez toujours tout. » Et, de fait, le plus grand succès de la première audition des *Châtiments*, donnée le 5 novembre à la Porte-Saint-Martin, fut pour le maître comédien. Quand on le vit paraître, modestement vêtu d'un pantalon gris et d'une redingote, il y eut dans la salle un frémissement, puis des bravos sans nombre. Frédérick jeta sur le public un long regard, mit ses lunettes, régla la lumière de la lampe, classa les feuilles de sa copie, et, debout, commença le récit célèbre :

L'enfant avait reçu deux balles dans la tête...

Mais, à peine eut-il lu quelques vers, qu'abandonnant le manuscrit, il se mit à dire ou plutôt à jouer ce drame intime avec un sentiment, une vérité, un art qui soulevèrent, aux derniers mots, une explosion d'enthousiasme.

Nous assistions à cette inoubliable matinée; nous vimes le comédien recommencer, huit jours plus tard, le même miracle et recevoir le même accueil. La première et la seconde auditions des *Châtiments* produisirent une somme suffisante pour payer deux canons et soulager diverses misères. La Société des gens de lettres ne fut pas oublieuse ; elle écrivit à Frédérick, au lendemain de la constatation de ce brillant résultat:

Paris, le 15 Novembre 1870.

Cher Maître,

Nous avions réclamé votre concours avant celui de tout autre, pour les auditions des *Châtiments* de Victor Hugo. Vous y avez apporté ce talent hors ligne si universellement apprécié, et vous avez deux fois assuré notre succès.

Nous vous prions de recevoir nos vifs remerciements et l'expression de nos sentiments les plus dévoués.

Le Comité de la Société des Gens de lettres,

EUGÈNE MULLER, Vice-président.
JULES CLARETIE, Vice-président.

EMMANUEL GONZALÈS, Délégué.

CHARLES VALOIS, ALTAROCHE, HENRY CELLIEZ, MICHEL MASSON, GERMOND DE LAVIGNE, EUG. D'AURIAC, ARMAND LAPOINTE, F. DUCUING.

Les Châtiments et Frédérick-Lemaître figurèrent encore sur le programme de diverses représentations données, à l'Opéra ou à la Porte-Saint-Martin, au bénéfice des ambulances; puis l'Ambigu rouvrit ses portes, et Frédérick y parut dans les deux derniers actes de *Trente ans*. Le cachet que lui allouait M. Billion était le bienvenu, malgré sa modestie; il aidait le comédien à faire l'acquisition de quelqu'un de ces aliments que la rapacité des trafiquants, indigènes ou réfugiés, cotait à des prix fabuleux. Parfois un admirateur de Frédérick se rappelait à lui par le présent inestimable d'une volaille ou d'un dessert; ainsi firent, entre autres, le poète Paul Meurice et l'acteur Lafontaine; mais ces bonnes fortunes étaient rares, et le comédien devait le plus souvent user de diplomatie avec les détenteurs de comestibles ou adresser aux autorités du moment des requêtes comme celle-ci, libellée pour le restaurateur-magistrat Bonvalet :

14 Décembre 1870.

Citoyen Maire,

Il existe, m'a-t-on dit, dans le réglement rationnel de la viande de boucherie, un article en faveur des septuagénaires; s'il en est ainsi, je fais appel à votre sollicitude accoutumée pour en profiter.

Agréez l'assurance de ma parfaite considération.

FRÉDÉRICK-LEMAITRE.

En dépit des offrandes amicales et des prévenances administratives, les finances de Frédérick-Lemaître étaient fort compromises quand Paris se rendit. On le vit, par suite, reparaître au théâtre dès le mois de février 1871. Il y reparut, disons-le, dans des conditions déplorables, jouant sur les scènes infimes (Beaumarchais, Belleville, les Gobelins, Grenelle), avec des partenaires gauches, devant des spectateurs inintelligents et brutaux. Pour ce labeur pénible et humiliant, l'acteur ne recevait qu'un salaire modique; il était donc naturel qu'il songeât à profiter de la disposition législative qui autorisait les locataires parisiens à solliciter la remise d'une partie des termes échus pendant le siège et la Commune. Il comparut, en effet, le 5 juillet, devant le jury spécial du troisième arrondissement, pour soutenir sa demande en dégrèvement de loyer.

— Messieurs, dit en réponse le représentant du propriétaire, M. Frédérick-Lemaître est très-riche ; il a trente mille francs en gros sous dans sa cave et il ne sort jamais sans avoir vingt mille francs sur lui...

— En sous? interrompit Frédérick avec ironie. Cet homme est un calomniateur, messieurs, et je suis pauvre... oui, pauvre!

Le juge de paix, rappelant qu'Alexandre Dumas, que l'on croyait également riche, était mort dans l'indigence, donna gain de cause à Frédérick-Lemaître. Cette fois la justice avait bien prononcé ; la déclaration du comédien n'était pas un argument d'audience, mais la constatation exacte de son état de fortune. La pauvreté venait de fondre sur lui, précisément à l'heure où l'âge lui conseillait le repos, pour le contraindre à des efforts qui ne pouvaient que compromettre son passé.

Quelles étaient les causes de la pauvreté de Frédérick-Lemaître? Le décousu d'une existence où le réel et l'imaginaire s'entremêlaient dans une confusion presque obligatoire ; la propension naturelle de l'artiste aux choses d'apparat ; l'absence chez lui de ce contrôle féminin qui seul met un frein aux déprédations de la domesticité ; diverses circonstances encore, en tête desquelles il nous faut bien placer l'intérêt pris par Frédérick au succès de l'entreprise théâtrale de son fils aîné, entreprise malaisée dont il payait les frais avec une facilité qui trompait les siens mêmes sur sa situation financière.

Bien que fâcheuse, cette situation n'était pas désespérée, et Frédérick eût triomphé peut-être de ses embarras en s'astreignant à une économie constante. Son tempérament et ses habitudes lui rendaient l'obligation de petits calculs trop pénible pour qu'il n'essayât pas d'y échapper par le travail. Ses représentations régulières recommencèrent en juillet 1871, au théâtre de Cluny, où il joua *Don César de Bazan*, puis *Trente ans*, avec son succès ordinaire, mais un repos forcé de six mois succéda à cette campagne dont les résultats, d'ailleurs, ne pouvaient être bien importants.

L'âge de Frédérick-Lemaître refroidissait visiblement, à son endroit, les directions théâtrales; il lui valait, en outre, le chagrin de voir ses plus belles créations devenir la propriété de comédiens plus alertes. MM. Laferrière et Taillade avaient joué *Richard Darlington*, M. Berton s'était emparé de *Kean*, M. Lafontaine enfin étudiait *Ruy Blas* pour la reprise solennelle qu'en devait faire l'Odéon.

La perte de *Ruy Blas* contrista Frédérick plus que ne l'avaient fait les dépossessions antérieures. Il aimait passionnément ce rôle sidéral et le considérait avec raison comme le joyau de son répertoire. M. Lafontaine, qui faisait profession d'admirer Frédérick, eut la délicatesse d'aller voir celui qu'il appelait son maître pour s'excuser de sa témérité et solliciter des conseils. — Ce n'est pas vous qui auriez dû venir », lui dit Frédérick d'une voix attendrie. — Il avait espéré longtemps une visite de l'auteur même de

Ruy Blas. — « Je sais fort bien, nous disait-il, que je ne suis plus d'âge à tenir le rôle, mais j'aurais voulu que Victor Hugo m'associât d'une façon quelconque à la résurrection de sa pièce ; il était si facile de me demander de diriger la mise en scène ! » — Le silence du poète, dicté peut-être par un sentiment de discrétion affectueuse, fut pour Frédérick le plus pénible incident de la remise de *Ruy Blas* au théâtre, remise qui, comme celles de *Richard* et de *Kean*, ne pouvait que fournir à la critique l'occasion de comparaisons favorables à l'artiste créateur.

Ruy Blas fut repris à l'Odéon le 19 février 1872; le lendemain même, Frédérick-Lemaître prenait envers M. Billion, directeur de l'Ambigu, l'engagement de jouer le rôle principal d'un drame intitulé *Le Portier du n° 15*, moyennant deux cents francs par représentation (14).

Remplacer le pourpoint et l'épée de Ruy Blas par le tablier et le balai d'un coucierge n'était point chose bien tentante, mais l'affaire s'imposait au comédien en raison de son état de gêne et de l'utilité pour lui de secourir l'Ambigu, mis alors en interdit par la Commission des Auteurs dramatiques.

30 Mars 1872. — *Le Portier du n° 15*, drame en cinq actes, par M. Frantz Beauvallet. — Rôle de *Feuillantin*.

Feuillantin, gardien de la maison n° 15 d'une rue de Paris non désignée, est un portier comme on n'en voit guère ; il aime les enfants, les chats, les chiens ; il fait des réparations sans qu'on les lui demande et ne présente jamais les quittances de loyer. Lui et sa petite-fille Suzanne, jolie personne de seize ans, sont choyés et respectés par tous les locataires. Un certain Lejars, espèce d'usurier, dépare cependant cette maison bienheureuse ; il a des projets galants sur Suzanne, et celle-ci, qui aime un aspirant comédien et en est aimée, a dû plusieurs fois réclamer la protection de son grand-père contre le personnage qui, bien que vieux et laid, n'en est pas moins entreprenant. Dans la maison gérée par Feuillantin, viennent loger, au commencement du drame, le comte et la comtesse de Montcorbel. A l'aspect de cette dernière, le portier pâlit et se trouble. Nous ne tardons pas à apprendre que la prétendue comtesse est simplement la maîtresse de Montcorbel et de plus la fille de Feuillantin, ou plutôt de celui qui porte ce nom, car le vieux portier s'est appelé jadis le baron de Franville. Le baron a été riche, honoré ; il avait une fille belle, aimant le luxe, les plaisirs, il s'est ruiné pour aider son gendre, M. de Roseberg, à satisfaire les caprices de la jeune femme. Malgré le dévouement du père et celui du mari, Valéria de Roseberg a quitté la maison conjugale pour suivre un amant ; le mari s'est tué ; le baron a quitté Paris emmenant une petite fille de quatre ans que Valéria avait abandonnée ; il a vécu quelque temps des épaves de sa fortune, puis il est revenu à Paris, espérant y vivre et élever Suzanne en travaillant ; mais l'âge est venu, la misère ensuite, les termes se sont accumulés, et le propriétaire du nº 15, M. Charançon, a offert la place de concierge au locataire qui ne pouvait payer et qui s'est vu contraint d'accepter.

Dès le premier moment de son entrée dans la maison nº 15, Valéria a reconnu son père, et, par déduction, sa fille, jadis abandonnée; l'amour maternel se réveille dans son cœur ; mais Feuillantin se dresse entre elle et Suzanne, il ne veut pas que sa petite-fille subisse le contact de Valéria, et il exige que la prétendue comtesse quitte la maison où Suzanne respire. Valéria se soumet, mais Lejars qui s'est mis au courant de tout et qui a avec Montcorbel des relations mystérieuses, la dissuade d'obéir. « La loi est pour vous, lui dit-il, pourquoi ne feriez-vous pas valoir vos droits ? » Valéria méprise alors l'injonction de son père et se décide à tout pour reprendre Suzanne. Le vieillard est obligé de s'incliner à son tour ; en même temps, Lejars parvient à faire chasser le brave concierge.

L'usurier est donc maître de la situation, d'autant plus qu'il a entre les mains des faux commis par Montcorbel que les exigences de Valéria ont poussé au crime : qu'on lui donne Suzanne pour femme ou sinon il enverra le comte au bagne. Valéria, placée dans la cruelle alternative de perdre celui qui a sacrifié pour elle son honneur ou de livrer sa fille, implore Suzanne, la conjure de renoncer à celui qu'elle aime, et la pauvre enfant, pour épargner à son grand-père la honte d'un scandale, consent à épouser Lejars.

Le contrat va se signer quand Feuillantin ou plutôt le baron de Franville paraît; il est riche de nouveau, une parente lui ayant, dans l'intérêt de sa petite-fille, légué toute sa fortune, et il prétend disposer seul de l'avenir de Suzanne. Mais Lejars ne lâche pas prise; il veut la jeune fille et menace, si on la lui enlève, de dénoncer le comte, de rendre publique la conduite de sa maîtresse et de déshonorer ainsi deux familles. Par bonheur, Charançon, qui se repent de sa cruauté envers Feuillantin, acquiert la preuve d'un fait que Lejars croyait ignoré : il a empoisonné sa première femme, et s'il peut envoyer le comte au bagne, on peut l'envoyer, lui, à la guillotine. Terrifié à cette révélation, Lejars s'enfuit après avoir restitué les faux désormais inutiles; Suzanne épouse le futur comédien qu'elle aime, et le baron de Franville, après avoir pardonné à Valéria, achète la maison où il a été portier, pour y finir ses jours entre Suzanne et son époux.

Le drame est absurde, mal agencé, peu intéressant en somme. Il expose cependant un caractère nouveau, — celui de cette courtisane qui, reconnaissante à son amant de s'être déshonoré pour elle, associe à jamais sa vie à la sienne, — et contient une scène émouvante, celle du déménagement forcé du vieux Feuillantin; mais caractère et scène ne sont point du fait de l'auteur et représentent la part de collaboration désintéressée que lui avait apportée Frédérick-Lemaître. En 1840, surpris de voir Mme Cénau, l'actrice qui joua dans *Vautrin* la duchesse de Christoval, toujours flanquée d'un homme à la mine hébétée, Frédérick s'était enquis auprès de sa camarade même de la raison qui lui faisait subir la présence de ce triste personnage. — « Il a été mon amant jadis, répondit Mme Cénau avec franchise; il était alors caissier chez Rothschild et, pour m'offrir des présents, ne trouva rien de mieux que de puiser dans sa caisse et d'aggraver son crime par des faux nombreux. Chassé, déshonoré, il fût mort de honte et de faim si je ne l'avais recueilli. J'ai été la cause involontaire de sa perte ; tant que j'aurai du pain, je le partagerai avec lui. » — On reconnaît Mme Cénau dans la Valéria de M. Beauvallet. Quant au déménagement, qui fut l'épisode le plus applaudi de la pièce, il n'existait pas dans le manuscrit initial ; c'est Frédérick qui l'indiqua et il le joua de façon à mériter tous les suffrages. Avec quelle amertume et quelle philosophie il entassait dans une petite voiture à bras son misérable mobilier, la tapisserie conservée de ses ancêtres, le coffret contenant ses titres et ses croix ; avec quel accent navré, jetant un dernier regard sur les fenêtres de l'appartement où Valéria cachait Suzanne, il murmurait, en suivant la charette contenant sa défroque : « Le convoi du pauvre ! »

Le Portier du n° 15 fut donné quarante-quatre fois. Son demi-succès eut pour Frédérick-Lemaître deux contre-coups fâcheux. A l'une des dernières représentations d'abord, un homme d'équipe de l'Ambigu, qui voulait tuer le chef machiniste, laissa tomber avec intention, pendant un entr'acte, un décor assez lourd qui n'atteignit pas l'ennemi visé mais heurta fortement au bras et à la tête le comédien, affecté pour longtemps de ce choc. Puis on lui retira, sous prétexte de similitude dans les situations et les personnages, un rôle sur lequel il avait cru pouvoir compter et qui eût été pour lui une affaire aussi bonne au point de vue artistique qu'au point de vue des intérêts. C'est par la lettre suivante que lui fut notifiée cette résolution inattendue et quelque peu cruelle :

Janvry, 16 Juillet 1872.

Mon cher Frédérick,

Vous le savez, car je vous l'ai dit maintes fois, heureux d'avoir un collaborateur d'un talent aussi certain que le talent de D'Ennery, de tant d'expérience et d'une entente si savante aux choses de théâtre, je n'ai pas eu à entrer dans les questions pratiques ou de distribution qui se rattachaient au *Centenaire*. L'idée en revient d'ailleurs à D'Ennery lui-même qui m'a jugé digne de traiter ce sujet avec lui. Depuis, le temps a marché, et les événements, et, toujours restant dans mon rôle, j'ai laissé faire mon collaborateur, n'ayant pour ainsi dire, même quant au choix définitif d'un comédien, que voix consultative.

Jusqu'au moment où la Commission des Auteurs mit en interdit l'Ambigu dirigé par M. Billion, rien n'était décidé quant à l'artiste qui jouerait le rôle du *Centenaire*. Ce pouvait donc être vous, de qui D'Ennery disait encore voilà quelques jours : « Dans sa carrière, il a bien joué tout ce qu'il a joué. » Mais voilà que, dans le même temps, vous jouez *le Portier du n° 15*, c'est-à-dire un presque centenaire. Quand même, mon cher Frédérick, vous auriez eu le succès éclatant que vous aviez dû espérer, et qui probablement vous eût dédommagé de votre attente du centenaire *de cent ans*, vous n'en auriez pas moins pour nous joué un *presque centenaire*. Une différence de quelques années, quand on reproduit la fin d'une vie, ne fait pas une différence d'aspect bien saisissable. La création que je vous rappelle devait donc influer, vous le comprenez bien, sur la distribution définitive de notre drame.

En comprenant cela, mon cher Frédérick, vous comprendrez la sincérité des regrets de deux auteurs qui apprécient si bien votre grand talent; vous comprendrez mes regrets, à moi, que vous avez pris ici pour correspondant et qui m'en trouve à la fois honoré et attristé.

Recevez, mon cher Frédérick, avec mes serrements de main, mes vœux sincères de bonne santé et de bon succès.

Edouard PLOUVIER.

Supposer que Frédérick, si chercheur de contrastes et si méticuleux dans la composition de ses rôles, eût donné à un homme de cent ans le même aspect qu'au septuagénaire Feuillantin, est une conjecture trop peu flatteuse pour les auteurs du *Centenaire* pour que nous voyions là la raison vraie de leur décision. Quelle que fût cette raison, ils s'y tinrent, et c'est Lafont qui joua à l'Ambigu, rentré en grâce auprès de la Société des Auteurs, le rôle qu'avait entrevu Frédérick-Lemaître (octobre 1872). On l'y applaudit, mais, habitué à représenter exclusivement des personnages de comédie, il dut, pour soutenir le succès du nouveau drame, faire des efforts qui ruinèrent sa santé.

Pendant ce temps Frédérick, de plus en plus obsédé par la gêne, courait la province ou vendait aux brocanteurs les épaves de sa splendeur d'antan. Aux objets d'art, d'abord négociés, succédèrent bientôt l'argenterie, puis les livres, puis les autographes. Comme le comédien tenait à ce que ces opérations restassent secrètes, les marchands auxquels il s'adressait ne se faisaient aucun scrupule d'exploiter la situation. C'est ainsi que des dossiers suivants : Victor Hugo, 19 lettres ; Balzac, 21 pièces ; Lamartine, 2 lettres ; George Sand, 13 lettres et 1 manuscrit ; Mme Dorval, 9 lettres ; Félix Pyat, 12 lettres ; Gérard de Nerval, 1 lettre ; le Comte d'Orsay, 4 lettres ; Théophile Gautier, 1 lettre ; Eugène Sue, 1 lettre ; Jules Favre, 1 lettre, plus une série de documents émanant de personnages célèbres dont les noms remplissaient six pages in-folio, Frédérick obtint la somme dérisoire de *quatre cent cinquante francs*. Quel chagrin pour le comédien que la remise en des mains mercantiles des papiers où étaient consignés ses titres de gloire! Quel dommage pour l'histoire théâtrale que la dispersion de ces lettres, détenues aujourd'hui par des collectionneurs inconnus!

C'était du théâtre encore que Frédérick-Lemaître pouvait tirer ses ressources les plus importantes, mais à la condition, hélas! d'accepter des rôles qu'il eût jadis repoussés avec dédain. A cette catégorie fâcheuse appartenait le personnage qu'il consentit à créer à l'Ambigu, sur la prière du directeur Billion, dont la situation n'était guère plus brillante que la sienne.

28 Février 1873. — *Un Lâche*, drame en cinq actes et six tableaux, par M. Alfred Touroude. — Rôle de *Saint-Harem père*.

Amoureux de Mme Delatournelle, repoussé par elle et jaloux d'un ami commun, Mauclerc, M. de Saint-Harem, à l'aide d'une calomnie, a mis aux prises Delatournelle et son ennemi, espérant que ce dernier serait tué par le mari courroucé. C'est le contraire qui est arrivé. Delatournelle, frappé à mort par l'innocent qu'il avait contraint à se battre, a su alors la vérité; il a confié son fils Roger à Mauclerc, et Saint-Harem, menacé par ce dernier, a lâchement demandé grâce et signé de son nom l'aveu de son infâme machination.

Les années s'étant écoulées sans que son secret ait transpiré, Saint-Harem a pu croire que jamais il ne serait connu. Il vit heureux, considéré, près d'un fils, Gaston, qui est sa joie et son orgueil, et dont il a fait un des maîtres de l'escrime parisienne. Par malheur, Gaston s'éprend passionnément d'une jeune fille, Adrienne Simonnin, qui lui préfère Roger Delatournelle, le fils même de l'homme dont Saint-Harem a jadis causé la mort. Roger ne voit en Mauclerc son tuteur qu'un honnête homme bienfaisant, mais Gaston, qui ne peut supporter l'idée d'avoir Roger pour rival, lui révèle le secret du duel fatal. Roger provoque une explication entre son tuteur et lui; Mauclerc confesse la vérité, dit le nom du vrai coupable, et Roger altéré de vengeance, jure qu'il tuera le fils de l'homme que la vieillesse défend contre sa juste colère.

C'est dans une salle d'armes, où Gaston émerveille tous les amateurs par la sûreté de son jeu, que Roger fait à son rival et à Saint-Harem une insulte telle qu'un duel à mort entre les jeunes gens est jugé inévitable. Mauclerc ne veut pas que l'on tue son pupille, il menace Saint-Harem de tout révéler s'il n'empêche le combat, et le vieillard est obligé de faire lui-même à Gaston sa confession avilissante. Brisé, abattu, Gaston se résigne, le duel n'aura pas lieu; mais, au moment où il rédige une lettre d'excuses, Adrienne Simonnin commet l'imprudence de venir le supplier d'épargner celui qu'elle aime; cette démarche ranime la colère jalouse de Gaston : il se battra, malgré le serment fait à son père.

Le duel a lieu, en effet. Au moment de croiser le fer, Roger s'approche de Gaston, et, avec une noblesse qui ajoute à l'humiliation de son adversaire, il lui restitue la preuve écrite de la honte de Saint-Harem. Tant de générosité accable Gaston, il se jette sur l'épée de Roger, pour dénouer par sa mort cette situation terrible, et, quand Saint-Harem accourt pour recevoir le dernier souffle de son fils, celui-ci lui remet la lettre fatale : « Oh! justice, que tu frappes fort! » s'écrie le vieillard désespéré.

La pièce, bien conduite, serait émouvante, mais les situations n'étant qu'indiquées ou amenées par des incidents très-gros, elle laisse, au total, l'impression d'une œuvre manquée. Le caractère et les agissements de Saint-Harem sont si abjects qu'il fallut toute l'habileté de Frédérick pour éviter les sifflets. Le comédien prêtait au personnage une noblesse d'attitude qui désarma l'indignation. — « Je sais fort bien, nous disait-il, que je ne suis pas le Saint-Harem de M. Touroude, mais si je le représentais comme il l'a rêvé, le public me jetterait des pommes cuites. C'est véritablement un rôle ignoble : il faut avoir faim pour jouer de pareilles choses! » — Ce mot de *faim*, excessif en lui-même, caractérisait, pour Frédérick, une existence de jour en jour plus pénible. Un peu par sa faute, disons-le. En juillet 1871, congédié de la rue Béranger où son loyer, coté 2.200 francs, excédait ses ressources, il n'avait trouvé rien de mieux que de prendre, boulevard Magenta, 37, un appartement de 3.500 francs. — « C'est, au fond, une économie, prétendait-il en nous faisant visiter ce local trop vaste ; ici, j'ai l'eau dans la cuisine ; pas besoin donc du charbonnier ; or, cela coûte très-cher de faire monter l'eau. » — La vérité est qu'il fallait à sa nature puissante encore de l'espace et un air mesuré sans parcimonie ; mais, cet air et cet espace, il fallait les payer, et les travaux intermittents de Frédérick ne pouvaient l'y aider qu'insuffisamment.

La malechance, par surcroît, semblait s'acharner après le comédien. Annonçait-il qu'il donnait des leçons d'art dramatique, il lui venait, comme élèves, un élégant imbécile, une vieille femme atteinte d'un tic facial et un garçon liquoriste ; essayait-il d'obtenir un théâtre parisien pour y donner la représentation de retraite à laquelle lui donnaient droit cinquante-huit années de services, les portes se fermaient devant lui avec des fins plus ou moins polies de non-recevoir. Il n'y avait qu'une issue à cette situation désolante, la débâcle. Elle se produisit en juin 1873, avec des particularités que nous consignâmes alors dans un article de *la Revue théâtrale*, article qui produisit une certaine sensation, et qui a sa place naturelle dans ce livre tout de sincérité.

Il faut qu'on lise ici l'histoire singulière autant que lamentable du sauvetage d'un grand artiste. Je la dirai simplement, comme je l'ai sue — et un peu faite.

Le dimanche 1er juin, j'allai rendre visite à Frédérick-Lemaître. Mes relations avec le comédien célèbre durent depuis huit années. Ce sera l'un des bons souvenirs de ma jeunesse que celui de nos amicales entrevues, dont j'ai rapporté tant de faits, de jugements et d'anecdotes. Frédérick m'estime assez pour ne m'avoir jamais déguisé les embarras de sa vie privée. Je connaissais donc ses dettes; il m'avait conté les obstacles que le mauvais vouloir et l'indifférence apportaient à l'organisation d'une représentation à son bénéfice, qui lui eût permis de s'affranchir; mais j'étais loin de soupçonner l'imminence d'une catastrophe.

A peine, cependant, Frédérick m'eut-il serré la main et fait asseoir à son pâle foyer, qu'il me dit :

« Mon cher, vous voyez un homme fini. On vend mes meubles après-demain...»

Je bondis et rougis sans pouvoir prononcer une parole; le fait me paraissait invraisemblable. Frédérick dut, pour me convaincre, dresser sur sa table une pyramide de papiers timbrés, couronnée par cette horrible affiche manuscrite qu'on voit avec tristesse même sur la porte d'un indifférent. Il fallut bien croire. Après de nombreux ajournements, le fisc avait saisi les meubles et devait les enlever mardi matin pour les mettre aux enchères à l'hôtel Drouot; le propriétaire se réservait de faire vendre le reste dans l'appartement même. Etaient préservés deux lits, la bibliothèque et les costumes.

« Après tout, dit Frédérick avec un rire, en désignant du doigt les objets saisis, ça ne vaut pas la peine qu'on le regrette! »

Mais ce rire faisait mal, et la physionomie démentait les paroles. Le découragement frappait à la porte de ce grand cœur...

Deux heures se passèrent en confidences émues, en silences pénibles...

Je sortis, navré.

Que faire?

Jusque là, comptant sur un retour de fortune, j'avais tu les malheurs du grand artiste. Mais le silence, au moment d'une crise décisive, m'eût rendu complice des cruautés de la destinée.

« La nouvelle de ma ruine éclatera mardi soir comme une bombe! » avait dit Frédérick. — Pourquoi pas avant?

A l'insu de Frédérick, je courus au *Figaro*, où M. Xavier Eyma me reçut, m'écouta et promit de protester le lendemain, puis à l'*Evénement*, où je rédigeai et mis à l'adresse du courriériste Dupeuty ces lignes hâtées, mais éloquentes dans leur brutalité :

Une nouvelle incroyable ! lugubre ! honteuse !!!

On vend, mercredi matin, boulevard Magenta, 37, les meubles de Frédérick-Lemaître. Le grand comédien est réduit à une détresse complète.

Ajoutons qu'il n'a pu trouver aucun théâtre pour y donner une « représentation de retraite » qui l'eût sauvé !

Il doit 300 francs aux contributions et 3.500 francs à son propriétaire.

Lundi matin, *Figaro* se taisait, mais *l'Evénement* publiait, sous la signature de M. Dupeuty, ma note intégrale.

Je me rendis chez Frédérick, non sans inquiétude sur la façon dont il accueillerait mon indiscrétion, et fort embarrassé pour montrer le journal que j'avais en poche.

Le premier mot de Frédérick fut :

« Avez-vous lu l'article de *l'Evénement ?* »

Je vis à son air que quelque chose d'heureux était survenu, et, hardiment :

« Parbleu, répondis-je, c'est moi qui l'ai fait !... » — Il me tendit la main...

M. de Lapommeraye, feuilletoniste du *Bien public*, sortait de chez lui après s'être engagé à lui faire obtenir, sous bref délai, la représentation solennelle qu'il cherchait vainement, depuis six mois, à organiser.

Du récit qui précède, il faut retenir surtout ce détail que Frédérick-Lemaître avait gardé sur sa détresse un courageux silence. Instruit par hasard d'épreuves noblement supportées, le représentant de la critique parisienne avait, on l'a vu, pris l'engagement d'y mettre un terme. Sa parole ne fut point protestée ; trois jours après, une commission composée de MM. de Banville, Vitu, de La Rounat, de Charnacé, de Lapommeraye et Cassin était nommée pour organiser sans retard la représentation promise. Tous les journaux leur prêtèrent le concours de leur publicité, tous, sauf *le Figaro,* qui jugea bon d'expliquer son abstention remarquée par l'entrefilet suivant :

A l'époque où M. de Villemessant dirigeait *la Sylphide* (en 1845), M. de Besselièvre ayant fait dans ce journal un article où il blâmait M. Frédérick-Lemaître de ne pas jouer aux Variétés où il était engagé, celui-ci risposta par une assignation et une demande de dommages-intérêts.

Le tribunal s'empressa de les fixer à 3.000 francs que M. Frédérick-Lemaître se garda bien de refuser; il poussa même le désir de les toucher jusqu'à faire vendre à l'hôtel des commissaires-priseurs les meubles de M. de Villemessant qui ne se trouvait pas alors en état de le payer.

Certes, nous sommes loin de blâmer les journaux qui viennent aujourd'hui en aide à ce grand artiste, mais on comprendra que *le Figaro* n'ait pas, en cette circonstance, cru devoir mêler sa voix aux leurs.

M. de Villemessant avait, on en conviendra, la rancune tenace ; mais sa déclaration méchante contenait trop d'inexactitudes pour que Frédérick la laissât sans réplique. Le lendemain même, nous portions en son nom, au directeur de *l'Evénement*, cette lettre précise :

8 Juin 1873.

Monsieur le Directeur,

Vous m'obligerez infiniment en m'accordant une place dans votre estimable journal, afin de relever une erreur que commet le *Figaro*, dans son numéro de samedi dernier, 7 juin, en disant :

« Qu'autrefois je fis vendre à mon profit les meubles de son directeur. »

Voici les faits véritables :

Il y a vingt et un ans (1852), la *Chronique de Paris*, journal hebdomadaire dont M. de Villemessant était le directeur, publia, à la date du 3 août, un article qui portait la plus vive atteinte à mon honneur et à mes intérêts comme homme et comme artiste.

Malgré ma répugnance à intenter un procès, je dus porter plainte à qui de droit, afin d'obtenir réparation, car tout le monde m'eût accusé d'une lâche indifférence.

M. de Villemessant fut condamné à 500 francs d'amende, 2,000 francs de dommages-intérêts et aux dépens.

J'avais obtenu réparation : j'étais satisfait! Mais M. le directeur de la *Chronique* voulut en appeler et... la Cour impériale confirma l'arrêt des premiers juges.

Je n'avais plus à m'occuper de rien.

Plus tard, j'appris que les meubles de M. de Villemessant avaient été saisis... NON PAR MOI, mais au nom des poursuites judiciaires, frais de première instance, frais d'appel, amende, et mon indemnité en dernier ressort.

Je reçus, un mois plus tard, les 2,000 francs, et voici l'emploi que j'en fis :

500 francs *à mon avocat, M. Jules Favre ;*

250 francs *de frais à ma charge*, et 1,250 francs *que je m'empressai de verser dans la caisse de l'Association des artistes dramatiques.*

Je n'aurais pas voulu garder un centime.

Voilà les faits authentiques.

Jamais il ne me serait venu à l'idée de faire vendre les meubles de quelqu'un.

Je laisse cette triste besogne à plus courageux que moi.

Agréez, Monsieur le Directeur, avec mes sincères remerciements, l'assurance de ma parfaite considération.

FRÉDÉRICK-LEMAITRE.

Momentanément refroidis par l'attitude de M. de Villemessant, les organisateurs du bénéfice reprirent bientôt leurs démarches. Le 17 juin, ils faisaient apposer, sur les colonnes-affiches, ce placard d'avertissement :

THÉATRE NATIONAL DE L'OPÉRA

Samedi 21 Juin 1873

REPRÉSENTATION EXTRAORDINAIRE

AU BÉNÉFICE DE

FRÉDÉRICK-LEMAITRE

Avec le concours des principaux Artistes de Paris

L'affiche de demain jeudi donnera les détails du Spectacle ainsi que le Prix des places.

Le programme, publié par les journaux, était assez intéressant pour que le théâtre inscrivît, en quelques heures, dix-sept mille francs de location ; il comprenait les attractions suivantes :

1° Ouverture de *Guillaume Tell.*

2° Causerie de M. Paul Féval sur les rôles de Frédérick-Lemaître.

3° Premier acte de *Don César de Bazan*, ainsi distribué :

Don César	MM.	Frédérick-Lemaître.
Don José		Henri Luguet.
Le Capitaine		Paul Deshayes.
Maritana.........	Mmes	Ugalde.
Lazarille (travesti).		Sarah Bernhardt.

4° *Les Précieuses ridicules*, jouées par M. Coquelin aîné, Mmes Ponsin, Dinah Félix, etc.

5° Quatrième acte des *Huguenots*, avec M. Villaret et Mme Gueymard.

6° Troisième acte de *la Fille de Mme Angot*, avec intercalations diverses, chœurs, ballet, etc.

On faisait fond surtout sur ce dernier *numéro*, autorisé par M. Batbie, ministre des Beaux-Arts, après avis conforme de la commission consultative des théâtres. Mais, le lendemain de l'apposition des affiches préparatoires, l'autorisation ministérielle fut brusquement retirée. Le clan des musiciens sans verve et sans talent s'était ému de voir *la Fille de Mme Angot* sur l'affiche de l'Opéra ; l'un d'eux, qui rédigeait sous le nom de Jennius le courrier théâtral de *la Liberté*, avait crié à la profanation, et le bon ministre avait pris au sérieux cette manifestation ridicule.

Les organisateurs de la représentation de Frédérick-Lemaître donnèrent avec raison leur démission de membres du Cercle de la critique dont faisait partie le malfaisant Jennius, mais ils eurent le tort grave de ne point sacrifier leur susceptibilité à l'intérêt du bénéficiaire et d'abandonner l'entreprise sans tenter même de remanier le programme bouleversé.

On put croire un moment que Frédérick obtiendrait une réparation du préjudice subi. M. Cantin, directeur du théâtre des Folies-Dramatiques où se jouait *la Fille de Mme Angot*, prit pour son compte l'outrage fait à la pièce, et annonça qu'il donnerait, au bénéfice de Frédérick, une représentation pour laquelle il avait obtenu le concours du ténor Tamberlick.

— « Les grands pontifes de l'art officiel n'ont pas voulu admettre Mlle Angot à l'Académie de musique, — écrivait, le 22 juin, M. Cantin aux journaux, — Mlle Angot, bonne fille, se venge en recevant chez elle un artiste qui égale à lui seul l'Académie tout entière. » — Et, le jour même, l'affiche suivante flamboya sur les murs de la capitale :

TRÈS-INCESSAMMENT

TAMBERLICK

SE FERA ENTENDRE AUX FOLIES-DRAMATIQUES

DANS UNE REPRÉSENTATION AU BÉNÉFICE DE

FRÉDÉRICK-LEMAITRE

On peut être un chanteur célèbre et un sot parfait ; M. Tamberlick fournit la démonstration limpide de cette possibilité en découvrant dans la lettre de M. Cantin des « termes blessants » adressés à ses camarades de l'Opéra et en prenant prétexte de ces *injures* pour retirer la promesse de concours qu'il avait faite. La représentation des Folies-Dramatiques avorta donc comme celle de l'Opéra, aucun nouvel effort ne fut tenté, et les meubles de Frédérick-Lemaître furent vendus le 9 août suivant.

Le cri d'alarme poussé par nous n'avait, en somme, abouti qu'à l'ajournement de cette exécution, rendue plus douloureuse encore par les alternatives d'espoir et de désappointement que le comédien avait traversées pendant plus de deux mois. Nous acquîmes, par cet échec, la triste certitude que Frédérick inspirait plus d'admiration que de sympathie. La légende cynique édifiée sur son nom par les faiseurs d'anecdotes était évidemment la raison dominante de l'indifférence que rencontra la nouvelle de son désastre définitif. — « Ne vendez pas les meubles de ce comédien, avait écrit le doux Janin lui-même, il n'est pas homme à les pleurer : c'est le Diogène de notre siècle; il ne croit à rien. Laissez-lui une retraite : il serait homme à jouer le rôle du dépouillé, comme autrefois il représentait la besace de Robert Macaire. » — Eh bien! ni les anecdotiers ni « le prince des critiques » ne connaissaient le véritable Frédérick-Lemaître. Nous avons, en divers endroits de ce livre, montré le comédien différent des portraits acceptés du vulgaire; nous ajouterons quelques traits encore à sa physionomie véritable en publiant une correspondance signée de son nom et datée précisément de l'époque où Janin lui déniait toute sensibilité.

Au moment où la ruine allait fondre sur lui, Frédérick-Lemaître avait eu ce bonheur inattendu de voir surgir à ses côtés un dévouement profond, une sympathie délicate, qu'il accueillit comme une compensation de ses infortunes. Nous voulons parler de la jeune femme que les intimes de Frédérick ont connue sous le nom de Mlle Annette, et qui s'appelait, exactement, Anna Linder. Le comédien la présentait d'ordinaire comme sa nièce ; elle était en réalité pour lui l'amie la plus sincère, la fille la plus tendre. C'est à Mlle Linder, éloignée momentanément de lui par excès de scrupule, que Frédérick adressait les lettres auxquelles nous faisons ces emprunts significatifs :

13 Juin 1873.

Comme tu penses me voir demain, chère amie, et comme je crains de ne pouvoir m'absenter, j'écris cette lettre pour le cas où ma crainte se réaliserait. Je ne m'appartiens plus! hier, j'ai monté plus de quinze cents marches : je suis rompu et grippé!

Ma représentation aura lieu samedi 21 ; je doute qu'elle puisse aboutir, mais il faut que cela marche *quand même!*

Ce qui me console un peu de ton éloignement, c'est qu'ici tu t'ennuierais beaucoup. A chaque instant je suis dehors; on me demande par-ci par-là... La semaine va être dure à passer; sera-ce la fin de l'orage? Espérons-le, mon Dieu!

17 Juin.

Avant toute chose, chère amie, j'aime à penser que ta santé est bonne, car si tu étais malade, ce serait me faire grand'peine que de me le cacher.

Moi, je vais un peu mieux, je tousse moins, et, mon Dieu! si tu étais près de moi et que j'eusse l'esprit tranquille, la santé reviendrait. Mais je m'ennuie et suis très-occupé ou plutôt préoccupé!... Ma représentation passe samedi; il y a de la besogne; enfin, si cela peut aller sans encombre, dimanche sera un beau jour! Il n'y aura plus qu'à s'occuper du déménagement et à mettre de l'ordre dans le désordre.

J'aurais été te voir aujourd'hui, mais je suis obligé de rester pour recevoir lettres et visites.

Les affiches sont apposées, — elles auraient dû l'être dimanche : tout sera fixé demain soir.

Samedi, 21 Juin.

Ma chère amie,

J'ai tellement d'affaires à terminer aujourd'hui et demain que je ne pourrai pas te voir avant lundi. Il s'est passé, il se passe les choses les plus étranges ! Ma représentation n'a pas lieu ce soir... Ne t'alarme pas, tout cela est peut-être *un mal* pour *un bien*.

Je déménage, on met mes meubles à l'étage au-dessus... Encore une fois, bon espoir : Dieu ne nous abandonnera pas ! Je voudrais causer avec toi et ma plume ne me tient pas dans la main... Écris-moi, j'ai besoin de tes nouvelles.

Mardi, 24 Juin, midi.

Je commence ma lettre par t'envoyer un bon gros baiser, chère fille, puis je vais attendre le résultat de la journée pour t'en donner connaissance... Depuis hier, j'ai écrit *vingt lettres !*... Oui !... moi !!... Comme la faim fait sortir le loup du bois !...

Mercredi, 10 heures.

J'ai passé la soirée aux Folies avec M. Cantin, qui a écrit une lettre que tu as pu lire et qui a fâché M. Tamberlick... Encore tout en question !... Je suis obligé de rester toute la journée chez moi, j'attends du nouveau : il s'agit maintenant du Vaudeville !...

3 Juillet.

Au moment de partir pour aller te voir, je reçois visites, lettres... Il me faut rester bien malgré moi, car je sais que tu souffres de mes ennuis et que tu es très-heureuse de savoir ce qui se passe.

Je vais être fixé ce soir, je pense, sur le jour définitif, au Vaudeville. Tout le monde est indigné de ces déceptions successives, tout le monde me plaint... et voilà tout !... Je n'ai plus que toi pour soutenir mon courage !...

15 Juillet.

Je m'ennuie à mourir !... Tout semble se réunir pour me contrarier. Aujourd'hui je sors pour chercher un logement (c'est la chose importante dont j'ai à m'occuper en ce moment), une pluie affreuse me force de rentrer tout mouillé... depuis que je suis rentré et déshabillé, il fait beau!... Une journée perdue!... Enfin, demain je reprendrai ma course et j'espère qu'au soleil couchant je saurai où je pourrai coucher dans quelques jours... Coucher, mais non dormir, car je ne sais plus ce que c'est que le sommeil!...

A jeudi, je pense. La course d'ici à Auteuil est longue; je fais un mauvais sang avec les cochers!... Ce petit voyage qui, dans d'autres circonstances, me serait une distraction, est pour moi un supplice; je rentre brisé, et puis il ne faut pas dépenser plus qu'on ne peut... et qu'on ne doit!...

19 Juillet.

Tu m'as dit que mes lettres adoucissaient tes ennuis; je le comprends, chère amie, car j'éprouve moi-même un certain bonheur à t'écrire, bonheur un peu triste, il est vrai — j'aimerais mieux te parler, — mais sachons avec courage passer un temps d'épreuves. Je sais que voilà longtemps qu'il dure, c'est ce qui me fait espérer qu'il va finir!...

J'ai depuis hier vu bien du monde. Toujours trente-six projets; mais voici ce qui va finir par arriver. M. Cantin sent qu'il ne peut pas m'abandonner (du reste, c'est l'avis d'un homme d'affaires très-fort). — « Il faut vous laisser vendre, m'a-t-on dit hier dans son cabinet; cherchez vite un local; M. Cantin vous rendra vos meubles et vos créanciers ne pourront plus rien. Plus tard, votre bénéfice aura lieu. » — Mais voilà que je reçois ce matin la visite du propriétaire qui recommence sa rengaîne : « Je ne peux pas toujours attendre... Et votre bénéfice?... Je ne voudrais pas vous faire vendre, ça me ferait de la peine, mais j'ai une maison, il faut qu'elle me rapporte (*Charançon*, du *Portier*). » — Bref, je suis las de toutes ces choses et je veux en finir, mais je m'arme de patience afin que cela finisse d'une manière honorable!...

22 Juillet, 1 heure.

Il y a quelques instants que nous nous regardions sans pouvoir nous parler!... Je crois que je pousse bien loin le respect des convenances; mieux vaut cela que le contraire, et puis, c'est la fin finale de toutes ces misères. D'autres nous attendent peut-être, mais, au moins, j'aurai — nous aurons — fait preuve de courage.

Voici quelques détails sur ma position. Ne pouvant pas nous réunir en ce moment, il faut de toute manière que je loge pendant quelques jours hors de chez moi. L'hôtel me dégoûte. Mon fils m'a offert une chambre, ce sera *plus digne*, et nous pourrons nous voir à chaque instant... Je m'occupe de M. Cantin, c'est le point de sauvetage...

3 heures.

Je viens de voir M. Cantin : accueil des plus gracieux, assurance de son dévouement. Samedi, si son homme d'affaires était encore absent, il se charge de tout. — Je ne vois rien de plus à te dire pour le moment, sinon que tu es ma fille bien-aimée...

Dimanche, 10 Août.

La vente a eu lieu hier et n'a fini qu'à sept heures du soir!

J'ai couché ici, boulevard Malesherbes, 144; demain a lieu mon emménagement rue de Bondy, 15.

J'espère pouvoir aller mardi te voir, t'embrasser... Je t'écrirai demain... Je suis brisé!... Mon Dieu! quelle journée!...

Je vais rester ici deux ou trois jours encore, le temps de mettre de l'ordre dans mon nouveau logement, car c'est un monde que cette affaire! L'idée de nous retrouver bientôt réunis me donne la force nécessaire; j'espère que Dieu aura enfin pitié de nous!

Le commissaire-priseur désirait ne pas vendre hier et remettre cela à la semaine prochaine, mais nous avons voulu en finir et sortir de cette affreuse position. Quand cela a été fini, il m'a dit : « Dans quatre jours, vous serez bien content. » — Je ne demande pas mieux!

Je t'embrasse comme je t'aime, ma chère Antigone!...

16 Août.

Mon intention était d'aller aujourd'hui dîner avec toi, chère amie, mais je suis tellement fatigué que je dois me priver de ce bonheur.

Je suis encore dans les ennuis du déménagement, et quel déménagement!... On m'apporte seulement, en ce moment, une espèce de batterie de cuisine, car mes casseroles sont au diable!

Je n'ai pas pu trouver de tapissier, tout est sans dessus dessous!... Je m'arrête, ne voulant pas t'ennuyer de ces détails, mais tu dois comprendre que j'ai de la besogne.

Les chaleurs passées, et tout mis en place, mon appartement sera très-confortable. — A bientôt.

24 Août.

Tu as dû être étonnée et chagrine, chère amie, de n'avoir pas reçu de lettre hier. Je comptais aller te voir, espérant en avoir fini avec l'emménagement. Ah bien, oui !... Le tapissier, n'étant pas venu vendredi, n'a terminé hier soir qu'à sept heures !

Je tiens à ne pas nous faire remarquer en ce moment, mais c'est demain ma fête et je voudrais bien la passer avec toi. A demain donc. Pense à moi, qui suis bien triste de tous ces retards. Je t'embrasse comme je t'aime, c'est-à-dire avec toute la tendresse d'un père, d'un frère et d'un ami.

Nous le demandons au juge le plus prévenu contre Frédérick : est-ce là le style d'un Diogène ou même d'un sceptique? Où trouver plus de sensibilité vraie, de tendresse reconnaissante, de résignation sans pose que dans ce journal intime, conservé pieusement par la destinataire?

Au plus fort des ennuis de Frédérick-Lemaître, un libraire, désireux de bénéficier du bruit qui se faisait autour de son nom, était venu lui demander un manuscrit quelconque. De ses paperasses en désordre, le comédien tira bénévolement une pièce en trois actes intitulée *la Tabatière*, qui fut imprimée en juillet 1873. Etait-ce le mélodrame écrit en collaboration avec M. Maillard et cause première de la destruction de l'Ambigu-Comique en 1827? Nous ne saurions le dire; mais on aurait tort de chercher là quelque manifestation du génie théâtral de Frédérick. Il s'agit, dans cette *Tabatière*, d'un certain Edmond, enfant naturel, qui, après avoir sauvé les jours du comte Ernest, s'éprend de Mlle Elisa, fille de ce dernier, et découvre bientôt que le comte est son propre père. Il ne pourra donc pas épouser Elisa? — Si, parce que la jeune fille n'est que la nièce du comte, qui répare ses torts envers la mère d'Edmond et unit les amoureux. — Et la tabatière? dira-t-on. Elle appartient au comte Ernest et amène la découverte d'Edmond au moyen d'une miniature ornant son couvercle. De M. Maillard ou de Frédérick, l'œuvre est banale, puérile, et ne mérite pas qu'on s'y arrête.

XVII

Marie Tudor. — Une ovation. — Dernière apparition de Frédérick-Lemaître. — M. Rossi dans *Kean.* — Une entrevue. — Encore la représentation à bénéfice. — Maladie et mort de Frédérick-Lemaître. — Ses obsèques. — La « Salle des Pauvres ».

Parmi les monuments incendiés, par hasard ou par calcul, pendant les dernières heures de la Commune, figura le théâtre de la Porte-Saint-Martin. Pendant plus d'une année, ses ruines attristèrent la vue des Parisiens, puis on y mit la pioche et une nouvelle salle s'édifia, dont MM. Ritt et Larochelle devinrent directeurs. Ils affichèrent d'abord une prédilection pour la haute littérature, choisirent dans le répertoire de Victor Hugo leur pièce de début, et engagèrent Frédérick-Lemaître, comme le dernier représentant de la glorieuse époque qu'ils désiraient ressusciter. L'engagement fut fait pour douze mois, payés six mille francs. C'était juste la somme que versait à Frédérick la Porte-Saint-Martin de 1827 : la vieillesse attristée du comédien se reliait par un chiffre à sa jeunesse besoigneuse.

On avait cru pouvoir inaugurer le bâtiment nouveau par *le Roi s'amuse*, avec Frédérick-

Lemaître dans le rôle de Saint-Vallier, mais *l'ordre moral*, qui triomphait alors, défendit la pièce, et les directeurs se rabattirent sur *Marie Tudor*, que les gouvernants voulurent bien ne point trouver dangereuse. Un rôle de juif y échut à Frédérick, rôle épisodique composé de deux scènes couronnées par la mort du personnage, et auquel il sut donner des nuances, des saillies, une ampleur que le public récompensa par des bravos chaleureux (27 septembre 1873). Mais, bien que *Marie Tudor* portât gaillardement ses quarante années, elle ne produisit ni l'effet ni les recettes qu'on en attendait, et disparut de l'affiche à la cinquante-deuxième représentation.

Les directeurs, considérablement refroidis à l'endroit du drame littéraire, appelèrent alors M. d'Ennery à la rescousse. Il accourut avec *le Tour du monde en* 80 *jours*, prétexte à exhibition de décors, d'animaux et de danseuses. Frédérick-Lemaître devenait inutile ; on le congédia, ses douze mois payés, avec le mépris dû à un artiste vieux et pauvre. Force lui fut de paraître à nouveau sur les scènes inférieures. En janvier 1874, il rejoua *le Crime de Faverne* au Théâtre de Cluny. Tristes représentations ! A l'une d'elles, il se blessa grièvement au crâne avec la chaise qu'il brandissait pendant la scène de folie ; puis ses créanciers mirent opposition au paiement du modeste cachet qui lui était alloué, et il lui fallut introduire des référés pour ramener au cinquième l'effet de ces saisies et présider à des répartitions plus que laborieuses.

Quelle différence entre l'abandon où le monde des théâtres laissait Frédérick-Lemaître et la manifestation sympathique faite vers cette époque en faveur d'une actrice de sa génération ! On avait appris, en août 1874, que Mlle Déjazet était malade et sans ressources, et une représentation solennelle avait été aussitôt organisée à son profit. Elle eut lieu le 27 septembre à l'Opéra, provisoirement installé dans la salle Ventadour. Frédérick y parut en tête des artistes qui venaient apporter à la comédienne leurs félicitations amicales, et la salle lui fit un accueil enthousiaste.

— Par ces applaudissements, disions-nous quelques jours plus tard à Frédérick, le public a voulu certainement proclamer vos droits à une manifestation pareille à celle dont bénéficiait Déjazet.

— C'est possible, répondit le comédien ; moi, j'étais ému surtout en pensant que je foulais, après trente-six ans, les planches sur lesquelles j'avais créé *Ruy Blas !*

Il connaissait, pour l'avoir éprouvée, l'inanité de la faveur publique, et, de fait, rien ne résulta pour lui de l'ovation dont avait retenti la salle Ventadour.

Le 24 décembre 1874, Frédérick-Lemaître reparut au Théâtre des Arts (anciens Menus-Plaisirs) dans le *Crime de Faverne* ; le 22 janvier 1875, il abandonnait son rôle, pour cause d'indisposition : on ne devait plus le revoir sur la scène.

L'indisposition de Frédérick consistait principalement dans l'existence d'aphtes qui lui rendaient la parole et la mastication difficiles ; elle parut céder à un traitement énergique, et le comédien songeait, vers le mois de septembre, à frapper encore à la porte de quelque théâtre, quand son état s'aggrava subitement. Dînant chez un restaurateur du boulevard du Temple, il avait eu l'imprudence de goûter à certain « homard à l'américaine » qui tentait sa curiosité, et ce mets épicé avait déterminé l'enflure de la langue et l'éclosion de nouveaux aphtes plus nombreux et plus gênants que les premiers. On ne s'en inquiéta pas, cependant, et le malade adopta résolûment le régime de viandes crues et de potages auquel le condamnait la Faculté.

Une peine morale vint s'ajouter bientôt à sa douleur physique. L'acteur italien Rossi, qui donnait, à la salle Ventadour, des représentations accueillies avec cette faveur que Paris réserve aux choses exotiques, l'acteur Rossi, disons-nous, joua le *Kean* de Dumas. Rendons à l'artiste étranger cette justice qu'il tenta d'amortir, par une démarche respectueuse, le coup qu'il portait à son prédécesseur. Le matin même de son apparition dans *Kean*, il écrivit à Frédérick-Lemaître :

Paris, 9 Novembre 1875.

Mon cher Confrère,

Oh! comme j'aurais désiré de vous voir, ce soir, assister à la représentation de *Kean*. Je sais que vous êtes indisposé, je regrette bien *la cause* et pour les deux raisons, mais, dans toute ma représentation, je vous tiendrai devant mes yeux.

Tout à vous,

Ernesto Rossi.

Si, par bonheur, vous étiez bien portant, venez : toutes les portes s'ouvriront devant Kean.

Frédérick répondit — la représentation donnée — par ces lignes un peu ironiques :

11 Novembre 1875.

Monsieur et illustre,

Je vous prie de recevoir mes sincères remercîments pour votre gracieuse invitation, mais, hélas! ma santé ne me permet pas d'en profiter en ce moment. J'espère être plus heureux et pouvoir plus tard mêler mes applaudissements à ceux de vos nombreux admirateurs.

Permettez-moi de vous féliciter de votre nouveau succès, et agréez l'assurance de ma parfaite considération.

FRÉDÉRICK-LEMAITRE.

Frédérick savait déjà, par nous, qu'aucune comparaison n'était possible entre le Kean italien et le Kean français. Par sa recherche des effets plastiques, par l'immobilité du visage, par l'absence de regard et par la multiplicité des gestes, M. Rossi rappelait surtout Laferrière, dont les succès n'avaient jamais troublé les nuits de Frédérick. En dépit des éloges de quelques feuilletonistes, courtois jusqu'à la complaisance, M. Rossi n'eut pas, en somme, à se féliciter de sa tentative. Peut-être, quoi qu'on en ait dit alors, l'avait-il faite sans la moindre intention d'être désagréable à Frédérick-Lemaître et éprouvait-il, au contraire, pour cette majesté vieillie, une sympathie véritable. A l'appui de cette supposition, nous donnerons l'entrevue qu'eut Frédérick avec M. Rossi, un mois après *Kean*. Sollicité par le secrétaire du Théâtre-Italien de fixer lui-même la date de cette entrevue, le comédien avait répondu :

18 Décembre 1875.

Cher Monsieur Badoche,

Je suis on ne peut plus sensible à votre lettre sympathique. Veuillez assurer M. Rossi que je suis très-flatté du désir qu'il éprouve. Qu'il choisisse à son gré le jour où il voudra bien m'honorer d'une visite, car ma santé ne me permet pas de sortir.

Agréez, cher Monsieur, mes remercîments sincères.

FRÉDÉRICK-LEMAITRE.

Deux jours plus tard M. Rossi, accompagné de son secrétaire, frappait à la porte de Frédérick, abordait le comédien avec une exagération tout italienne de gestes et de paroles, et lui demandait instamment l'autorisation de donner, au théâtre Ventadour, une solennité à son bénéfice. — « Je ferai, disait-il, quelque chose de superbe : ce sera l'Italie donnant la main à la France ! » — Plus obéré que jamais, Frédérick ne pouvait repousser cette offre opportune, et M. Rossi, nanti du consentement sollicité, repartit en disant : « Je me charge de tout ! »

Le journal *l'Evénement,* qui avait servi de porte-voix aux organisateurs de la représentation de 1873, était naturellement désigné comme le moniteur de l'entreprise nouvelle ; il offrit sans tarder l'aide de sa publicité. D'un autre côté, les frères Lionnet, se souvenant de l'amitié dont Frédérick les honorait depuis nombre d'années, apportèrent à M. Rossi une coopération à laquelle leur expérience donnait une valeur spéciale.

Il y avait nécessité d'agir et d'agir vite : ce n'était plus la gêne que subissait Frédérick, mais la misère, une misère d'autant plus profonde qu'il la dissimulait intentionnellement à ceux qui eussent pu y apporter remède. Point d'argent, point de linge, aucune de ces petites recherches d'intérieur qui sont pour les vieillards une nécessité. Et puis la maladie, qu'on avait méconnue à l'origine, s'était révélée par d'effrayants ravages; les médecins se trouvaient en présence d'une affection cancéreuse que rien ne pouvait vaincre : les jours du comédien étaient comptés. Il espérait pourtant encore et entretenait d'ordinaire l'illusion chez les siens. — « Je ne suis pas malade, disait-il, je suis blessé, et l'on guérit d'une blessure ! » — Mais un pressentiment attristait parfois son regard. — « Quand j'étais jeune, déclarait-il alors, l'idée de la mort révoltait mes sens et ma pensée; je l'accepte aujourd'hui : c'est le repos nécessaire après la tâche accomplie ! »

Contrariée par l'hostilité de quelques-uns, par la vanité de quelques autres, par l'indifférence du plus grand nombre, la représentation de Frédérick-Lemaître s'organisait péniblement. On l'avait annoncée pour le 9, puis pour le 16 janvier 1876 ; on la reporta finalement au 30 du même mois. Pendant ces tergiversations, l'état de Frédérick empirait, et son courrier lui apportait quotidiennement des sommations de la nature de celle-ci :

15 Janvier 1876.

Madame S*** prie Monsieur Frédérick-Lemaître de lui payer son terme et de ne pas l'obliger à recourir à son avoué.

Vaincu décidément par la souffrance, Frédérick s'alita le 23 janvier. Il ne pouvait plus ni manger ni parler : sa mort n'était désormais qu'une question d'heures. Poursuivant néanmoins leur tâche, les organisateurs de son bénéfice firent placarder, le 26 au matin, cette première annonce :

THÉATRE ITALIEN

Dimanche 30 Janvier 1876

A 8 heures du soir

REPRÉSENTATION EXTRAORDINAIRE

DONNÉE EN L'HONNEUR DE M.

FRÉDÉRICK-LEMAITRE

Avec le concours des Artistes de tous les

PRINCIPAUX THÉATRES DE PARIS

Une prochaine affiche indiquera la composition du Spectacle.

Vers le milieu du même jour, hélas! Frédérick, sentant sa fin prochaine, appelait du geste à son chevet ses fils, sa fille et son gendre et leur donnait sa bénédiction. Puis, se soulevant, la figure convulsée, les yeux démesurément ouverts, il engageait contre la mort le combat suprême. A trois heures, le délire s'emparait de lui; à huit heures du soir, il rendait le dernier soupir.

Ce dénouement fatal enlevait au bénéfice projeté sa raison d'être. On déchira les affiches apposées, et l'on fit bien. Il n'est pas sans intérêt, toutefois, de connaître les attractions que les mandataires de Frédérick-Lemaître avaient pu grouper autour de son nom :

1° *Un grand homme*, comédie inédite d'Edouard Plouvier, jouée par MM. Saint-Germain, Doria, Mlles Bartet et A. Girard.

2° Troisième acte de *Mithridate*, tragédie de Racine, joué par MM. Maubant, Dupont-Vernon et Charpentier.

3° *Marcel*, drame en un acte, de MM. J. Sandeau et Decourcelle, joué par MM. Laroche, Barré, Prudhon, Mmes Jouassain, Lloyd, Martin, la petite Martel.

4° Quatrième acte de *Kean*, joué par M. Rossi et sa troupe.

5° *Poésies*, dites par Mme Arnould-Plessy, MM. Febvre et Mounet-Sully.

6° *Concert*, par Mme Miolan-Carvalho, MM. Faure, Delle-Sedie, Sivori, Ritter et Lionnet frères.

7° *Hommage à Frédérick-Lemaître*, et défilé des principaux artistes de Paris.

Satisfaisant au point de vue musical, ce programme était, quant à la partie dramatique, d'une insuffisance évidente. Quelle recette aurait-il produit? On ne saurait le dire, mais nous croyons que les organisateurs ne s'étaient pas sensiblement trompés en faisant signer à Frédérick inconscient un abandonnement préalable de *trois mille francs*. — Trois mille francs à celui qui, pendant quarante ans, avait été la gloire du théâtre!...

La nouvelle du décès de Frédérick-Lemaître causa dans Paris une émotion profonde. Quantité d'artistes et de littérateurs allèrent s'inscrire au domicile du défunt. Ceux qui l'avaient particulièrement connu étaient admis dans la chambre où le comédien, embaumé par le docteur Bayle, dormait son dernier sommeil. La mort l'avait rajeuni de dix ans. A son visage, admirable de sérénité, de longs cheveux gris faisaient comme une auréole. Ni le moulage ni la photographie n'eussent pu rendre cette physionomie superbe; la famille s'en tint à un dessin de M. Anatole Lionnet, qui eut au moins le mérite de la ressemblance.

Les obsèques de Frédérick furent l'occasion d'une manifestation imposante. Dès le matin du samedi 29 janvier, une foule considérable se portait aux abords du n° 15 de la rue de Bondy, où le corps était exposé dans un cercueil de chêne, portant sur le couvercle une simple plaque en acier avec ces mots :

FRÉDÉRICK-LEMAITRE
75 Ans — 1876

A midi précis, le corbillard quittait la maison mortuaire. Le fils aîné de Frédérick pria Victor Hugo, qui arrivait en ce moment, de vouloir bien tenir un des cordons du char funèbre. — « De tout mon cœur », répondit le poète, et il tint l'un des cordons jusqu'à l'église, avec MM. Taylor, Halanzier, Dumaine, Febvre et Laferrière.

L'entrée de la petite église Saint-Martin-des-Marais, où devait se célébrer le service, était interdite à toute personne non munie d'une lettre de faire part. Le curé de la paroisse, entouré de tout son clergé, dit la messe des morts, chantée en musique avec le concours de MM. Faure, Bosquin et Menu. A deux heures moins un quart, le char se remettait en marche, au milieu des flots profonds de la foule. Il y avait là toutes les illustrations littéraires et artistiques, tous les acteurs des théâtres de Paris, plus cinquante mille inconnus. A deux heures et demie, le cortége franchissait la porte du cimetière Montmartre.

Au sortir de l'église, M. Frédérick-Lemaître fils avait demandé encore à Victor Hugo de parler sur la tombe de son père; Victor Hugo ne voulut pas refuser ce suprême hommage au créateur de *Ruy Blas*; c'est donc lui qui, la bière descendue, prit d'abord la parole, pour prononcer cet admirable adieu :

On me demande de dire un mot. Je ne m'attendais pas à l'honneur qu'on me fait de désirer ma parole; je suis bien ému pour parler; j'essayerai pourtant.

Je salue dans cette tombe le plus grand acteur de ce siècle, le plus merveilleux comédien peut-être de tous les temps.

Il y a comme une famille d'esprits puissants et singuliers qui se succèdent et qui ont le privilège de réverbérer pour la foule et de faire vivre et marcher sur le théâtre les grandes créations des poètes; cette série superbe commence par Thespis, traverse Roscius et arrive jusqu'à nous par Talma; Frédérick-Lemaitre en a été, dans notre siècle, le continuateur éclatant. Il est le dernier de ces grands acteurs par la date, le premier par la gloire. Aucun comédien ne l'a égalé, parce qu'aucun n'a pu l'égaler; les autres acteurs, ses prédécesseurs, ont représenté les rois, les pontifes, les capitaines; ce qu'on appelle les héros, ce qu'on appelle les dieux; lui, grâce à l'époque où il est né, il a été le peuple. Pas d'incarnation plus féconde et plus haute. Etant le peuple, il a été le drame; il a eu toutes les facultés, toutes les forces et toutes les grâces du peuple; il a été indomptable, robuste, pathétique, orageux, charmant; comme le peuple, il a été la tragédie et il a été aussi la comédie. De là sa toute-puissance; car l'épouvante et la pitié sont d'autant plus tragiques qu'elles sont mêlées à la poignante ironie humaine. Aristophane complète Eschyle; et ce qui émeut le plus complètement les foules, c'est la terreur doublée du rire. Frédérick-Lemaître avait ce double don; c'est pourquoi il a été, parmi tous les artistes dramatiques de son époque, le comédien suprême.

Il a été l'acteur sans pair. Il a eu tout le triomphe possible dans son art et dans son temps; il a eu aussi l'insulte, ce qui est l'autre forme du triomphe.

Il est mort, saluons cette tombe. Que reste-t-il de lui aujourd'hui ? Ici-bas un génie. Là-haut une âme.

Le génie de l'acteur est une lueur qui s'efface; il ne laisse qu'un souvenir. L'immortalité, qui appartient à

Molière poëte, n'appartient pas à Molière comédien. Mais, disons-le, la mémoire qui survivra à Frédérick-Lemaître sera magnifique ; il est destiné à laisser au sommet de son art un souvenir souverain.

Je salue et je remercie Frédérick-Lemaître. Je salue le prodigieux artiste ; je remercie mon fidèle et superbe auxiliaire dans ma longue vie de combat. Adieu, Frédérick-Lemaître !

Je salue en même temps, car votre émotion profonde, à vous tous qui êtes ici, m'emplit et me déborde moi-même, je salue ce peuple qui m'entoure et qui m'écoute. Je salue en ce peuple le grand Paris. Paris, quelque effort qu'on fasse pour l'amoindrir, reste la ville incomparable. Il a cette double qualité d'être la ville de la révolution et d'être la ville de la civilisation, et il les tempère l'une par l'autre. Paris est comme une âme immense où tout peut tenir. Rien ne l'absorbe tout à fait, et il donne aux nations tous les spectacles. Hier il avait la fièvre des agitations politiques ; aujourd'hui le voilà tout entier à l'émotion littéraire : à l'heure la plus décisive et la plus grave, au milieu des préoccupations les plus sévères, il se dérange de sa haute et laborieuse pensée pour s'attendrir sur un grand artiste mort. Disons-le bien haut, d'une telle ville on doit tout espérer et ne rien craindre ; elle aura toujours en elle la mesure civilisatrice ; car elle a tous les dons et toutes les puissances ; Paris est la seule cité sur la terre qui ait le don de transformation, qui, devant l'ennemi à repousser, sache être Sparte, qui, devant le monde à dominer, sache être Rome, et qui, devant l'art et l'idéal à honorer, sache être Athènes.

La biographie de Frédérick devait être faite dans le champ de repos ; c'est M. Eugène Moreau qui l'essaya, comme secrétaire-rapporteur des comédiens associés :

Après la parole que vous venez d'entendre, qui donc essaiera de se faire écouter ? Celui qui se sent soutenu par l'accomplissement d'un devoir.

Il appartenait à la main qui a jeté sur les épaules de Frédérick la casaque de Ruy Blas, d'être la première à l'envelopper dans son linceul.

Je viens, au nom de l'Association des Artistes Dramatiques, saluer dans sa tombe le plus illustre de ses adhérents.

Frédérick-Lemaître! que de rôles multiples, que de triomphes éclatants s'éveillent à ce nom!

L'orateur énumère les principaux rôles du grand artiste qui, partant de *Lisbeth*, passent par *Cardillac*, *Cartouche*, *l'Auberge des Adrets*, *Lucie de Lamermoor*, *Trente ans*, *la Mère et la Fille*, *Richard Darlington*, *Lucrèce Borgia*, *Kean*, pour en arriver à ce terrible et écrasant *Ruy Blas*, que lui seul pouvait porter sans défaillance, et se continuer avec *Don César de Bazan*, *Paillasse*, *les Mystères de Paris*, *la Dame de Saint-Tropez*, etc. Il conclut en ces termes :

On a dit ceci : Frédérick eût dû se retirer, et ne pas compromettre sa réputation en montrant à un public nouveau l'acteur vieilli, affaibli, diminué. Ceux qui ont ainsi parlé ne savent pas ce que c'est qu'un comédien. Non pas seulement un comédien, un artiste quel qu'il soit. Qui donc se résigne à se perdre dans l'ombre, après avoir flamboyé dans un pareil éclat? Qui donc accepte cette mort par anticipation qu'on appelle l'oubli? Il en est, répond-on. Admirons-les, sans blâmer ceux qui ne peuvent les imiter.

Hâtons-nous de le dire d'ailleurs, à chacune de ses réapparitions, Frédérick était accueilli de telle sorte qu'il serait pleinement justifié s'il avait besoin d'une justification.

La prononciation qui, chez lui, du reste, avait toujours été le côté faible, lui faisait défaut, mais l'œil avait toute sa puissance et le geste toute son ampleur. Ce talent amoindri ne lançait plus que des éclairs, mais ces éclairs aveuglaient encore. On l'appelait le Vieux Lion. Soit! Mais à ce lion, personne n'avait rogné les ongles, et quand il secouait sa crinière, il la secouait royalement.

Nous n'avons parlé que de l'acteur, laissant à dessein de côté les anecdotes plus ou moins légendaires sur l'homme privé. Celui-ci ne nous appartient en aucune façon. Puis, de pareils génies ne se mesurent pas sur le patron des multitudes. Il nous est enjoint toutefois de dire que, membre de notre Société, il versa dans la caisse de secours les dommages-intérêts qui lui furent alloués à la suite d'un procès par lui gagné. Aussi, en raison de ce fait, a-t-il paru juste à notre Comité d'inscrire parmi ses sociétaires perpétuels celui qui fut son vice-président.

Les derniers moments de Frédérick ont été terribles. Cette nature vigoureuse n'a pu succomber qu'après des tortures sans nom. Aujourd'hui le voilà dans le repos. Pour lui, la postérité commence, car nous ne pouvons nous résoudre à penser que son nom se perdra comme celui de tant d'autres. On doit toujours vivre dans la mémoire des hommes quand on a associé sa gloire à celle des Alexandre Dumas et des Victor Hugo.

Puis, au nom de la Société des Auteurs Dramatiques, dont Frédérick-Lemaître était un des membres les plus anciens, M. Ferdinand Dugué parla comme suit :

Quels deuils, Messieurs, quelles pertes irréparables pour le théâtre, en moins d'une année! Hier, Mélingue et Déjazet; aujourd'hui Frédérick, le plus éminent, le plus admiré de tous, le merveilleux créateur de *Gennaro*, du *Joueur*, de *Richard Darlington*, de *Kean*, de *Don César* et de *Ruy Blas!*...

On a souvent dit que le comédien mourait tout entier, ne laissant après lui qu'une sorte de renommée impalpable et toujours décroissante; c'est là une erreur qu'il importe de rectifier et de combattre, surtout au bord de la fosse où gît cet artiste sans rivaux, cette personnalité toute-puissante dont la disparition va faire dans l'art dramatique un si grand vide. Ici, plus qu'ailleurs, c'est un devoir d'affirmer hautement que le comédien se survit à lui-même. S'il n'a pas le livre comme l'écrivain, la toile comme le peintre, le marbre comme le sculpteur, il a, pour perpétuer son talent et sa gloire, quelque chose d'aussi fort, d'aussi vivace peut-être : la tradition!

Oui, la main est glacée, la bouche muette, l'œil éteint; mais qui donc pourrait oublier jamais ce geste, cette voix et ce regard souverain qui nous ont tant de fois émus, charmés, transportés, et dont le souvenir se transmettra, intact et fidèle, à ceux qui viendront après nous! C'est qu'en effet rien ne s'efface, rien ne s'amoindrit, rien ne se perd de ce qui fit la force et l'originalité de ces maîtres!... De pareils talents font école; si on ne peut les imiter, on s'en inspire, et il y a toute une série d'études fécondes dans ces simples mots : *Vous rappelez-vous comme il disait cela?*... C'est ainsi que les moindres détails de l'attitude et du costume, les nuances les plus délicates de l'intonation et de la physionomie dans tel ou tel rôle, le photographient pour ainsi dire dans la mémoire de chacun et l'éternisent par le souvenir. Donc, le nom de cet homme ne périra pas plus que son œuvre, et on dira toujours Frédérick comme on dit Talma, car leur génie les fait immortels!...

Adieu, Frédérick! Je te salue au nom des auteurs dramatiques qui viennent de perdre en toi le plus illustre de ces vaillants interprètes auxquels leurs œuvres doivent, sans contredit, une grande part de succès et de renommée!... Adieu! tu emportes les regrets de tout ce qui est le théâtre, et si on pouvait réunir à ces couronnes dernières toutes celles que te valurent tes innombrables triomphes, elles suffiraient à te faire un mausolée royal.

M. Mounet-Sully, de la Comédie-Française, s'avançant, un papier à la main, lut alors ces vers de M. Jean Richepin :

A FRÉDÉRICK

Salut, maître! salut, géant! salut, génie!
Nous devions saluer ta gloire non finie
Et couronner ton front. Hélas! c'était demain.
Mais la mort est venue, avec sa froide main,
Soustraire la couronne à ton grand front qui tombe,
Et nous ne pouvons plus pleurer que sur ta tombe.
N'importe! nous dirons, fût-ce même en pleurant,
Combien nous t'admirions et combien tu fus grand.
Nous dirons quelle était l'ampleur de ton domaine,
Et que les passions de la pauvre âme humaine,
Toutes, les vœux, les cris, des gueux comme des rois,
Ont chanté tour à tour et pleuré par ta voix.
Ton esprit, où la vie avait mis sa semence,
Communiquait, ainsi qu'un carrefour immense,
Aux ruelles sans nombre, aux passages obscurs,
D'où l'on voit déboucher, grouillant entre les murs,
Ceux-ci pieds nus, ceux-là faisant sonner leurs bottes,
Brandissant des poignards, secouant des marottes,
Criant, riant, priant et se tordant les mains,
Le troupeau des vertus et des vices humains.
— Vous représentez-vous tout ce que fut cet homme
Et ce qu'il a vécu d'existences en somme?
Etre Napoléon, Othello, Buridan,

Kean, Méphistophélès, Don César de Bazan,
Et passer, oubliant ce qu'on était naguère,
De Paillasse à Vautrin, de Ruy Blas à Macaire;
Etre tout, sentir tout, avoir autant de voix
Qu'il est d'astres au ciel et de feuilles au bois;
S'incarner tous les jours, prendre cent effigies,
Comme les anciens dieux dans les mythologies;
Se dire que tout l'homme habite ce front-là,
Et n'avoir qu'un seul cœur pour porter tout cela!
Ah! le monde qui vient au théâtre et s'amuse
Ne sait pas ce que coûte un baiser de la Muse,
Quelle amertume il laisse et quels déchirements
Dans les grands cœurs blessés qu'elle a pris pour amants!
Non, vous ne savez pas qu'à son front de monarque
Sous sa couronne d'or, l'épine a fait sa marque,
Et que son grand manteau de pourpre éblouissant
Est rouge d'avoir bu le plus pur de son sang.
Non, vous ne savez pas qu'il faut souffrir sans trêve
Pour donner une forme, une vie à son rêve,
Que la fleur idéale a pour sève les pleurs;
Que les enfantements sont toujours des douleurs!
— Et maintenant, qui donc te jettera la pierre,
Disant que tu devais courber ta tête altière
Et vivre comme nous pris sous un joug étroit?
O génie, après tout, n'avais-tu pas le droit,
Pour apaiser ta faim de vivre inassouvie,
Toi qui donnas ton cœur, de dépenser ta vie?
A-t-on vu les lions ramper sur les genoux,
Et les dieux sont-ils faits pour vivre comme nous?
Va donc, dors ton sommeil dans un linceul de gloire,
Ton nom enrichira l'écrin de notre histoire.
Toi qui roulais, ainsi qu'un fleuve aux larges flots,
Avec un bruit d'éclats de rire et de sanglots,
Te voilà dans la mort, dans cette mer immense.
Pour la première fois en toi la paix commence,
Mais avec le repos ne viendra pas l'oubli.
Notre regard de ta lumière est tout rempli,
Et l'on en gardera l'éternelle mémoire.
C'est en vain que la nuit jette son ombre noire
Sur les derniers rayons d'un beau soleil couchant,
Aux franges d'un nuage il s'arrête, accrochant,
Parmi les lointains bleus de l'horizon qui bouge,
De grands lambeaux de pourpre et des lames d'or rouge.
La nuit a beau gonfler sa robe obscure, il luit.

Quand la nuit l'a voilé, nos yeux tout pleins de lui
Dans le ciel ténébreux croient l'admirer encore,
Et demain, quand naîtra la pointe de l'aurore,
Dans l'azur du matin qui va se déployer,
C'est son dernier reflet qu'on verra flamboyer !

La poésie lue, M. Mounet-Sully déchira l'original, dont les morceaux tombèrent sur le cercueil du comédien. Enfin, au nom du ministère des Beaux-Arts, M. le marquis de Chennevières prononça les paroles suivantes :

Messieurs,

Nous saluons ici d'un adieu le plus illustre et le plus populaire des artistes qui aient incarné en eux le drame moderne, celui à qui notre génération a dû ses émotions les plus violentes, les plus profondes ou les plus fières, les frissons de terreur de *Richard Darlington* et de *la Vie d'un joueur*, les bouffonneries formidables de *Robert Macaire*, de *Vautrin*, et la superbe de ce *Don César de Bazan*, où le vieux lion, ne pouvant plus rugir, montrait encore des gestes, des attitudes et des ajustements que venaient étudier les plus habiles peintres.

La province de Corneille l'avait donné à la France pour interpréter les passions de ce drame, héritier plus vrai et plus vivant du *Cid* et de *Polyeucte* que ne l'étaient les tragédies de 1825. Il vint juste à l'heure de la lutte furieuse et sans merci du romantisme pour l'affranchissement et le rajeunissement de la scène française. Il fut, dans *Ruy Blas*, dans *Lucrèce Borgia*, dans *Kean*, l'instrument des plus glorieux poètes de son temps, toujours à la taille de leurs plus hautes et de leurs plus hardies conceptions; et à combien de drames inférieurs son talent fougueux et intempérant n'a-t-il pas fait vivre une vie à laquelle ils ne devaient pas prétendre!

Plaise à Dieu, Messieurs, que l'art dramatique de notre pays retrouve quelque peu de l'ampleur, du souffle, de la force audacieuse et confiante en elle-même qui animèrent les œuvres de la première moitié de notre siècle; quelque chose de leur enthousiasme généreux, de leur verve puissante, j'allais dire de leur exubérance!

A quatre heures, la cérémonie était terminée.

En écoutant ces discours enthousiastes et les applaudissements par lesquels acquiesçait la multitude, nous ne pouvions nous empêcher de regretter que la sympathie publique se fût si tardivement déclarée. Honorer le mort était bien, secourir le vivant eût été mieux encore. L'apothéose posthume ne pouvait racheter un injuste abandon. Etaient-ils d'ailleurs bien sincères, ces panégyristes ardents? Etait-elle véritablement attristée, cette foule approbatrice? Nous pûmes en douter, quatre mois plus tard, quand fut offerte au public une occasion dernière de témoigner quelque reconnaissance au comédien disparu. Le mobilier de Frédérick-Lemaître fut mis en vente, le 27 mai 1876, à l'hôtel Drouot, salle 15 — la salle des pauvres! Les meubles proprement dits n'avaient ni valeur d'art ni valeur matérielle; mais, à côté de ces épaves, figuraient des livres, des costumes, des accessoires de théâtre, des manuscrits, des lettres : eh bien! sauf nous, aucun applaudisseur de Frédérick ne daigna se déranger pour disputer aux revendeurs ces souvenirs intéressants!

XVIII

Frédérick-Lemaître comédien. — Ses façons d'étudier, ses moyens d'exécution, sa méthode d'enseignement. — Ce qu'était Frédérick avec les auteurs, les directeurs et ses camarades.

Tous les poètes et tous les prosateurs dont notre siècle transmettra les noms à la postérité ont jugé Frédérick-Lemaître. Ils lui ont unanimement rendu cette justice qu'il n'était le produit d'aucune école et l'esclave d'aucune tradition. Il n'avait effectivement retenu du Conservatoire que ces notions préléminaires qui sont comme l'orthographe de l'art dramatique; le salon et la rue lui enseignaient le reste.

Dans sa jeunesse, il étudiait volontiers ses rôles en arpentant quelque jardin public; plus tard, c'est au bois de Boulogne, dans un fiacre fermé, qu'il composa ses personnages; plus tard encore, le coin du feu lui sembla préférable. Il travaillait alors la nuit, seul, buvant du bordeaux, mâchonnant un cigare, et ouvrant de temps en temps une fenêtre pour rafraîchir sa tête brûlante.

Son talent, qu'on disait fait d'inconscience et d'ampleur, était au contraire tout de calcul et de minutie. De là ces détails en apparence insignifiants et qui donnaient à chacune de ses créations ce cachet de vérité sans lequel il n'est point de grandeur véritable. Au dernier acte de *Trente ans*, par exemple, lorsque, déguenillé, il se mettait à table, il avait une façon de déplier son mouchoir en guise de serviette qui rappelait tout le passé d'un gentilhomme déchu; dans *la Dame de Saint-Tropez*, il arpentait la scène en relevant son pantalon avec le geste naturel de l'homme malade; dans *le Père Gachette*, en discutant avec un docteur qui l'accusait de folie, il puisait, comme machinalement, du tabac dans la tabatière de son interlocuteur. De combien d'autres traits, spirituels ou profonds, n'a-t-il pas enrichi la tradition théâtrale!

Son personnage creusé, composé, parfait dans le silence, le comédien avait à vaincre, pour le produire au grand jour, des difficultés que ne pouvait soupçonner la foule. La nature semblait lui avoir prodigué ses dons. Sa taille était haute, son front large, ses yeux étincelants, sa chevelure abondante; mais, chose singulière, l'idée de force qu'éveillait son aspect manquait d'exactitude. Frédérick était souvent indisposé. Dès sa vingt-sixième année, il avait dû s'astreindre à un régime. On ne le vit jamais, néanmoins, manquer à cette ponctualité qui est la première obligation de l'artiste dramatique. — « Je suis très-souffrant, écrivait-il le 19 octobre 1843 à Anténor Joly, et cependant je joue tous les jours. Pour soutenir ce travail, je reste au lit jusqu'à l'heure du spectacle. Vous savez, mon cher ami, qu'il est des cas où un acteur n'a pas le droit d'être malade; aussi, pour n'avoir point une apparence de tort, je sacrifie tout à mon métier, tout, entendez-vous, bien, même mes plus chers intérêts! » — Ce cas n'était pas nouveau et il devait se représenter souvent encore dans la carrière de Frédérick. — « Pour aller de la Porte-Saint-Martin aux Folies-Dramatiques, écrit M. de Banville dans ses *Souvenirs*, Frédérick vacillait, se traînait, était forcé de s'appuyer aux murailles; arrivé au petit théâtre, agile, effréné, insaisissable, il jouait avec une furie de gaîté la longue farce de *Robert Macaire*, puis s'en retournait comme il était venu, faible, chancelant, et les imbéciles le croyaient ivre. » — Au contact des planches, Frédérick retrouvait des forces suffisantes pour animer d'une vie intense les canevas les plus mornes et fondre dans d'harmonieuses compositions quantité de détails merveilleusement observés.

Frédérick-Lemaître n'était pas seulement victime d'indispositions fréquentes; la nature l'avait affligé d'une voix éraillée et d'une mâchoire qui, suivant ses propres expressions, pesait six cents livres. Il perdit, en outre, ses dents de bonne heure, et cet accident fut pour lui l'occasion de souffrances inouïes, aux premières représentations surtout. Un dentiste l'observait ces jours-là de l'orchestre, prêt à se précipiter sur la scène si certain signe d'appel lui était adressé. S'imagine-t-on le supplice de ce comédien sur qui tout le Paris intelligent avait les yeux fixés et qui n'osait s'abandonner à sa fougue native par crainte d'une catastrophe qui l'eût couvert de ridicule! — « Je ne connais pas de situation plus cruelle, disait à ce sujet Frédérick; que de belles choses j'eusse faites si j'avais eu la denture de tel ou tel! » — A sa voix primitive, complétement perdue, il dut substituer, dans l'âge mûr, la voix de tête que deux générations lui ont connue et qu'il avait travaillée d'une façon prodigieuse. Forcé, pour se bien faire entendre, d'espacer chacun des mots d'une période, il ménageait avec tant d'art les temps de repos, il pesait d'un accent si énergique sur les syllabes fortes et il jetait les membres de la phrase dans un courant de diction si puissante que l'effet produit était extraordinaire.

Mais ce qui faisait de Frédérick-Lemaître, même en ses dernières années, un comédien sans égal, c'est la beauté des attitudes, l'ampleur du geste, et l'expression de la physionomie. La pose était noble, le geste arrondi; tous deux s'exagéraient parfois jusqu'à l'emphase, mais cette redondance, qui chez tout autre eût fait sourire, ne nuisait point chez Frédérick à la justesse. Quant à sa physionomie, elle était mobile et parlante au point de réfléter, avec une netteté absolue, les impressions les plus diverses. Sa chevelure même lui était un moyen d'action; il la hérissait, l'aplatissait, l'ébouriffait suivant les circonstances, soulignant, complétant par elle ses effets mimiques.

Lorsque Frédérick jouait, les acteurs de Paris que ne retenait pas quelque service allaient apprendre leur art en le regardant, comme le peintre apprend le sien en contemplant la toile d'un maître. Chacune de ses représentations leur était une leçon utile.

Frédérick-Lemaître n'a jamais eu d'élèves, dans l'ordinaire acception du mot. Il donnait volontiers, chez lui ou sur les planches, à des visiteurs ou à ses partenaires, des indications, des conseils, mais sans prétention aucune au professorat. Il jouait, le plus souvent, les scènes sur lesquelles on l'interrogeait ou disait les répliques mal comprises par ses camarades ; c'étaient là des leçons essentiellement pratiques, comme fut également la consultation prise un jour par M. Lafontaine, et que M. Jules Claretie a si bien racontée. Ce n'est pas que Frédérick n'eût pu être un théoricien distingué. Nous l'entendîmes, au contraire, à diverses reprises, émettre sur des *effets* consacrés par la routine enseignante des appréciations toutes particulières. Une fois, notamment, parlant des vers fameux d'*Horace :*

> Qu'il mourût!
> Ou qu'un beau désespoir alors le secourût...

il nous disait, avec un rare bon sens et une admirable intuition de la poésie : « S'il est une opinion accréditée dans les écoles, c'est que Corneille, après avoir jeté ce cri sublime : *qu'il mourût!* n'a plus trouvé de force pour compléter dignement sa pensée, qu'en un mot le second vers du vieil Horace est un banal remplissage. Absurde préjugé ! Dans Horace c'est le Romain qui parle d'abord, simplement, sans emphase, comme un véritable républicain, prêt à sacrifier ses jours s'il le faut ; puis le sentiment paternel reprend le dessus, et alors, dans un mouvement très-humain, il s'écrie : *ou qu'un beau désespoir alors le secourût!* Cependant les professeurs enflent prodigieusement la voix au *qu'il mourût!* pour la laisser retomber au second vers : c'est le contraire qu'il faudrait faire. »

Pour arriver à servir de modèle aux artistes

de son temps, Frédérick avait étudié lui-même ses prédécesseurs et s'était approprié avec intelligence le meilleur de leurs procédés. Son romantisme de nature ne l'empêchait point de comprendre et d'apprécier les beautés classiques. Détail étrange, cet homme qui restait, dans toutes ses créations, profondément original, était doué d'un talent d'imitation remarquable. Il avait, dans *le Chasseur noir* et dans *Robert Macaire*, utilisé cette faculté curieuse qui ne servit guère, par la suite, qu'au divertissement de ses intimes. M. Philippe Gille a fixé, dans *le Figaro*, le souvenir d'une scène de ce genre, dont il fut jadis le témoin, et qui emprunte un intérêt particulier à l'incident qui l'avait provoquée :

Je n'ai jamais vu Talma — écrit M. Gille — et je m'en réjouis à certain point de vue, mais je l'ai entrevu pour ainsi dire. Un soir, Frédérick-Lemaître, chez qui nous nous trouvions, rue de Vendôme, avec quelques amis, entendit prononcer nettement ces mots : « Talma était une vieille perruque! » Tout à coup le grand comédien se redresse. — « Une perruque! une vieille perruque! s'écrie-t-il en haussant les épaules et en rougissant d'indignation... Mais savez-vous comment cette vieille perruque disait son récit :

Excité d'un désir curieux,
Cette nuit, je l'ai vue arriver en ces lieux... »

Et Frédérick, changeant de physionomie, de geste, de voix même, nous récita d'un trait les magnifiques vers de Racine. Chacun était haletant devant cette transfiguration, et quand il eut fini ce fut des transports d'admiration.

— « N'est-ce pas, nous dit-il, que je vous ai paru six pieds de plus!... » — Puis, se tournant vers l'auteur du délit. — « C'est que tout à l'heure j'avais un peu de cette perruque-là sur ma tête! Ah! si je l'avais toujours, cette perruque, et si je n'étais pas obligé, pour vous montrer Talma, de faire une scène d'imitation comme un frère Lionnet, les autres cabotins *(sic)* n'auraient qu'à bien se tenir! »

Les comparaisons sérieuses qu'avait faites Frédérick-Lemaître des genres divers de littérature dramatique donnaient à ses avis une valeur incontestable. Ces avis, les auteurs les sollicitaient, sachant par expérience que le comédien, en les formulant, avait en vue non le développement de son rôle mais l'amélioration générale de l'œuvre.

Dans la liberté des coulisses, la causticité de Frédérick se donnait quelquefois carrière. On connait son exclamation sur un drame chuté d'Anicet-Bourgeois : « C'est la première fois qu'un Israélite fait quelque chose sans intérêt », et sa réponse à Victor Séjour qui l'accusait, pendant une répétition *d'André Gérard*, de « marcher dans sa prose » : — « Tant mieux, on dit que cela porte bonheur ! » — Mais, quelque faible que fût un rôle, dès que ce rôle lui était échu, Frédérick en faisait sa chose propre et la défendait vaillamment contre les directeurs, contre la censure, contre le public même.

Condescendant et dévoué vis-à-vis des auteurs, Frédérick exigeait d'eux, en retour, une somme d'égards suffisante. Toute atteinte à sa dignité provoquait sa colère, et certain écrivain coté ne fut pas peu surpris de recevoir un jour ce billet énergique :

Avant d'avoir l'honneur de m'asseoir à votre table, Monsieur, je ne vous connaissais que de réputation ; cette réputation est telle que j'acceptai avec empressement, contre toutes mes habitudes, votre invitation. Elle me promettait une causerie de poète à artiste ; j'étais loin de penser que ce dût être une mystification. Recevez mes regrets.

On a beaucoup parlé des exigences et du sans-gêne de Frédérick-Lemaître à l'égard des entreprises théâtrales. Sur ce point, comme sur tant d'autres, la vérité contredit la légende. Sans être le personnage obséquieux qui représente, pour la plupart des directeurs, le pensionnaire idéal, Frédérick jamais ne causa de tort grave à ceux qui l'employaient. Il les aidait, au contraire, de plus d'une façon, et les lettres suivantes, prises entre vingt autres, donnent, à ce sujet, des indications certaines :

Londres, ce 10 Septembre 1850.

Mon cher Monsieur Frédérick,

Après neuf années administratives, diverses circonstances me portent à abandonner le Théâtre-Français de Londres. Je me rappelle avec orgueil vos bons services, et regrette de ne pas avoir une nouvelle occasion de me prévaloir de votre talent inimitable.

Soyez sûr, mon cher Monsieur, que j'éprouverai toujours une grande satisfaction à vous donner des marques de mon respect, et à vous témoigner mes sentiments d'estime et d'amitié.

John MITCHELL.

Paris, ce 1er Juillet 1851.

Mon cher Frédérick,

Lorsque j'étais directeur du théâtre de la Gaîté, et que cette malheureuse entreprise succombait sous les dettes du Théâtre Historique, vous nous avez sauvés et par le secours de votre argent et par le secours bien plus puissant encore de votre immense talent. Aujourd'hui, lorsque je me croyais à l'abri de toute poursuite, garanti que j'étais par mon traité avec M. Hostein, je viens de voir ma liberté compromise et je la croyais perdue en voyant l'impuissance des efforts tentés pour me tirer de cette mauvaise affaire, lorsque vous êtes encore venu à mon aide. Merci, mille fois merci. Je ne sais jusqu'où ira la reconnaissance d'Hostein, mais croyez-le bien, elle ne pourra jamais dépasser celle de votre bien dévoué serviteur.

A. COLLIN.

Bien qu'aimant passionnément son art, Frédérick-Lemaître n'avait guère d'illusion sur le monde des coulisses. — « Au théâtre, disait-il, tous les hommes sont des... courtisanes. » — Partant de ce principe, il gardait, dans ses relations professionnelles, une réserve que les cabotins vaniteux et jaloux taxaient d'arrogance. De là, contre lui, mille manœuvres sournoises et méchantes, auxquelles il coupait court parfois d'une façon moins parlementaire que son intérêt ne l'eût commandé. En guise de risposte, les bons camarades mettaient alors en circulation quelqu'un de ces récits scandaleux recueillis complaisamment par les feuilles légères, et qui, des journaux, devaient passer avec le temps dans les biographies. Il est incontestable — nous l'avons raconté nous-même aux dates voulues — que Frédérick, en ses jeunes années surtout, aima la table au point d'y puiser parfois une surabondance de verve; mais prétendre, comme l'ont fait Mirecourt et ses imitateurs, que l'orgie était l'inspiratrice la meilleure du comédien et qu'il n'entrait d'ordinaire en scène qu'en gardant à grand' peine l'équilibre, c'est faire vraiment trop de fond sur la crédulité humaine.

Peu tutoyeur et fier d'une fierté compréhensible, Frédérick-Lemaître n'était point, cependant, un mauvais camarade. Il avait été l'inspirateur d'un projet d'association des artistes dramatiques élaboré en 1837, projet repris trois ans plus tard par le baron Taylor et couronné alors d'un éclatant succès. Dès 1841, Frédérick figura parmi les adhérents de la société nouvelle; ce ne fut cependant qu'en 1854 que cette société l'appela à faire partie de sa commission dirigeante. Elu membre du Comité par 193 voix, il remplaçait bientôt, comme vice-président, Samson démissionnaire. Cette dernière nomination causa à Frédérick une joie qu'il consigna dans une harangue prononcée lors de son installation et que nous transcrivons sur la minute :

Il y a aujourd'hui quinze jours que vous me fîtes l'honneur de m'élire premier vice-président de votre Comité. Vous vous rappelez sans doute avec quelle émotion mêlée de joie et d'étonnement j'entendis vos suffrages. Je prends possession sans crainte de ce fauteuil. En admettant qu'il se présente quelque obstacle à vaincre, quelque question difficile à résoudre, ne vois-je pas, au-dessus de moi, M. Taylor, notre illustre fondateur ; à mes côtés, M. Samson qui, depuis la fondation de notre institution, s'est dévoué corps et âme à sa prospérité, et cela avec ses divers talents de comédien, d'écrivain et d'administrateur ; un Comité composé de hautes intelligences ; des commissions infatigables, les unes pour obtenir, les autres pour donner ; un bureau occupé par des sociétaires dévoués ; un agent-trésorier méritant la confiance de tous. — Ces considérations, chers collègues ont dissipé les appréhensions qui m'avaient d'abord assailli et me font accepter avec reconnaissance le titre que vous m'avez décerné.

Frédérick-Lemaître n'était pas homme à se parer d'un titre sans accomplir consciencieusement les devoirs attachés à ce titre. Il devait pécher par excès de zèle plutôt que par indifférence, et la lettre suivante montre que ses efforts n'étaient pas accueillis toujours d'une façon bien courtoise :

Paris, A27 vril 1855.

Monsieur le Président,

J'apprends, par la voie d'un journal, que ma proposition a été rejetée hier. J'avais espéré, vu les antécédents, que le Comité me ferait l'honneur de m'inviter à me rendre dans son sein pour répondre aux observations qui auraient pu m'être faites et développer entièrement mes idées; — il n'en a pas été ainsi.

Je croyais, du moins, qu'un des secrétaires aurait bien voulu prendre la peine de me faire connaître la décision du Comité; — cela n'a pas paru nécessaire.

Je vous prie de vouloir bien remettre au porteur ma proposition écrite; je n'en ai gardé aucune copie et j'en ai besoin.

Agréez, Monsieur le Président, l'expression de ma haute considération.

FRÉDÉRICK-LEMAITRE.

Cette lettre est écrite depuis 48 heures; je la retenais, supposant toujours un retard involontaire...

Il n'y avait pas là simple oubli, mais une indifférence confinant au dédain; Frédérick, renseigné à cet égard, prit le parti que dictait la circonstance : il envoya sa démission. Deux jours après, il recevait cette flatteuse épître :

Paris, le 24 Mai 1855.

Monsieur et cher collègue,

J'ai remis au dernier Comité des artistes dramatiques la lettre qui m'annonçait votre démission de membre du Comité dont vous avez partagé les travaux, comme membre et comme vice-président. La place honorable que vous y avez occupée et les services rendus par vous à l'Association ne pouvaient laisser aucune hésitation dans le vote du Comité. Il a refusé votre démission à l'unanimité.

J'espère donc que vous voudrez bien revenir sur une détermination contraire aux principes que vous avez toujours professés avec tant de zèle et de dévouement.

Veuillez, Monsieur et cher collègue, agréer l'assurance de mes sentiments les plus distingués.

Le Président-fondateur,

Baron I. TAYLOR.

Comment garder rancune d'un tort réparé d'une façon si complète? Frédérick ne tint point rigueur à ses confrères et répondit au baron philanthrophe :

30 Mai 1855.

Monsieur le Président,

Le refus que MM. les membres du Comité ont fait à l'unanimité de recevoir ma démission me prouve que je n'ai pas perdu leur estime et leur sympathie, et me fait un devoir, une loi, de revenir sur ma détermination.

Mais, étant au moment de m'éloigner de Paris, je me verrai à regret dans l'impossibilité d'assister, comme je le voudrais, à leurs laborieuses séances. Je ne m'abstiens pas, je m'absente seulement.

En conséquence, je vous prie, Monsieur le Président, de vouloir bien faire agréer à mes chers et honorés collègues l'assurance que, de près comme de loin, mon dévouement aux intérêts et à la prospérité de notre Association sera toujours le même.

Recevez l'assurance de ma parfaite considération.

FRÉDÉRICK-LEMAITRE.

Averti par l'expérience, Frédérick s'en tint, désormais, vis-à-vis de l'Association, à un rôle passif, et refusa, aux élections ultérieures, tout mandat nouveau. Malgré cette réserve d'attitude, ses sentiments pour l'œuvre restèrent les mêmes ; nous en avons pour preuve cette lettre, écrite au trésorier, quinze ans après les incidents que nous venons de raconter :

25 Mai 1870.

Mon cher Monsieur Thuillier,

Ayez l'obligeance, je vous prie, de faire agréer à mes collègues et camarades mes profonds et vifs regrets de ne pouvoir en ce moment adhérer à leur demande : je suis encore souffrant d'une horrible grippe, dont j'ai été atteint au mois de février, et qu'un douloureux événement m'a fait négliger.

Je conserve l'espoir qu'une occasion se présentera, plus tard, de donner à notre belle Association une nouvelle preuve de mon entier dévouement.

Bien à vous, FRÉDÉRICK-LEMAITRE.

Tout bien pesé, l'Association des comédiens reçut de Frédérick plus de services qu'elle ne lui en rendit. Elle reste son obligée, au point de vue financier ainsi qu'au point de vue artistique. Frédérick a versé, comme adhérent, 1,543 francs; il a touché, comme pensionné, 1,083 francs. Enfin — ceci surtout charge le Comité d'un tort impardonnable — Frédérick a prêté l'éclat d'un grand nom à ses délibérations, l'appui d'un grand talent à ses représentations collectives, sans recevoir de lui, aux heures pénibles, le moindre témoignage de sympathie !

XIX

Frédérick-Lemaître chez lui. — Le fils, l'époux, le père. — Portraits de famille et lettres intimes.

Ceux qui, par intérêt ou par curiosité, visitaient, en ses derniers temps, Frédérick-Lemaître, sortaient souvent de chez lui stupéfaits. Au milieu de meubles disparates, le comédien, revêtu d'une robe de chambre lamentable, se promenait jambes nues, cheveux ébouriffés, bizarrement superbe. Brusque ou charmant, suivant les circonstances, il conservait avec son interlocuteur, quel qu'il fût, une indépendance absolue de paroles et d'attitudes. — « C'est de la mise en scène », disaient les mécontents. — Ces mécontents voyaient juste. Il y eut constamment, dans Frédérick-Lemaître, deux hommes bien distincts : l'un, visible pour tous, semblait prendre à tâche de justifier le renom d'excentricité et d'indifférence que lui avaient fait les chroniques; l'autre, appréciable seulement pour son intimité, était simple, sensible, et bon de la bonté la plus intelligente.

Le sentiment de la famille existait au plus haut degré chez Frédérick-Lemaître. Il avait réuni et conservait soigneusement les papiers de ses ascendants, et rien ne l'eût affligé autant que la perte des lettres signées des noms de ses enfants. Papiers et lettres étant entre nos mains, nous y puiserons — discrètement — des dates inconnues et des traits intéressants de caractère.

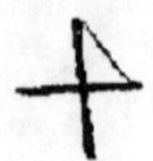

Le premier des dossiers constitués par le comédien nous renseigne sur son aïeul maternel Frédérick-Charles Mehrsheidt, originaire de Rudesheim (archevêché de Mayence). Il comprend douze certificats attestant la capacité, le zèle, la conduite édifiante du dit Merscheidt, tant comme musicien des régiments de Montmorency, Boccard et de Condé, que comme professeur de musique instrumentale à l'école royale de Beaumont-en-Auge (Calvados). A ces attestations sont joints une lettre du musicien, datée du Havre, 11 nivôse an XI, puis l'acte de baptême d'une fille née le 26 août 1777, à Beaumont, du mariage de Frédérick-Charles Mehrsheidt avec Anne Baron, originaire de Limoges, et qui reçut les noms de Victor-Sophie ; ce devait être la mère de Frédérick-Lemaître. — Frédérick Mehrsheidt meurt en 1803 ; sa veuve quitte le Havre, l'année suivante, pour rejoindre à Paris sa fille aînée, épouse du tapissier Coussin : nous avons dit ce que fut, pour Frédérick, cette femme excellente, dont la mort advint en 1819.

Le dossier du père n'est pas moins abondant que celui de l'aïeul. Il se compose 1° d'un acte de baptême fixant au 11 mai 1768 la naissance d'Antoine-Marie Lemaître, né à Paris, du mariage de Jean Lemaître avec Louise-Gabrielle Robert; 2° d'un certificat constatant que le citoyen Antoine-Marie Lemaître fit, de 1789 à 1793, partie des volontaires de la Garde Nationale Parisienne (section de la Montagne); 3° de l'acte de mariage du dit Lemaître avec Victor-Sophie Mehrsheidt, célébré au Havre le 6 vendémiaire an III; 4° d'attestations diverses affirmant le mérite de dessinateur et d'écrivain dont M. Lemaître fit preuve en diverses circonstances; 5° enfin d'une lettre datée du Havre, 13 germinal an XI, et adressée par M. Lemaître à l'architecte Coussin, son beau-frère. Cette épître est intéressante à deux points de vue : l'écriture de M. Lemaître offre avec celle de son fils une frappante analogie; ce sont les mêmes dispositions graphiques, la même signature, le même paraphe aux trois points que nous avons signalé; M. Lemaître, en outre, y parle de son fils, alors âgé de trois ans, en termes caractéristiques :

Poulot vient très-bien, mais il commence à être un peu obstiné : c'est un arbre à rompre. Cependant il fait toujours notre félicité, et c'est pour moi beaucoup.

La mère de Frédérick n'était point épistolière. Les dix lettres que nous possédons d'elle ne sont guère que des accusés de réception ou des exposés laconiques de son état de santé. Si courts que fussent ces billets, ils constituaient, pour Frédérick en voyage, une nécessité véritable; aussi réclamait-il amicalement, en cas de négligence.

Ma bonne mère — écrivait-il de Bruxelles, en 1845, — je suis chagrin de n'avoir pas encore reçu une lettre de toi. Serais-tu malade? Calme mon inquiétude. Tu dois avoir cependant, sinon beaucoup de choses à me dire, du moins des choses qui me touchent vivement. J'espère donc que tu vas m'écrire. Embrasse bien nos enfants et crois, bonne mère, que je t'aime comme tu mérites de l'être.

Et Mme Lemaître répondait :

Mon bon fils, ton reproche ne peut que me persuader que tu penses toujours à ta mère. Grâce à Dieu, je me porte bien, mais à la vérité je suis bien paresseuse pour écrire. J'écris si mal maintenant que j'ai de la peine à m'y mettre. Comme je sais que tu reçois des nouvelles et que l'on te dit que je suis encore de ce monde, je me repose. Je ne pourrais que te répéter que je pense à toi et t'aime comme une bonne mère aime un bon fils.

Frédérick-Lemaître avait groupé avec une attention particulière les lettres adressées par lui à sa femme et les missives de celle-ci. Il s'en fut servi sans doute pour éclairer, dans ses *Mémoires*, les faits de sa vie privée spécialement visés par la malveillance. Elles sont typiques, en effet, et conteront, mieux que le meilleur récit, l'histoire d'un ménage prospère au début et notoirement malheureux par la suite.

La première pièce de ce dossier est un de ces billets comme en écrivent les fiancés impatients. Il est adressé à Mlle Hallignier, domiciliée rue des Colonnes, nº 2 :

Ma bonne amie, je ne pourrai jouir du bonheur de te voir qu'à l'heure du dîner. Je t'envoie la robe de mariage ; le jour où elle embellira tes attraits sera pour moi la source d'une félicité éternelle. Amour, amour pour la vie !

FRÉDÉRICK.

Le mariage de Frédérick avec Mlle Hallignier est célébré le 19 octobre 1826 ; un fils en naît, neuf mois plus tard. Rétablie, Mme Lemaître jeune va donner des représentations en province. Frédérick, resté seul à Paris, exhale son chagrin dans ces phrases brûlantes :

8 Octobre 1827.

Tu crains mon indifférence? Ecoute, ma bien-aimée, ce qu'est ma vie depuis que je t'ai perdue.

Le jour où tu es partie, j'étais comme un homme ivre. Je n'ai pu dîner. J'ai joué ou j'ai cru jouer et suis rentré avec la précipitation d'un homme qui se sauve du feu. T'appeler, croire t'entendre, baiser nos draps, te servir à manger dans ton assiette, pleurer, rire, chanter... que n'ai-je pas fait alors? Par-dessus tout cela, j'éprouvais une terreur affreuse. J'ai mis mes pistolets sur ma table de nuit, mes épées sur mon lit, fermé la porte de ma chambre à double tour... et le sommeil m'a fui. Depuis, je marche sans savoir où je vais et ne sais plus rien faire!... Les femmes, ah! il y en a plusieurs qui, profitant de la circonstance, redoublent de coquetterie; ces misérables augmentent mon chagrin. — Ne me traite pas de fat, les femmes sont épouvantables pour chercher à se venger. — Tout m'est odieux, tout, hors ton souvenir!...

Au milieu de mon délire, je ne sais comment il se fait que l'intérêt parle si haut à mon oreille. En voici, je crois, la raison : si tu n'étais que ma maîtresse, cent mille francs pour être séparé de toi, je les refuserais; mais une femme, un être dont vous êtes le protecteur, le soutien, une mère, un enfant, tout cela vous impose le terrible devoir de sacrifier votre bonheur pour assurer leur existence.

Sophie, malgré ma peine, je te le jure sur la vie de notre fils, pas un soupçon, pas un mouvement de jalousie n'est venu me troubler : je suis malheureux comme un enfant privé de son joujou favori...

Il y a, l'année suivante, interversion des situations. C'est Frédérick qui part en province; Mme Lemaître, enceinte, pour la seconde fois, reste prudemment au foyer conjugal. Le mari n'a rien perdu de sa tendresse fougueuse, mais il y a comme un présage de tempête dans ces lignes, datées de Strasbourg, 28 juillet 1828 :

Quand je pense que bientôt encore tu vas me donner un être, fruit de nos amours! O ma Sophie, tu m'as rendu père, tu as doublé, triplé mon existence, et tu me regardes comme un juge!... Que le jour où tu me craindrais soit le dernier de toute notre famille!... D'ailleurs, si tu m'aimes, si ton cœur n'a rien à se reprocher, la crainte ne doit pas y pénétrer : songes-y bien, Sophie!...

Le nuage se dissipe. Frédérick écrit, deux jours plus tard, de la même ville :

Ma bonne amie, je voulais partir aujourd'hui. Le désir de t'embrasser, l'inquiétude que ta dernière lettre m'a donnée, tout me faisait un devoir d'accourir près de toi. Mais j'ai joué hier, et l'effet que j'ai produit dans *le Joueur* a été tel que, sous peine de manquer à toutes les bienséances, il faut que je rejoue deux fois encore. Ainsi, donc, je me mettrai en route lundi. Dissimule avec la nourrice; cette coquine a mis le comble à mon chagrin; c'était bien assez d'être loin de toi sans avoir encore à trembler pour vous tous. Le souvenir de cette femme me cause des accès de fureur, que l'idée seule de l'en punir peut calmer. Sois tranquille, néanmoins, je saurai me comporter en père de famille!...

Frédérick ne fait à Paris qu'un séjour de deux semaines; il repart alors pour Calais. Cette nouvelle absence lui semble évidemment moins pénible que les précédentes, car c'est par une lettre plaisamment solennelle qu'il renoue sa correspondance :

Calais, 20 Août 1828.

Madame,

Je suis arrivé hier en cette ville, n'ayant aucun mal physique, mais, hélas! il n'en est pas ainsi du moral qui souffre toujours beaucoup lorsque je m'éloigne de vous.

MM. les administrateurs théâtraux d'ici mettent tous leurs soins à me prouver le désir qu'ils ont de jouir de mon *beau talent*.

Le temps est assez beau, et, de la fenêtre de ma chambre à coucher, je possède une vue magnifique. Donnez-moi, je vous prie, de vos nouvelles le plus tôt possible, Madame, vous savez combien elles m'intéressent. J'aime à croire que la chute de Monsieur mon fils n'a point eu de suites fâcheuses et que Madame la Douairière se porte bien.

Je n'ai rien d'important et de récent à vous apprendre si ce n'est pourtant, chère amie, la protestation continuelle que vous seule occupez toujours mon cœur et ma tête, et que chaque instant passé loin de vos yeux me semble un siècle d'ennui et de ténèbres.

Au chagrin d'être éloigné de vous, ne me donnez pas, je vous prie, celui de savoir que vous vous ennuyez tellement de mon absence que vous négligez votre santé; la promenade vous est nécessaire, vous le savez, faites-en usage souvent et modérément. J'ai eu la preuve que votre voyage eût été d'une grande imprudence, car la route est très-fatigante. Je pense que la nourrice se comporte honnêtement.

Ainsi donc au revoir, chère amie; j'espère que ce moment délicieux aura lieu dans les premiers jours de septembre.

Embrassez tendrement pour moi ma chère mère et mon fils.

Quant à vous, Madame, vous connaissez mon cœur, il ne forme de vœu que celui de votre bonheur, trop heureux si je puis en être l'artisan.

Votre mari et serviteur respectueux,

LEMAITRE.

La seconde couche de Mme Lemaître a lieu, et Frédérick redevient tendre :

Calais, 16 Septembre 1828.

Ma bonne Sophie, brûlant d'impatience de te voir et de te parler, je t'avouerai que c'est un supplice pour moi d'écrire.

Je serai laconique. J'ai reçu hier la lettre de notre mère, elle m'a fait grand plaisir et m'a un peu tranquillisé.

J'ai joué hier, je joue ce soir, je jouerai demain au bénéfice des veuves et orphelins de pauvres pêcheurs naufragés, et jeudi soir, à 9 heures et demie, je monte en voiture pour venir t'embrasser.

Dis à notre bonne mère que, depuis que je suis père de famille, je l'aime davantage; je sens combien il doit être cruel d'être payé d'ingratitude par ses enfants des soins qu'on leur prodigue.

Je n'ose parler de ta fille jusqu'à ce que je l'aie pressée

sur mon cœur. Quant au farceur Frédérick, c'est un gaillard qui aura affaire à moi.

J'ai acheté une robe pour... *Mlle Caroline ;* je ne sais si le nom te plaît, mais il me rappelle le commencement de nos amours, voilà pourquoi je l'aime.

A toi pour toujours.

Nouveau chassé-croisé. Mme Lemaître part pour Boulogne, laissant son mari dans la capitale. D'où cette lettre, relatant un amusant épisode :

Paris, 10 Octobre 1828.

Dimanche prochain j'attends une lettre de Bordeaux — oui ou non. — *Non*, il n'est plus question de rien : je prends la diligence et j'arrive à Boulogne. C'est gentil, mais, ce qui ne le sera pas, c'est, au bout de quinze jours, nous séparer encore pour un mois. *Oui*, on m'engage sans doute à arriver le plus tôt possible. Ferai-je ce voyage? irai-je m'amuser sans toi? En cas de négative, voilà une superbe occasion perdue, car si l'affaire de Bordeaux réussissait, elle m'ouvrirait la route que depuis si longtemps je brûle de parcourir!...

Je joue samedi prochain, barrière Rochechouart, à mon profit. Cela paiera le déménagement que, par parenthèse, je n'ai pas la force d'entreprendre. Je suis en querelle avec la vieille déménageuse. Elle veut 120 francs et elle a retiré les planches de la cuisine. Nous avons eu une scène tragi-comique. Je lui ai reproché son manque de foi ; elle voulait me donner des coups de manche à balai; l'autre vieille a voulu nous séparer, sa perruque est restée au bout de ma canne!... Cependant je vais aller aujourd'hui finir l'affaire!...

Continue d'apprendre Amélie.

Les épîtres du mari retracent, en somme, les phases diverses d'une lune de miel; une lettre de la femme, postérieure de quelques années, va fournir des ombres à ce tableau galant, en chargeant Frédérick de torts imputables surtout à la fougue de son caractère :

Paris, ce 26 Juillet 1833.

Que te dirais-je, mon pauvre ami ? rien de nouveau. Je m'ennuie et voudrais bien que ton affaire pût s'arranger avec M. Harel pour que tu revinsses à la fin d'août. Cependant, si le rôle n'était pas bon, ce serait une mauvaise affaire pour toi que d'abandonner ton congé pour rien ; il me semble que tu ferais bien de demander à voir le rôle avant de te décider, au moins tu saurais à quoi t'en tenir. Que la manière dont tu parles de nous dans ta lettre nous a rendues heureuses ! Comme j'en suis fière, car je suis bien sûre que tu penses ce que tu as écrit. Pourquoi faut-il, pensant ainsi sur moi, que tu me traites souvent si durement ? Mais va, c'est égal, j'aime encore mieux éprouver tes bourrades et tes mauvaises humeurs que de vivre aussi longtemps séparée de toi. Tiens, Frédérick, si tu voulais me traiter avec un peu plus de douceur, tu trouverais en moi une tout autre femme ; loin de craindre et de trembler près de toi, je serais heureuse, car je t'aime, mon ami, plus que jamais aucune autre femme ne t'aimera. Je sais que je suis bien ennuyeuse, bien insupportable, mais toi qui as de l'esprit, et qui es si bon, tu devrais tâcher d'être moins sévère pour moi. De mon côté, je ferais tout ce qui dépendrait de moi pour qu'à l'avenir notre intérieur puisse être plus heureux. Je dois avoir un grand titre à tes yeux, c'est que je suis la mère de tes enfants ; ainsi donc nulle autre femme ne peut me le disputer : voilà ce qui me rend si fière et me donne le courage de parler. J'espère que tu ne m'en voudras pas de t'ouvrir ainsi mon cœur...

En femme apaisée, sinon satisfaite, Mme Lemaître plaisante volontiers :

Ce 11 Novembre 1833.

Enfin, elle est donc arrivée, *cette lettre tant désirée*, et c'est fort heureux pour toi, car si nous n'avions pas eu de tes nouvelles, samedi je partais pour le Havre, tant nous éprouvions d'inquiétude, et tu avais ta vieille femme sur le dos, ce qui ne t'aurait peut-être pas été très-agréable. Juge à quoi tu t'exposais en gardant un silence aussi long et quel fardeau il t'eût fallu porter, car il ne t'aurait pas été facile de te défaire de lui, je puis te l'assurer.

Nous sommes au comble du bonheur d'apprendre que tu

as eu un succès semblable, et tu dois être bien content de voir des articles aussi beaux. Je commence à croire que nous sommes désensorcelés et que la fin de l'année sera plus heureuse pour nous que le début. Je me fais une fête de voyager avec toi l'été prochain. Les succès que tu viens d'avoir au Havre t'en promettent d'autres et je n'ai jamais eu d'aussi heureux pressentiments.

Marie Tudor a eu du succès, mais ne fera pas beaucoup d'argent. MM. Lockroy et Delaistre y sont très-mauvais, M. Delafosse très-bien. Mlle Georges a d'assez beaux moments, mais quand on veut l'applaudir, ainsi que M. Lockroy, beaucoup de *chut* se font entendre...

Tu es condamné à deux jours de prison, bien que j'aie fait dire que tu étais en voyage, et l'on t'envoie encore un billet de garde...

Trois ans s'écoulent. Une question grave se pose entre les deux époux; Mme Lemaître, plus âgée que son mari et lasse de maternité, la résout dans cette pièce, capitale pour l'histoire intime du comédien :

Ce 19 Octobre 1836.

Le bonheur que m'a fait éprouver ta lettre ne saurait s'exprimer. Tu me demandes si j'aurais du plaisir à passer la nuit avec toi? Si la chose était possible, cela me rendrait bien heureuse, mais il n'y faut pas penser. En femme raisonnable, et surtout à mon âge, je ne dois plus braver les suites de cet acte, elles sont trop effrayantes. Il me faudrait sans doute, d'ici à quelques jours, de la femme la plus heureuse du monde devenir la plus malheureuse et nous séparer de nouveau. Je n'ai pas dormi de la nuit, tant j'ai eu de peine à prendre un parti, mais enfin la raison l'a emporté : je te le dis encore, les suites sont trop terribles. Ainsi donc, puisque tu as la bonté de me laisser le choix, restons comme nous sommes; si je ne suis pas heureuse, je serai tranquille du moins, et c'est beaucoup, dans ma position. La seule grâce que je te demande, c'est d'être aussi bon avec moi que tu l'es depuis quelque temps. Jamais le moindre mot ne sortira de ma bouche, quoi que tu fasses, car je te sais trop honnête homme pour jamais rien faire qui puisse compromettre l'intérêt de tes enfants...

Dans *Olympe de Clèves*, Alexandre Dumas montre Louis XV dans une situation identique à celle de Frédérick-Lemaître. Sous divers prétextes, Marie Leczinska « refuse le devoir ». Le roi est jeune, ardent ; il remplace, par une maîtresse complaisante, la femme rebelle. Le refus de Mme Lemaître fut la cause déterminante des liaisons de Frédérick avec Atala Beauchêne d'abord, avec Clarisse ensuite, liaisons qui constituèrent pour l'épouse le plus cruel des châtiments, mais que les circonstances expliquent et justifient presque.

Les lettres que nous possédons encore de Mme Lemaître, séparée de son mari et pensionnée par lui, sont des récriminations sans but, des demandes intéressées et peu intéressantes. Il faut en excepter, toutefois, cette déclaration spontanément adressée à Frédérick, à l'époque de son procès avec M. de Villemessant :

Paris, le 16 Octobre 1852.

J'ai appris que vous intentiez un procès à un journal qui, non content de critiquer votre talent, allait jusqu'à attaquer votre personne. Comme, dans un procès, souvent il arrive que l'adversaire va chercher dans votre vie la plus intime des faits que, sans les connaître, il interprète toujours en mal, j'ai pensé que peut-être on pourrait vous reprocher de ne point vivre avec votre femme et venir vous jeter cela comme un blâme. Je veux donc que l'on sache bien que, s'il en est ainsi, c'est que, depuis quinze ans, l'état de ma santé m'oblige à vivre seule.

Je fais cette déclaration pour vous, pour mes enfants, et pour moi-même.

Votre dévouée,
Femme LEMAITRE.

D'intelligence médiocre et de tempérament lymphatique, Mme Lemaître n'était point femme à comprendre Frédérick et à le seconder dans ses entreprises artistiques. Elle l'aimait, cependant, et souffrait de ses rudesses inconscientes et des infidélités qu'elles eût prévenues avec un peu d'abnégation. Dans la lutte engagée entre son cœur et sa raison, celle-ci devait être vaincue : nous avons vu finir, chez le docteur Blanche, cette victime d'un malentendu.

Du mariage de Frédérick-Lemaitre avec Mlle Hallignier, quatre enfants naquirent à Paris :

1° Julien-Adolphe-Frédérick Lemaître, né en juin 1827 — vivant encore ;

2° Caroline Lemaître, née en septembre 1828, mariée le 10 octobre 1854 à M. Elie Thiébaut, caissier d'une maison de commerce — vivante ;

3° Charles Lemaître, né en janvier 1830, mort tragiquement le 15 mars 1870 ;

4° Louis-Napoléon Lemaître, né en août 1833, mort en novembre 1884, d'une maladie de poitrine.

Les trois fils de Frédérick-Lemaître ont, à des époques diverses, abordé le théâtre, sans y produire une sensation bien grande. Seul peut-être, Charles eût pu continuer le nom de son père, au côté duquel on l'applaudit dans *Trente ans* et dans *le Comte de Saulles*, et qui lui avait transmis quelques-uns de ses avantages physiques.

Les enfants de Frédérick aimaient tendrement leur père ; les quatre cents lettres que nous avons d'eux le prouvent surabondamment. Etaient-ils payés de retour ? On a, sur ce point, émis des doutes injustes. Frédérick avait l'humeur quinteuse, violente parfois, mais ses enfants occupaient constamment son cœur et sa pensée.

Nous l'avons démontré en plusieurs endroits de ce livre, et la lettre suivante corrobore nos affirmations d'un précieux témoignage :

Lyon, 25 juin 1849.

Ma chère mère,

Selon toutes probabilités, Frédérick et Charles seront à Paris jeudi ou vendredi ; ils doivent partir demain. Je vois, par les journaux, que l'épidémie expire, et mes craintes se calment tant pour eux que pour vous qui êtes restés *forcément* dans le danger. Espérons que Dieu nous protégera encore et que nous sortirons sans malheur de cette dure épreuve ! — Allons, à ton tour la joie de revoir tes enfants, et à moi la tristesse de m'en séparer. Cette séparation m'est douloureuse... Que Dieu nous garde !...

Caroline,

Vous allez pouvoir, Napoléon et toi, embrasser avant peu vos frères ; préparez tout à la maison pour les bien recevoir. Après avoir remercié Dieu de vous rassembler sains et saufs, pensez un peu à celui qui pense tant à vous et qui voudrait ne jamais vous quitter !...

— « Je vous embrasse et vous aime plus que je ne le devrais, mes chers messieurs », dit Frédérick dans une autre lettre datée de Bruxelles, 24 janvier 1852, et libellée sans doute après quelque incartade.

Citons encore ce billet, adressé par le comédien à l'un de ses fils, qui l'avait félicité de son grand succès dans *le Crime de Faverne* :

Dimanche, 14 Février 1868.

Mon bon Charles,

C'est avec un très-grand plaisir, je dirai même avec bonheur, que j'ai lu ta lettre dernière. — Je suis si fatigué que je ne puis tenir la plume. — La semaine a été belle, mais rude : l'Impératrice a mouillé *trois mouchoirs !*... Revenons à toi. Les sentiments exprimés dans ta lettre sont d'un noble cœur, je t'en félicite ; conserve ces dignes pensées en avançant dans le rude sentier de la vie, et, au bout du chemin, Dieu te récompensera.

Je t'embrasse du fond du cœur. Ton père,

FRÉDÉRICK-LEMAITRE.

Nous avons, dans une des pages qui précèdent, donné la raison déterminante des liaisons contractées par Frédérick-Lemaître avec Atala Beauchêne et Clarisse. Quelques notes biographiques sur ces deux personnalités auront ici leur raison d'être.

Atala Beauchêne avait joué les enfants à la Comédie-Française et les ingénues au Vaudeville avant que Frédérick la rencontrât, en 1836, aux Variétés. Belle fille de vingt ans, elle y créa, sur le désir du comédien, Adélaïde de Montmartel dans *le Marquis de Brunoy*, Paghita dans *le Barbier du roi d'Aragon*, Anna Damby dans *Kean* et le principal rôle de *Nathalie*. Elle eut plus tard l'honneur de créer, à la Renaissance, sous le nom de Louise Baudoin, la reine dans *Ruy Blas* et la Maddelena dans *l'Alchimiste*. Après la rupture brutale que nous avons racontée à sa date, elle reprit le nom d'Atala Beauchêne pour jouer au boulevard du Temple sans plus de talent que de succès. Elle disparut du théâtre vers 1850, et mourut oubliée, le 13 mars 1874.

Clarisse, qui prenait sur l'affiche le nom de Clarisse Miroy, s'appelait, en réalité, Marguerite Midroy. En 1833, âgée de treize ans, elle avait joué au théâtre Comte, puis elle était allée tenter la fortune en Portugal, pour revenir bientôt à Paris, où le théâtre du Panthéon l'avait engagée. Elle passa de là, non sans procès, à la Gaîté. On sait quel procédé original Frédérick employa alors pour attirer son attention; on connaît la durée et le dénouement des relations qui s'en suivirent. Relations à la fois tendres et commerciales. Un bon traité liait Clarisse et Frédérick, en vue surtout d'une exploitation commune des départements. Ils se séparaient donc peu. Leur correspondance, par suite, n'est point volumineuse, et les spécimens qui suivent nous le font regretter. Chose remarquable, tandis que Frédérick y donne franchement la note affectueuse, Clarisse s'attarde volontiers en des phrases moins émues que piquantes.

A Clarisse,

Je reçois tes deux lettres; elles me causent tant de joie, font battre mon cœur avec tant de violence, que je ne sais ce que j'écris en ce moment. Il est cinq heures; au lieu de dîner, je vais me promener dans la campagne, relire tes lettres, et, cette nuit, je prendrai la plume pour tâcher de te faire comprendre ce que tu me fais éprouver.

FRÉDÉRICK.

Paris, le 27 Décembre 1849.

Mon cher Frédérick, je viens de recevoir ta lettre. Je n'ai point à te parler de la joie mais de la reconnaissance qu'elle m'a causée. Je te remercie cent fois, et pourtant je pense ou plutôt j'espère que j'en recevrai une autre de toi, si tu n'es point ici avant le jour de l'an.

La Porte-Saint-Martin est, dit-on, passée entre les mains de M. Ber qui, selon les uns, serait avec Fournier, selon les autres avec Lemoine. Tous les engagements, sauf les nôtres, finissent au mois de juin, en sorte que je crois que le théâtre fera peau neuve. Il devrait bien aussi faire banquettes neuves, car lorsqu'il y a des spectacles dans le genre de *Francoise de Rimini*, cette œuvre remarquablement mauvaise de M. Ostrowski jouée par une Françoise dont tu ne peux te faire une idée — oh! Monsieur, quelle Françoise! — je dis que l'on éprouve le besoin d'être bien assis.

J'ai oublié de te dire de remercier M. Lévy pour sa loge du Français. Nous sommes allés tous quatre voir *Adrienne*

Lecouvreur, le jour même de ton départ. Mlle Rachel a été belle à la fin du quatrième acte et dans tout le cinquième où elle a une belle mort. J'attendais ses bons moments avec impatience, car, dans les premiers actes, elle jouait réellement comme à une répétition très-peu sérieuse. Du reste, la salle était loin d'être pleine; était-ce ce motif, est-ce un autre, toujours est-il que c'était médiocre. Mais elle a pris une belle revanche dès le moment où elle jette à la face de Mme de Bouillon sa tirade de *Phèdre*. Elle ne joue plus; les uns disent que c'est parce que les recettes de *Gabrielle* sont plus fortes que les siennes, les autres parce qu'elle est très-malade.

J'ai vu Adolphe Dumas à la Porte-Saint-Martin; il m'a parlé d'une pension qu'il espère avoir du ministère, mais il ne m'a point parlé des cinq cents francs qu'il te doit. Du reste, il m'a fait vraiment l'effet d'un malheureux qui se débat entre le découragement et la folie : cela m'a attristée moi-même.

A bientôt, n'est-ce pas, mon cher Frédérick, ou toi ou une lettre de toi. Mais tâche que le jour de l'an ne nous trouve pas éloignés les uns des autres; tu trouveras à la maison, pour te recevoir, tous les cœurs qui t'aiment et tous les bras pour te le prouver. Je t'embrasse de toute mon âme.

CLARISSE.

On ne partage pas pendant treize ans l'existence et les travaux d'un grand artiste, pour perdre la mémoire de ces travaux et de cette existence. Bien qu'elle se plaignit volontiers d'avoir été rudoyée par Frédérick-Lemaître, Clarisse Miroy conserva pour lui, quand elle l'eût quitté, une amitié sincère. Elle lui adressait, vers 1869 encore, des lettres de conseils invariablement terminées par des demandes d'entrevues; l'espoir fou de reprendre, après quinze années d'interruption, la liaison brisée par sa faute, hantait la pauvre femme. Frédérick avait trop souffert pour se laisser attendrir; il recevait les lettres, mais n'y répondait pas. A quoi bon remettre en présence deux êtres, entre lesquels se fût dressé le souvenir d'une trahison? Un soir, pourtant, Clarisse s'enhardit jusqu'à frapper à la porte de son ancien ami, et celui-ci l'accueillit sans colère. C'était le 17 mars 1870; on avait, le matin, conduit au cimetière le malheureux Charles Lemaître, pour qui Clarisse ressentait une affection quasi-maternelle. Touché de l'émotion qui pâlissait la visiteuse, Frédérick lui ouvrit ses bras, et les deux affligés confondirent leurs larmes. — Clarisse, atteinte déjà de plusieurs maladies, mourut, le 3 septembre suivant, dans une misère complète.

Il y aurait injustice à clore un chapitre consacré à ceux qui aimèrent Frédérick-Lemaître et furent aimés par lui, sans rappeler le nom de la jeune femme dont la tendresse dévouée mit un rayon de joie sur la fin sombre du grand artiste. Mlle Anna Linder était entrée chez Frédérick à la date où commençait, pour le comédien, l'ère de la décadence et des difficultés; elle ne s'en attacha que davantage à lui. La fille la plus intelligente n'eût pu trouver les inventions délicates par lesquelles Mlle Linder créa d'abord, autour de l'homme ruiné, l'illusion d'un certain luxe; la sœur de charité la plus humble eût reculé devant les soins que, plus tard, elle prodigua au malade condamné. Pour récompense, Anna Linder entendit les dernières paroles et eut la dernière pensée du vieillard. — « O mon enfant, que Dieu le protège! » lui dit Frédérick, au moment où elle l'aidait à gagner la couche qu'il ne devait plus quitter. Et, ses enfants bénis, c'est elle qu'il voulut à son chevet et dont il baisa les mains dans une effusion suprême de reconnaissance!...

XX

Frédérick-Lemaitre écrivain. — Plan et fragments de ses *Mémoires*. — Histoire des relations de l'auteur avec Frédérick-Lemaître. — Conclusion.

Les lettres publiées au cours de cet ouvrage prouvent que Frédérick-Lemaître possédait la netteté de pensée et la simplicité d'expressions qui sont les qualités essentielles du style épistolaire. S'ensuit-il qu'il eût pu se tirer avec honneur d'un ouvrage didactique ou biographique? Nous ne le croyons pas. Il y a dans la confection d'un volume, quel qu'il soit, des difficultés de langue et d'agencement que Frédérick, en raison de ses études sommaires et de son naturel impatient, eût difficilement vaincues. Le comédien, cependant, caressa de bonne heure l'idée d'une publication relative à son art. Il adressait de Toulouse, le 7 septembre 1833, le billet suivant à Anténor Joly, directeur du *Vert-Vert* :

Monsieur,

Je serai à Paris, vers la fin du mois courant. J'aurai le plaisir de vous voir et de vous communiquer quelques détails curieux sur l'état des théâtres en province; je pense qu'ils pourront tourner au profit de l'art dramatique, des comédiens et du public.

Je pourrais dès ce moment vous donner des notions assez

drôles, mais je m'occupe de rassembler mes matériaux; bientôt je pourrai vous offrir un ouvrage complet, et je vous devrai des remercîments pour sa publication.

Votre tout dévoué serviteur,

FRÉDÉRICK-LEMAITRE.

L'ouvrage resta à l'état de projet. Deux ans plus tard, Frédérick, adversaire de Barba, proclamait devant le Tribunal correctionnel l'intention de donner au public, avec la version exacte de *Robert Macaire*, une brochure-préface dans laquelle il « considérerait l'art théâtral dans ses rapports avec le despotisme des directeurs de théâtre. » La brochure ne fut ni imprimée ni écrite. En 1852 enfin, le comédien, reprenant pour l'amplifier son ancienne idée, traçait sur le papier ce titre gros de promesses : *Le Comédien au XIXe siècle, roman historique, par Frédérick-Lemaître*... et posait la plume pour ne point la reprendre. Ce fut là l'étiquette primitive de l'autobiographie qu'il rêva pendant plus de vingt années sans jamais l'entreprendre. Il la voyait en pensée, volumineuse, parachevée, si bien qu'il en parlait souvent comme d'une œuvre dont l'apparition était proche. Divers journaux se laissèrent prendre à ce mirage. Le 6 août 1864, *le Nain Jaune* annonçait à son de trompe la publication dans ses colonnes de « douze chapitres des *Mémoires* inachevés et inédits de Frédérick-Lemaître » ; et Théophile Silvestre, rédacteur en chef, faisait suivre l'avis de ces lignes enthousiastes :

M. Frédérick-Lemaître veut bien nous confier le manuscrit déjà volumineux des Mémoires de sa vie, intitulé : *Un comédien au dix-neuvième siècle.*

Ces Mémoires sont écrits par l'artiste lui-même avec la

finesse, la profondeur et la fierté des Garrick et des Benvenuto.

On y retrouve cette force spirituelle, pathétique, imposante, qui, au théâtre, fait, depuis trente ans, rire, pleurer et trembler.

Frédérick n'aurait plus rien à dire pour sa renommée : elle est impérissable. C'est uniquement par amitié pour nous qu'il consent à livrer à la publicité quelques épisodes de sa vie, — vie robuste que n'ont usée ni le temps, ni les passions, ni l'étude, ni même la gloire.

Frédérick-Lemaître n'est pas, à beaucoup près, une de ces intelligences qui s'épuisent dans un art spécial : cet homme rare garde dans le tête-à-tête encore plus de feu, d'éloquence et de subtilité qu'il n'en montra jamais sur la scène dans ses rôles les plus fameux.

Il y a en lui de l'historien, du poète lyrique, du dramaturge, du conteur, du vaudevilliste, et, quand il lui plaît, du bouffon, mais du bouffon colossal.

Nous essayerons plus tard le portrait en pied de ce grand artiste, dont le génie et le caractère sont capables d'élever un peintre médiocre au-dessus de lui-même.

Nous sommes fier de l'avoir pour collaborateur.

Le « manuscrit déjà volumineux » n'existant que dans l'imagination de Silvestre, aucun des chapitres promis ne figura dans *le Nain Jaune*. Trois ans s'écoulent ; un avis, en forme d'énigme, apparaît, le 10 novembre 1867, en tête du *Corsaire :*

Nous publierons incessamment — dit cet avis — une œuvre à la fois curieuse et intéressante à tous les points de vue : les péripéties étranges de l'existence d'un artiste de génie, que nous ne désignerons pas aujourd'hui plus explicitement, mais dont chacun devinera le nom.

L'artiste était Frédérick-Lemaître et l'œuvre son autobiographie. Cette fois encore le journaliste avait pris son désir pour la réalité, et la lettre suivante l'en fit promptement convenir :

Paris, 11 Novembre 1867.

Monsieur Lermina,

C'est avec étonnement que j'ai lu, dans *le Corsaire*, une annonce ayant trait à notre rencontre chez M. Carjat.

Cette conversation fut tout artistique, et je la terminai, vous n'avez pu l'oublier, en vous déclarant que jusqu'à ce jour je n'avais et ne voulais prendre aucun engagement avec qui que ce soit. Je n'ai nullement le temps, quant à présent, de m'occuper de mes *Mémoires*; ils sont bien dans ma pensée depuis longtemps, comme je vous l'ai dit, mais pas un chapitre n'est encore tracé, et le commencement, dans ces sortes d'ouvrages, est toujours le plus difficile. Ainsi donc, je crois dans l'intérêt de votre journal de vous abstenir d'annoncer une chose qui n'existe pas : vos lecteurs pourraient regarder cela comme un appât trompeur.

Persuadé que vous prendrez en bonne part mes observations, je vous prie d'agréer mes civilités les plus empressées.

FRÉDÉRICK-LEMAITRE.

En août 1874, dernière annonce. Désireux de satisfaire sa clientèle, *le Rappel* promet, pour occuper les vacances parlementaires, la publication de diverses œuvres importantes, parmi lesquelles *Mes Souvenirs*, par Frédérick-Lemaître. — Et ces *Souvenirs* ne parurent pas plus que les fois précédentes.

Le comédien, conteur excellent, se rendait évidemment compte de l'impossibilité où il était d'évoquer sur le papier les impressions et les récits auxquels sa mimique et sa diction prêtaient, dans l'intimité, une saveur particulière. Pour cette tâche ardue, un collaborateur lui devenait nécessaire. Ce collaborateur, il avait cru le trouver dans Balzac, dans Janin, dans divers littérateurs encore, mais des difficultés variées avaient surgi au moment de l'exécution, et Frédérick, par sa faute ou par celle d'autrui, était constamment resté seul avec le registre sur lequel il écrivait, de temps en temps, un nom, une date ou un titre qui constituait pour lui l'embryon d'une biographie, d'un épisode ou d'un jugement critique.

Combien de fois le comédien a-t-il ouvert pour nous ce mémorial intéressant, que nous devions retrouver, avec autant de joie que de surprise, chez l'auteur du *Maître d'école*, l'obligeant et sympathique M. Paul Meurice! — Nous y puisons cette indication précieuse que l'autobiographie de Frédérick-Lemaître se fût décidément intitulée : *L'Observateur, Mémoires d'un Comédien au XIXe siècle*, et eût été composée de douze volumes, contenant chacun l'histoire de cinq années, et précédés de considérations générales sur l'art dramatique en France, de 1700 à 1800. — C'est, à vrai dire, le seul emprunt que nous puissions faire au registre du comédien, où les noms et les chiffres s'alignent avec la sécheresse d'un répertoire. Nous l'avons dit déjà, mais nous ne saurions trop le répéter pour dissiper l'erreur de ceux qui, sur la foi d'un titre mensonger, ont cru lire, en ces derniers temps, les *Souvenirs de Frédérick-Lemaître*, rédigés par lui-même, et publiés dans un élan de piété filiale. Le comédien n'a pas écrit un paragraphe de ce livre qui le fait, pendant trois cents pages, agir et parler en bourgeois ridicule. Par deux fois seulement, Frédérick tenta d'exécuter sans aide son projet de *Mémoires*, et ces essais, recueillis par nous, sont jusqu'ici demeurés inconnus.

Le premier de ces autographes, intitulé *Préface*, contient une amusante anecdote :

Un jour — écrit Frédérick, — Balzac vient chez moi. J'étais absent. Il demande à m'écrire un mot; mon domestique l'introduit dans mon cabinet de travail. Balzac y trouve tout ce qu'il faut, sauf de l'encre. — « Je reconnais bien là Frédérick, l'homme d'action, s'écrie Balzac, pas d'encre! » — Mon domestique s'était empressé de courir à l'office chercher l'encrier de la cuisinière. — « A la bonne heure, dit Balzac, la cuisinière agit aussi, mais elle n'oublie pas d'écrire sa dépense, n'est-ce pas, mon garçon, plutôt deux fois qu'une? » — « Monsieur, nous l'écrivons ensemble! »

La « préface » s'interrompt là, par malheur. Il est facile, néanmoins, de deviner la conclusion absente. Partant de ce point qu'il agissait plus qu'il n'écrivait, le comédien voulait évidemment solliciter, pour sa plume inexpérimentée, l'indulgence de ceux qui le devaient lire.

Le second des fragments écrits par Frédérick porte la date de 1869. Il met sur la sellette une haute personnalité dramatique, et n'en offre à nos yeux qu'un plus vif intérêt :

1851-1852.

On aurait cru vraiment que je courais après Rachel. A peine sortait-elle d'une ville que j'y arrivais, pour trouver un public encore ému de son passage. Cela me causait un vif plaisir, car, malgré tout le mal qu'elle m'a causé involontairement, j'ai toujours professé une très-grande estime pour son rare talent. Il m'arrivait fréquemment de descendre dans le même hôtel qu'elle et quelquefois d'habiter l'appartement qu'elle venait de quitter. Il en fut ainsi à Lyon, Marseille, Genève, Bruxelles, etc. Dans ces dernières villes surtout, les directeurs d'hôtels sont des gentilshommes très-amateurs d'autographes. Chaque fois que, prêt à partir, je demandais au garçon mon compte de dépenses, je voyais arriver, au moment du dessert, un monsieur en habit noir, porteur d'un registre ou d'un album, et qui, après un discours de maire ou de sous-préfet, me priait de vouloir bien apposer sur ledit album ou registre un mot, une pensée... et ma signature. Sa demande exposée, l'hôtelier-gentleman déposait galamment l'objet sur un meuble et se retirait avec grâce.

En prenant mon café et fumant un cigare, je parcourais l'album... Ah! s'il fallait recueillir toutes ces bigarrures de l'esprit humain!... Mais il ne s'agit ici que de Mlle Rachel, dont le nom brillait parmi beaucoup d'étoiles de toutes régions et se trouvait presque toujours à une feuille ou deux de la place qui m'était offerte pour apposer mon humble signature. Une chose m'agaçait, c'était la monotonie de ses citations. Mme Emile de Girardin me disait un jour : « Mlle Rachel est une femme digne de figurer dans le grand monde; c'est une femme d'esprit! » — Mais, me disais-je à part moi, quand on a de l'esprit, il faut s'en servir; pourquoi prendre toujours celui des autres. Exemples : à Lyon, je lis :

> Rome, l'unique objet de mon ressentiment,
> Rome, à qui vient ton bras d'immoler mon amant!
>
> RACHEL.

Non : Corneille! — A Marseille, je lis :

> Rome, qui t'a vu naître et que ton cœur adore,
> Rome enfin que je hais, parce qu'elle t'honore!
>
> RACHEL.

Mais non : Corneille! — A Bruxelles, je lis :

> Rome...

Enfin, à Gand, au Grand-Hôtel, je lis :

> Voir le dernier Romain à son dernier soupir,
> Moi seule en être cause et mourir de plaisir!
>
> RACHEL.

Mille fois non : Corneille!...

Le narrateur, pour un motif quelconque, s'en tient à ce début, mais nos recherches nous permettent d'achever l'épisode. Soucieux de fournir à la collection de l'hôtelier gantois un *emprunt* comparable à celui de Rachel, Frédérick dessina sommairement, sur l'album, *le Serment des Horaces*, de David, et le signa, comme il eût fait d'une œuvre originale.

En dehors de ces deux narrations incomplètes, rien ne subsiste des douze volumes projetés par Frédérick-Lemaître, et qui furent le sujet principal des entretiens que nous eûmes avec lui pendant plus de dix années.

C'est en janvier 1861 que nous fut révélé le talent de Frédérick-Lemaître. Il donnait alors, au théâtre de la Gaîté, quelques représentations de *Trente ans*. Sa diction merveilleuse et sa pantomime effrayante firent sur notre esprit une impression telle que nous voulûmes connaître l'histoire de ses travaux passés. Cette histoire n'existant pas, nous résolûmes de l'écrire, quand l'apparition du comédien dans divers rôles eût renouvelé notre émotion première et affermi notre enthousiasme. A quelle source puiser les renseignements nécessaires? Une audacieuse idée nous vint; dressant tant bien que mal la liste des créations de Frédérick, nous l'adressâmes à l'artiste lui-même, en le priant de rectifier nos erreurs ou de compléter notre nomenclature. Près d'un mois s'écoula sans nouvelles, et nous n'attendions plus de réponse, quand le courrier nous apporta l'autographe suivant :

25 Juillet 1863.

Monsieur,

J'avais égaré votre lettre et ce n'est qu'aujourd'hui que je la retrouve. Je m'empresse de réparer, autant que faire se peut, ce retard involontaire. La liste ci-contre est complète, et il m'est bien flatteur de vous voir, Monsieur, si bien vous rappeler mes travaux.

Agréez l'assurance de ma parfaite considération.

FRÉDÉRICK-LEMAITRE.

Stimulé par cet encouragement, nous nous mîmes à l'œuvre, et, deux ans plus tard, nous présentions au comédien une brochure sympathique qui nous valait cette lettre :

Dimanche, 30 Avril 1865.

Cher Maître,

J'arrive de Versailles, où j'étais depuis quinze jours; on me remet votre charmant et délicat envoi!...

Je m'empresse, pour le moment, de vous remercier mille fois, et vous prie de croire à ma bien profonde reconnaissance.

FRÉDÉRICK-LEMAITRE.

Notre esquisse ayant plu, nous devions naturellement songer à la parfaire en étudiant le modèle même. Nous exprimâmes bientôt à Frédérick le désir d'être reçu chez lui à un moment fixé, mais, par un malentendu double, le comédien attendit notre visite, tandis que nous attendions, nous, l'autorisation sollicitée. D'où cette épître tout aimable :

7 Juin 1865.

Mon cher Monsieur Lecomte,

Je vous ai espéré hier, toute la soirée.

Pas de cérémonie entre nous, cher Maître. — Je ne suis pas ministre! — je reçois chaque fois que je suis chez moi! Ne vous gênez pas; votre jour sera le mien, votre heure mon heure!

Pour gouverne, je ne sors jamais avant midi — une heure; tous les jours, je dîne à six heures — et ça ne me gêne nullement ni ne me dérange de me lever de table.

Tout à vous,

FRÉDÉRICK.

Nous frappions, le lendemain soir, à la porte de l'artiste. L'intéressante entrevue! Nous en retrouvons avec plaisir les détails dans ces notes, écrites la nuit même :

Rue de Vendôme, 10, au deuxième étage. Un domestique vient nous ouvrir, demande notre nom, et nous prie d'attendre dans une antichambre à cheminée que nous examinons. Sur une table, le buste de Talma; aux angles de la pièce, deux bibliothèques garnies de livres et de portraits-cartes; un chapeau sur une des chaises, un sac de voyage sur l'autre... Une porte à deux battants s'ouvre soudain à notre droite, et Frédérick apparaît. Il est vêtu d'une robe de chambre bleu foncé déchirée par endroits, sa chemise déboutonnée laisse voir un gilet de flanelle, ses cheveux sont ébouriffés, et il marche à grands pas, en ouvrant les bras dans un geste un peu théâtral. — « Comment, s'écrie-t-il, on vous fait faire antichambre?... Venez donc par ici!... » — Nous traversons un salon confortablement meublé, et nous entrons dans une pièce à droite qui est en même temps la chambre à coucher et le cabinet de travail de l'artiste. Il nous fait asseoir, s'assied lui-même en face d'un miroir où il se regarde parler, et nous dit, en mâchonnant un cigare éteint qu'il essaie de rallumer sans y parvenir : — « Je vous renouvelle mes remerciements pour votre petit volume; il est très-bien fait, quoi qu'il renferme des erreurs... » — « Vous m'en voyez confus! » — « Oh! je ne vous en ai pas moins d'obligations. » — « Un écrivain que vous devez connaître, M. Benjamin Antier, m'a signalé déjà une inexactitude assez grave. » — « Antier, et laquelle? » — Il s'agit de *l'Auberge des Adrets*. J'ai dit, comme tout le monde, que vous étiez un des auteurs de ce mélodrame; M. Antier, au contraire, prétend que non-seulement vous n'avez pas écrit un mot de la pièce, mais que vous n'avez eu qu'une très-faible part à la création de Robert Macaire. *L'Auberge*, suivant lui, aurait été écrite non sérieusement, comme on le croit, mais en charge; au lieu d'inventer un type vous n'auriez donc fait que le développer... » — « Ah! ça, mais, c'est une plaisanterie. Votre livre contient effectivement une erreur au sujet de *l'Auberge des Adrets*, mais ce n'est pas celle que découvre Antier. Vous avez dit que ce mélodrame avait été joué sérieusement le premier soir, et que, le lendemain seulement, je l'avais transformé en bouffonnerie : je l'ai joué plaisamment dès le premier jour. Mais vous m'avez dit que vous prépariez une seconde édition de ma biographie; voulez-vous que je vous raconte l'histoire des représentations de *l'Auberge?* Vous en ferez votre profit... » — Sur notre acceptation empressée, le comédien conte ou plutôt joue pour nous une succession d'épisodes que notre mémoire recueille avec avidité. Nous le quittons ravi, et n'avons rien de plus pressé que de confier au papier les révélations entendues.

Cette visite nous avait été trop profitable pour que nous ne songions pas à la renouveler; des relations suivies s'établirent insensiblement entre le comédien et nous, relations dont les lettres de Frédérick vont préciser les phases successives.

A l'envoi d'une biographie de Déjazet, écrite par nous, et à l'annonce d'une édition nouvelle de sa propre biographie, le comédien répond, le 25 juin 1866 :

Cher ami,

Je suis très-sensible à votre aimable envoi et je vous en remercie.

Quand il vous plaira de venir causer avec moi, vous serez le très-bien venu.

Ne livrez rien à la publicité à mon endroit sans communication. Je puis rectifier bien des erreurs et des on-dit ridicules, en revanche vous donner de petites choses gentilles, curieuses et très-vraies : j'anticiperai sur mes *Mémoires!*

Mille compliments,

FRÉDÉRICK-LEMAITRE.

Un an plus tard, le directeur du journal *La Lune*, désireux de publier le portrait-charge de Frédérick, se sert de notre intermédiaire pour obtenir de lui l'autorisation voulue par la loi et quelques lignes destinées à l'autographie ; Frédérick nous écrit alors :

27 Avril 1867.

Cher Maître,

Je crois vos collaborateurs et amis de *La Lune* des gens d'esprit. Voilà ma pensée écrite sur la bande ci-incluse, vous laissant toutefois la liberté d'agir et de faire tel usage qu'il vous plaira de la présente.

Mes amitiés,

FRÉDÉRICK-LEMAITRE.

A cette lettre était jointe la phrase qu'on peut lire au bas de la charge ingénieuse et frappante d'André Gill, et que les biographes ont maintes fois reproduite : « *Lune, fais la caricature des jeunes, le temps se charge de celle des vieux.* » — Elle dénote, cette phrase, que le comédien vieilli avait mieux que personne le sentiment de sa faiblesse. — « Vieux lion! disait-il en lisant, après chacune de ses apparitions, le cliché que lui réservaient les critiques, vieux lion! eh! non, je ne suis qu'un bonhomme!... L'art du comédien a ceci de cruel que, quand on peut, l'on ne sait pas encore, et, quand on sait, l'on ne peut plus! »

Le dessin de Gill paraît avec une notice de nous; l'un et l'autre satisfont Frédérick au point que, pour la première fois, il nous envoie des entrées à son nom :

23 Juin 1867.

Cher Maître,

Voici des billets pour *le Père Gachette;* ils seront bons pour toute la semaine, et, si vous voulez la primeur d'une nouvelle, lisez :

Mon traité avec les Folies-Dramatiques expirant le 30 courant, je clôture dimanche prochain. J'ai des traités avec la Belgique et la Suisse, pour y jouer *l'Auberge des Adrets*, *Robert Macaire*, *Don César*, etc.

Mes amitiés,

FRÉDÉRICK.

Le voyage annoncé n'a pas lieu. Nous signalons vers cette époque, à Frédérick, l'article malintentionné de Cochinat, et le comédien nous écrit :

17 Juillet 1867.

Je n'avais pas lu. Merci, cher ami, de l'avis. Comme vous avez pu voir, j'en ai vivement profité.

Bien à vous,

FRÉDÉRICK.

Le Crime de Faverne se joue; des photographies de Frédérick-Séraphin tombent sous nos yeux; nous exprimons le désir d'en posséder quelques-unes, et le comédien s'empresse de nous envoyer cinq épreuves signées, avec ces mots :

9 Juillet 1868.

Cher Maître,

Voici les portraits demandés; je souhaite qu'ils vous soient agréables.

Faites-moi le plaisir de démentir dans vos journaux l'annonce que je doive jouer le Don César de *Ruy Blas* : il n'en est RIEN ! Je m'occupe de former une société d'artistes de mérite pour une excursion dans les départements et à l'étranger... voilà !

Mille compliments, FRÉDÉRICK.

Sur ces entrefaites, l'aîné des enfants de Frédérick-Lemaître, se jugeant diffamé par *le Gaulois*, entame un procès contre ce journal. Comme il arrive fréquemment, le rédacteur visé fait peser sur le père la responsabilité de l'assignation du fils, et s'en venge par diverses épigrammes. Frédérick a grand soin de les collectionner :

5 Mars 1869.

Cher ami,

J'aurais besoin des numéros du *Gaulois* qui me travaillent — pour *notre procès*.

Veuillez m'indiquer les jours, ou, si vous les avez, me les prêter.

Bien à vous, FRÉDÉRICK.

Avez-vous lu l'infamie au sujet de ma femme?

Nous l'avions lue, oui, et ce fut la raison déterminante du parti que nous prîmes dans la mêlée, où nous jetâmes, quelque temps plus tard, ce drôlatique document : la lettre d'*Auguste*.

Une publication plus sérieuse l'avait précédée : *Frédérick-Lemaître dans Vautrin*, monographie du grand artiste dans le rôle qu'il venait de reprendre à l'Ambigu-Comique, et pour laquelle Frédérick nous avait donné d'intéressants détails. Il nous écrit à ce sujet :

19 Mai 1869.

Mon cher ami,

Frédérick, mon fils, m'a prié de vous témoigner ses remercîments pour tout le plaisir que lui a causé l'envoi de votre brochure.

Merci pour lui, merci pour moi !

FRÉDÉRICK.

Dans le courant de la même année, divers journaux annoncent une indisposition grave de Frédérick-Lemaître; nous nous rendons chez lui sans être admis en sa présence; nous écrivons alors, et cette lettre nous parvient :

12 Août 1869.

Mon cher ami,

Je suis on ne peut plus sensible aux témoignages de sympathie que vous ne cessez de me donner; croyez à ma sincère et profonde reconnaissance.

Je suis très-contrarié de vos visites sans résultat; le successeur de *Monsieur Auguste* est plus bête et moins au fait du service : alors, tout est possible!

Mon indisposition a été la grippe, un violent mal de gorge, voilà tout; je n'ai pas cru devoir réclamer.

Du reste, ce nouveau canard aura été bon à quelque chose; il m'a fait, comme à Charles-Quint, connaître ceux qui s'intéressent à moi — je n'avais pas besoin de cela à votre endroit! — Buste, photographies, tout est resté là. Quant au *Centenaire*, dans les brouillards! Je n'ai vu personne et je vis à cent lieues de Paris-théâtre.

Allons, bonne santé, et bien à vous,

FRÉDÉRICK.

Quelques billets d'importance moindre — indications de rendez-vous, envois de places — occupent les années 1870 et 1871. En 1872, Frédérick joue *le Portier du n° 15*, et l'attentat que nous avons raconté se produit. Nous nous inquiétons des suites qu'il peut avoir, et le comédien nous rassure en ces termes :

4 Juin 1872

Merci mille fois de votre bonne lettre et de l'intérêt que vous me portez; croyez que j'y suis très-sensible.

Je n'ai reçu aucune blessure, mais la mort, certainement, a passé bien près de moi!

C'est un miracle providentiel, et j'en remercie Dieu!

Avec ma reconnaissance, acceptez mes vœux pour que vous réussissiez dans vos entreprises.

Bien à vous,

FRÉDÉRICK-LEMAITRE.

P. S. — Le misérable est à Mazas. Il a, quarante-huit heures après son arrestation, déclaré au juge d'instruction qu'il n'avait qu'un regret, c'est de n'avoir pas *tué* son chef. Ainsi, vous voyez que je l'ai échappé belle!

Le temps marchait, créant autour de nous des devoirs importants, des affections nouvelles sans que notre sympathie pour Frédérick-Lemaître en souffrît. Un fils nous étant né, la pensée même nous était venue d'établir un lien moral entre le comédien et nous, en appelant du même nom le petit être que nous devions beaucoup aimer et le grand homme qui nous aimait un peu. L'approbation sollicitée nous arriva dans cette page sincèrement attendrie :

Vendredi, 17 Février 1873.

Mon cher ami,

Merci de votre bonne et excellente lettre!

Je suis heureux de vous inspirer une si noble affection; je suis profondément touché de l'intérêt que je vous inspire! Quoique jeune, vous comprenez toutes les misères humaines...

Qu'il soit fait comme vous le désirez, et que la main bienfaisante de Dieu s'étende sur vous et sur les vôtres!

Encore une fois, merci de votre bonne lettre...

Mille compliments, mille vœux pour votre bonheur!

FRÉDÉRICK-LEMAITRE.

Quatre mois plus tard, notre dévouement s'employait en vain pour sauver Frédérick de la ruine; il nous sut gré pourtant de ces efforts, et nos entrevues en devinrent plus fréquentes et plus amicales encore. C'est le dimanche qu'elles avaient lieu d'ordinaire. Reconnaissant le coup de sonnette qui retentissait vers deux heures, Frédérick venait ouvrir lui-même, nous serrait les mains, et, intéressé par les brochures dont nous avions soin de nous munir, revivait en paroles quelques années de son passé. L'après-midi s'écoulait vite, et nous nous retirions au bruit des assiettes et des verres qui, dans la pièce voisine, annonçait l'heure du dîner. — « On mange, quelque chagrin qu'on aie », disait Frédérick, en nous reconduisant avec un sourire. — Quand le comédien jouait ou ne pouvait recevoir, une lettre de nous suppléait à la visite impossible, et Frédérick y répondait par quelque billet comme celui-ci :

27 Mai 1875.

Merci, mon cher ami, de votre sollicitude. Je suis encore un peu souffrant -- la variété de la température contribue à mon malaise — mais enfin j'espère que, dans quelques jours, je serai grand garçon.

Encore une fois merci, et joie et santé.

FRÉDÉRICK-LEMAITRE.

Pendant ce temps, notre Frédérick à nous grandissait. Nous n'avions eu, par suite de difficultés matérielles, aucune de ces joies exquises : le premier sourire, le premier mot, le premier pas du petit être ; mais comme nous en fûmes dédommagé quand il nous arriva de sa *nursery* lointaine. Rose, blond, alerte, spirituel, caressant, adorable, qui ne l'eût adoré ! Nous désirions le présenter au grand artiste, mais celui-ci ressentait les atteintes du mal qui devait l'emporter et son médecin lui prescrivait le calme et le silence. Une épître porta notre désir et nos hésitations à la connaissance de Frédérick-Lemaître qui nous fit parvenir, le lendemain même, cette lettre charmante, — la dernière que nous ayons reçue de lui :

16 Octobre 1875.

Mon cher Henry,

Vous ne pouvez douter du plaisir que vos bonnes visites me font éprouver.

Ne craignez pas de me donner ces preuves d'amitié, et croyez que j'y suis *très-sensible*.

Je serai charmé d'embrasser votre petit Frédérick.

C'est demain dimanche — jour de congé pour les grands et les petits — faites-m'en profiter.

Bien à vous,

FRÉDÉRICK-LEMAITRE.

Nous revoyons par la pensée ce modeste salon de la rue de Bondy, où notre vieil ami et notre jeune enfant se rencontrèrent. Avec quelle joie douce nous vîmes, dans les bras l'un de l'autre, ces deux êtres que notre cœur unissait dans la même affection profonde! — Ils demeurent, hélas ! unis dans nos regrets, car la mort a frappé du même bras impitoyable le parrain chargé d'ans et le filleul ignorant de la vie !...

Notre œuvre est terminée.

Nous l'avons conçue dans un sentiment de sympathie respectueuse pour l'artiste, de pitié sincère pour l'homme; nous l'avons exécutée simplement, nous attachant à substituer l'histoire à la légende en appuyant nos dires de documents indiscutables.

Puissent les silhouettes fantaisistes acceptées jusqu'ici, s'évanouir enfin devant le portrait fidèle; puisse ce livre de bonne foi défendre, contre le temps, un grand nom purifié par une grande infortune!

FIN.

PIÈCES JUSTIFICATIVES (*)

1. — Entre les soussignés,

MM. Cambe et Chatel, Directeurs du théâtre de l'Ambigu-Comique où ils font élection de domicile, d'une part,

Et M. Frédérick-Lemaître, Artiste dramatique, demeurant à Paris, rue de Bondy n° 36, d'autre part,

Il a été convenu ce qui suit.

Article 1er. — M. Frédérick-Lemaître s'engage à jouer, sur le théâtre de l'Ambigu-Comique,

1° Une représentation de *Ruy Blas*, qui aura lieu mardi ou mercredi de la semaine prochaine, au choix de MM. Cambe et Chatel;

2° Six représentations de *Kean*, drame en cinq actes, qui commenceront le samedi 18 de ce mois et finiront le vendredi 24 courant.

Article 2. — MM. Cambe et Chatel s'engagent à payer à M. Frédérick-Lemaître *trois cents francs* pour chacune des représentations dont il est question dans l'article précédent.

La somme de *trois cents francs* sera payée au dit sieur Frédérick dans la soirée de chacune des dites représentations.

Article 3. — Bien que MM. Cambe et Chatel s'engagent envers M. Frédérick-Lemaître pour six représentations du drame de *Kean*, il est convenu qu'ils auront la faculté de faire jouer par M. Frédérick-Lemaître six autres représentations de la dite pièce et que dans ce cas M. Frédérick-Lemaître sera à la disposition de ces Messieurs, pourvu toutefois que ces représentations aient lieu du 25 Juillet courant au 5 Août prochain.

Le cas échéant où ces six nouvelles représentations auraient lieu, MM. Cambe et Chatel prennent l'engagement de payer pour chacune d'elles la somme de *trois cents francs* à M. Frédérick-Lemaître.

(*) Tous ces documents sont entre nos mains ou ont été copiés par nous sur les originaux.

Article 4. — Il est convenu que si la représentation de *Ruy Blas*, dont il est question à l'art. 1er, est donnée pour le compte de MM. Cambe et Chatel, ces Messieurs devront s'entendre avec les artistes jouant dans cette pièce pour les feux qu'ils pourraient demander.

Article 5. — MM. Cambe et Chatel prennent l'engagement par les présentes de donner la sixième représentation de *Kean* au bénéfice de M. Francis Cornu.

Il est entendu que MM. Cambe et Chatel prélèveront sur la recette de cette représentation la somme de *neuf cents francs* et que le reste de la recette, déduction faite des droits d'auteurs et du droit des indigents, sera compté au dit sieur Francis Cornu.

Il est convenu que l'affiche annonçant cette représentation ne portera pas le nom du bénéficiaire.

Fait double entre les parties et de bonne foi, le 11 Juillet 1840.

A. CAMBE, CHATEL,
LEMAITRE.

2. — Entre M. Charles-Théodore Cogniard, Directeur privilégié du Théâtre de la Porte-Saint-Martin, demeurant à Paris, boulevard-Saint-Martin 14, d'une part;

Et M. Antoine-Louis-Prosper Lemaître, dit Frédérick, Artiste Dramatique, demeurant à Paris, d'autre part;

A été convenu ce qui suit, savoir :

Le Directeur engage, par le présent, M. Lemaître pour remplir, sur le théâtre, de la Porte-Saint-Martin ou sur tout autre en cas de fermeture temporaire de celui-ci, et à sa première réquisition, en tous temps, à toute heure, partout où il le jugera convenable, tous les rôles de Drame, Comédie, Vaudeville, qui seraient jugés, par le Directeur, convenables au physique et au talent de M. Lemaître (toutefois il pourra refuser de chanter) lesdits rôles soit en chef, soit en partage, sans que, sous aucun prétexte, ils puissent être refusés.

Le présent Engagement est fait aux charges, clauses et conditions réglementaires qui suivent, et que les parties contractantes s'obligent à exécuter dans tout leur contenu, chacune en ce qui la concerne.

Le Directeur se réserve :

1° Le droit de distribuer les pièces et de faire jouer tous les rôles du répertoire par les acteurs qu'il désigne;

2° La faculté, dans le cas où une contestation entre le Directeur et un Artiste serait portée devant les tribunaux, de suspendre les appointements de ce dernier jusqu'à l'issue du jugement définitif.

M. Lemaître s'engage et s'oblige :

1° A apprendre au moins trente-cinq lignes ou vers par jour dans les rôles qui lui seront distribués ;

2° A ne remettre, sous aucun prétexte, à un autre acteur aucun des rôles qui lui auront été confiés, sans l'autorisation expresse du Directeur ;

3° A se trouver au théâtre, chaque jour de représentation, à l'heure fixée pour le commencement du spectacle ;

4° A se trouver à toutes les répétitions aux heures indiquées par le tableau, et même après le spectacle, si le cas le requérait ;

5° A ne faire aucun usage de ses talents d'acteur sur les théâtres publics ou particuliers, à moins d'en avoir obtenu la permission écrite du Directeur, et ce, sous peine de trois mille francs d'amende ;

6° A payer, à titre de dommages-intérêts, une somme égale à la plus forte recette que l'on puisse faire aux bureaux par le placement de tous les billets, si, par sa faute, il obligeait le Directeur soit à changer, en tout ou en partie, le spectacle affiché, soit à charger un autre acteur du rôle qu'il aurait dû jouer dans ledit spectacle ;

7° A se fournir de linge, de rouge, de gants et tout ce qui compose les costumes de ville de toute nature ; les autres costumes seront à la charge de l'administration ;

8° A ne pas les prêter à d'autres acteurs ; enfin, à payer, d'après estimation, les dégâts et dégradations que lesdits costumes pourraient souffrir par sa faute ;

9° A se conformer scrupuleusement à tous les règlements faits ou à faire par le Directeur, pour l'ordre du spectacle et des répétitions ; pour la police de la salle, du théâtre et des coulisses, des loges et des foyers, ainsi que pour les amendes, dont le tarif sera exposé aux tableaux ou communiqué aux artistes par la voie des bulletins adressés par le régisseur.

Les tableaux, affichés chaque soir dans les foyers et au théâtre, indiquent à tous les artistes pensionnaires les répétitions, le devoir et tout ce qui le concerne. Nul ne peut prétendre cause d'ignorance de tous règlement, mesure et ordre de service, qui auront été affichés aux tableaux.

En cas de clôture du théâtre par force majeure, de quelque nature qu'elle soit, les appointements de l'artiste seront suspendus pendant toute la durée de la fermeture.

M. Lemaître ne pourra demander la résiliation de son engagement dans le cas de cession ou d'abandon du Privilége, et sera tenu de reconnaître pour Directeurs ceux ou celui avec lesquels le Directeur actuel transigerait de ses droits audit Privilége.

Moyennant les clauses ci-dessus, fidèlement exécutées, il sera payé pour appointements fixes à M. Lemaître la somme de *douze mille francs* par année et par douzième de mois en mois. Plus, à titre de feu, la somme de *cinquante francs* par chaque pièce qu'il jouera. Le s[r] Lemaître aura en outre, dans le courant du mois de Novembre de chaque année, une représentation à bénéfice donnée en son nom, représentation ainsi réglée : après les prélèvements des droits d'hospices, des droits d'auteurs, des frais extraordinaires d'affiches, voitures, et de toutes dépenses en dehors des frais ordinaires, le bénéfice de la représentation sera partagé par moitié entre M. Lemaître d'une part, et la Direction d'autre part. Enfin M. Lemaître jouira chaque année d'un congé d'un mois, sans retenue d'appointements. Toutefois il aura la faculté de prolonger ledit congé de deux mois, mais alors les appointements seront suspendus pendant ces deux mois. A cet égard M. Lemaître devra prévenir la Direction de ses intentions un mois avant le mois de Juillet, époque du congé.

Le présent engagement commencera le 16 Mai prochain pour finir le 30 Avril 1846.

Tout ce qui est ci-dessus sera exécuté, sous peine d'un dédit de la somme de *cent mille francs,* lequel acceptable et payable dix jours après la signature du présent; passé lequel temps, outre le dédit, tous dépens, dommages et intérêts seront exigibles du premier contrevenant.

Fait double à Paris, le 23 Mars 1841.

Théod. Cogniard.
Lemaitre.

Articles additionnels :

1° La direction ne pourra jamais forcer M. Lemaître à jouer plus de vingt-six fois par mois.

2° Les appointements et les feux de M. Lemaître seront payés au plus tard le 5 de chaque mois.

3° Le s[r] Lemaître aura de droit ses entrées dans la salle à toutes places, même les jours de représentations extraordinaires, bals, concerts, répétitions générales, etc.

4° Dans une pièce féerie ou autre, le s[r] Lemaître pourra se refuser à descendre du cintre dans une gloire ou toute autre machine de même nature, de même qu'à monter ou descendre par des trappes.

5° En cas de maladie ou indisposition subite qui empêcherait le s[r] Lemaître de se rendre au théâtre pour y faire son service, il devra, à l'instant même, faire appeler le médecin du théâtre afin de faire constater son état. Dans ce cas, l'administration aura de plus le droit de faire remplacer le s[r] Lemaître par tel acteur que bon lui semblera. M. Lemaître, s'il le juge convenable, pourra faire vérifier son état par son médecin, et, dans le cas de contestation entre les deux docteurs, ils s'adjoindront un troisième médecin qui jugera arbitralement et sans appel. Si la maladie dûment constatée empêchait M. Lemaître de faire son service, il aura droit à ses appointements pendant un mois entier à partir du premier jour de sa maladie ; passé cette époque ils seront suspendus jusqu'au jour de la rentrée du dit s[r] Lemaître.

6° A son retour de congé ou après maladie, le s[r] Lemaître aura le droit de reprendre les rôles qu'il aura créés et qui, pendant son absence ou sa maladie, auront pu être joués par d'autres personnes.

7° M. Lemaître aura dans le théâtre une loge séparée qui lui servira exclusivement et qui ne pourra lui être retirée qu'en échange d'une autre qu'il trouvera à son gré. Cette loge sera chauffée par un feu de bois dans une cheminée et éclairée par quatre quinquets.

3. — Entre M. John Mitchell, Directeur du Théâtre Français de Saint-James, à Londres, et M. Frédérick-Lemaître, Artiste dramatique à Paris, est convenu ce qui suit :

Que le dit M. Frédérick-Lemaître s'engage à être rendu à Londres pour y jouer le 17 Février prochain (1845) et y continuer ses représentations à raison de trois par semaine jusque et y inclus le 15 Mars, même année. Le nombre des susdites représentations s'élèvera à douze, outre une treizième qui sera donnée comme Bénéfice sur laquelle la somme de *cinq cents francs* sera prélevée en faveur de M. Frédérick-Lemaître ;

Que pour ce, les douze représentations de M. Frédérick-Lemaître, M. John Mitchell s'engage à lui payer la somme de *douze mille francs*.

Paris, ce 21 Décembre 1844. John Mitchell.

Lemaitre.

4. — Entre M. Charles-Théodore Cogniard, Directeur privilégié du Théâtre de la Porte-Saint-Martin, demeurant à Paris, boulevard Saint-Martin, 14, d'une part;

Et M. Antoine-Louis-Prosper Lemaître, dit Frédérick, Artiste dramatique, demeurant à Paris, rue de Lancry, 12, d'autre part; a été convenu ce qui suit, savoir :

Le Directeur engage, par le présent, M. Lemaître pour remplir, dans sa troupe et à sa première réquisition, en tous temps, à toute heure, sur le théâtre de la Porte-Saint-Martin ou sur tout autre, en cas de clôture temporaire de celui-ci, tous les premiers rôles de Drame, Comédie et Vaudeville qui seraient jugés, par le Directeur, convenables au physique et au talent de M. Lemaître, qui toutefois pourra refuser de chanter.

(Clauses et Articles additionnels comme à l'engagement précédent.)

Moyennant les clauses ci-dessus, fidèlement exécutées, il sera payé pour appointements fixes à M. Frédérick-Lemaître la somme de *seize mille francs* pour huit mois de l'année, payable à raison de deux mille francs par mois, M. Frédérick-Lemaître jouissant chaque année de quatre mois de congé, non payés, congés réglés ainsi qu'il sera dit plus bas. M. Lemaître touchera en outre, à titre de feux, la somme de *soixante francs* par chaque pièce qu'il jouera par soirée. Enfin il aura, dans le cours de cet engagement, trois représentations à bénéfice, la première en Mars 1847, la seconde en Décembre 1847 et la troisième en Octobre 1848; les conditions de ces représentations à bénéfice, données au nom de M. Lemaître, seront ainsi réglées : après le prélèvement des droits d'hospices, des droits d'auteurs, des frais extraordinaires d'affiches, voitures et de toutes dépenses en dehors des frais ordinaires, le bénéfice de la représentation sera partagé par moitié entre M. Frédérick-Lemaître d'une part et la direction de l'autre.

Le congé de quatre mois qui est accordé chaque année à M. Lemaître est ainsi réglé : le Premier en Novembre et Décembre 1846, Janvier et Février 1847; le Second en Août, Septembre, Octobre et Novembre 1847; le Troisième en Novembre et Décembre 1848, Janvier et Février 1849.

Le présent Engagement commencera le 1er Avril 1846, pour finir le 30 Septembre 1849.

Tout ce qui est ci-dessus convenu sera exécuté, sous peine d'un dédit de la somme de *cent mille francs*, lequel acceptable et payable dix jours après la signature du présent; passé lequel temps, outre le dédit, tous dépens, dommages et intérêts seraient exigibles du premier contrevenant.

Fait double à Paris, le 15 Décembre 1845.

Théod. COGNIARD.
LEMAITRE.

5. — Entre les soussignés, Moi, John Mitchell, directeur du théâtre Saint-James, d'une part,

Et moi, Frédérick-Lemaître, artiste dramatique, d'autre part, a été convenu ce qui suit :

Moi, Frédérick-Lemaître, m'engage à me rendre à Londres dans les premiers jours de Janvier prochain, pour y jouer sur le théâtre Saint-James; chacune de ces représentations sera composée d'un ouvrage choisi dans mon répertoire.

Et moi, Mitchell, m'engage à tenir prêts les ouvrages dans lesquels le sieur Lemaître devra paraître.

Le présent engagement est fait pour six semaines; la première représentation du dit sr Lemaître aura lieu le 10 Janvier prochain, et la dernière le 21 Février suivant. Le nombre de ces dites représentations sera au moins de *dix-huit*. Pendant la durée du présent traité, néanmoins, ce nombre pourra s'élever plus haut, s'il y a lieu, et d'un commun accord.

Pour chacune de ces représentations, moi, Mitchell, m'engage à compter au sr Lemaître la somme de *trente-deux livres sterling*.

Sauf les cas de force majeure, nous voulons que le présent traité reçoive son exécution pleine et entière sous peine de dommages.

Paris, ce 4 Juillet 1846.

John MITCHELL. — LEMAITRE.

6. — Entre les soussignés a été convenu ce qui suit :

D'une part,

M. Frédérick-Lemaître, artiste dramatique, demeurant à Paris, rue de Lancry, 12, libre en ce moment de tout engagement, par le présent traité s'engage à donner sur le théâtre de la Porte-Saint-Martin des représentations qui se composeront d'ouvrages pris dans son répertoire ordinaire, selon son gré, ses forces et ses prévoyances;

D'autre part,

M. Tilly s'engage à faire paraître M. Frédérick-Lemaître sur le théâtre de la Porte-Saint-Martin, dont il est directeur, dans les pièces qu'il conviendra à M. Frédérick-Lemaître de choisir, aux conditions suivantes :

M. Tilly prélèvera pour ses frais ordinaires (droits des pauvres et droits d'auteurs compris) une somme de *onze cents francs*. La somme excédant ledit chiffre sera partagée par moitié entre M. Frédérick-Lemaître et M. Tilly.

Il est bien entendu que le nombre des représentations est illimité, sauf toutefois la condition suivante : si trois représentations consécutives produisaient une somme moindre de 4.500 francs, les parties contractantes auraient mutuellement le droit de résilier le présent traité.

. . . .

Il est bien entendu que, comme par le passé, les pièces de *l'Auberge des Adrets* et de *Robert Macaire* restent la propriété exclusive de M. Frédérick-Lemaître, et que dans aucun cas ces dites pièces ne peuvent être représentées sans son concours ou son asssentiment.

M. Frédérick-Lemaître pourra à sa volonté jouer plusieurs pièces dans la même soirée.

Il est bien entendu que dans la composition des spectacles, les pièces dans lesquelles devra paraître M. Frédérick-Lemaître devront être terminées à 11 heures 1|2, de même qu'il ne commencera le spectacle que d'un commun accord.

M. Frédérick-Lemaître, à chaque représentation, aura le droit de signer six billets de deux personnes, recevables à toutes places.

Nous voulons que le présent traité reçoive son exécution pleine et entière, sous peine d'un dédit de *quinze mille francs*, payable par le premier contrevenant.

Fait en double et de bonne foi.

Paris, ce 7 Janvier 1849.

TILLY.

FRÉDÉRICK-LEMAITRE.

7. — Entre M. Charles Fournier, Directeur du Théâtre de la Porte-Saint-Martin, demeurant à Paris, boulevard Saint-Martin, 14, d'une part,

Et M. Antoine-Louis-Prosper Lemaître, dit Frédérick, artiste dramatique, demeurant à Paris, rue de Lancry, 12, d'autre part,

A été fait ce qui suit :

Le Directeur engage par le présent traité M. Frédérick-Lemaître, pour jouer sur le Théâtre de la Porte-Saint-Martin ou sur tout autre théâtre en cas de fermeture temporaire de celui-ci, les principaux rôles de drames jugés convenables au physique et au talent de M. Lemaître.

(Clauses comme à l'engagement n° 2)

Moyennant les clauses ci-dessus, fidèlement exécutées, il sera payé pour appointements fixes à M. Frédérick-Lemaître la somme de *mille francs* par mois, payable le premier de chaque mois. Plus, à titre de feux, la somme de *cent francs* par chaque représentation qu'il jouera. L'administration garantit au sieur Lemaître *quinze feux par mois*, sans préjudice du surplus.

L'administration ne pourra jamais exiger que M. Frédérick-Lemaître joue plus de *vingt-cinq fois* par mois.

Le sieur Lemaître jouira d'un congé de huit mois pendant le courant du présent engagement; ces mois seront ainsi répartis : Juin, Juillet, Août et Septembre en 1850, et les mêmes mois en 1851. Pendant ces mois de congé, le sieur Lemaître n'aura aucun droit aux feux assurés, et ne touchera que ses appointements fixes de *mille francs*.

Le présent engagement commencera le 1er Décembre prochain pour finir le 30 Avril 1851.

Tout ce qui est ci-dessus convenu sera exécuté sous peine d'un dédit de *cinquante mille francs*, payable par le premier contrevenant.

Il est convenu que M. Frédérick-Lemaître ne rentrera que dans une pièce nouvelle.

Fait double entre nous de bonne foi.

Paris, ce 17 Novembre 1849.

Ch. FOURNIER,
LEMAITRE.

8. — *A M. L.-Henry Lecomte — Paris.*

Paris, 3 Février 1887.

Monsieur,

Je vous remercie de l'envoi de votre journal contenant une lettre de ma mère, lettre qu'il eût été intéressant de publier dans sa *Correspondance*.

En réponse à ce que vous me demandez au sujet d'une lettre de Frédérick à Mme Sand, relative à la lecture de *Nello* aux Variétés, je puis vous renseigner mieux que personne.

Ma mère était à Nohant et m'avait chargé de présenter le dit *Nello*, drame en trois actes, qui avait été joué deux fois sur le petit théâtre de Nohant les 4 et 16 octobre 1851. Je l'avais porté à Frédérick, que ma mère ne connaissait pas intimement. Il s'était épris du rôle et obtint une lecture au théâtre des Variétés; mais la pièce était trop sérieuse pour le public de ce théâtre, et je fus chargé par ma mère de la retirer (le 22 septembre 1852).

Elle fut présentée, reçue et jouée à l'Odéon, le 15 septembre 1855, sous le nom de *Maître Favilla*.

Agréez, Monsieur, l'expression de mes sentiments très-distingués.

Maurice SAND.

9. — Entre les soussignés :

Moi, Marc Fournier, directeur privilégié du théâtre de la Porte-Saint-Martin, demeurant à Paris, boulevard Saint-Martin, 14,

Et moi, Frédérick-Lemaître, artiste dramatique, demeu-à Paris, rue de Lancry, 16,

A été convenu ce qui suit :

Moi, Fournier, par le présent traité, engage le sieur Frédérick-Lemaître aux conditions suivantes :

Art. 1er. — Le sieur Lemaître se tiendra à la disposition du théâtre de la Porte-Saint-Martin à dater du 15 de ce mois jusqu'au 30 Juin suivant, pour y répéter et jouer une pièce nouvelle de MM. D'Ennery et Dumanoir, intitulée *le Muet, ou...*

Art. 2. — Moi, Fournier, m'engage à payer au sieur Lemaître la somme de *cinquante francs* par jour, à dater du 15 courant, et la somme de *trois cents francs* chaque fois qu'il jouera. Il est entendu que les cinquante francs cesseront d'être comptés au sieur Lemaître à dater de la première représentation de la pièce nouvelle.

Art. 3. — Moi, Fournier, assure au sieur Lemaître le nombre de vingt feux de trois cents francs chaque par mois, à dater du 1er Mai jusqu'au 30 Juin.

Art. 4. — Je fournirai au sieur Lemaître tous les costumes et accessoires nécessaires à son rôle.

Art. 5. — M. Frédérick-Lemaître aura, comme par le passé, son ancienne loge, chauffée par un feu de bois et éclairée à l'huile par quatre quinquets.

Art. 6. — Le sieur Lemaître, chaque fois qu'il jouera, pourra signer *trois billets de deux places* chaque, recevables à toutes places.

Art. 7. — Si la pièce nouvelle atteint sa 99e représentation, cette dite représentation sera donnée au bénéfice du sieur Lemaître, aux conditions suivantes : Entre la direction et le sieur Lemaître partage brut de la recette et frais en commun, tels que droits d'auteurs, de pauvres, d'affiches, de garde et tous autres frais extrordinaires.

Art. 8. — Le sieur Lemaître prend l'engagement de ne faire usage de sa profession sur aucun théâtre de Paris, sauf trois représentations, dont l'une au bénéfice de Mlle Clarisse, qu'il doit donner dans le courant de mars ou avril sur les théâtres des Variétés et de la Gaîté.

. . . .

Art 12. — Il est entendu que la direction ne pourra forcer le sieur Lemaître à jouer plus de vingt-cinq fois par mois.

Art. 13. — La direction aura la faculté de prolonger le présent traité jusqu'à la fin de Juillet ou à la fin d'Août, aux mêmes conditions, mais en prévenant le sieur Lemaître un mois à l'avance.

Art. 14. — Dans le cas de retraite du sieur Fournier, le présent traité continuera à recevoir son exécution avec le cessionnaire ou les cessionnaires de ce premier.

Art. 15. — Tout ce qui est ci-dessus convenu sera exécuté dans son ensemble sous peine d'un dédit de *vingt-cinq mille francs*, payable par le premier contrevenant.

Fait double entre nous et de bonne foi.

Paris, ce 5 Février 1853.

Marc Fournier et Cie.
Lemaitre.

10. — Entre les soussignés,

1o M. Hippolyte Hostein, Directeur privilégié du Théâtre de la Gaîté, y demeurant, d'une part,

Et M. Frédérick-Lemaître, artiste Dramatique, demeurant à Paris, rue de Lancry, 16, d'autre part,

A été fait et convenu ce qui suit :

Art. 1. — Moi, Frédérick-Lemaître, m'engage à me mettre à la disposition du sr Hostein à dater du premier février prochain, (et même dès avant cette époque, pourvu que j'en sois prévenu quinze jours à l'avance), pour répéter et jouer sur le Théâtre de la Gaîté, 1o le rôle du duc de Guise dans *Henri III*, drame en cinq actes de M. Alexandre Dumas, et 2o celui du *Sonneur* dans *le Sonneur de Saint-Paul*, drame en 5 actes de M. Bouchardy.

Art. 2. — L'administration de la Gaîté fournira à M. Frédérick-Lemaître les costumes et accessoires nécessaires aux susdits rôles.

Art. 3. — M. Frédérick-Lemaître s'habillera dans le petit appartement situé à l'entrée de la scène, dans le bâtiment voisin du Théâtre des Folies-Dramatiques.

Art. 4. — Moi, Hostein, je m'engage à payer au sieur Frédérick-Lemaître, à titre de traitement à forfait, une somme de *trois cents francs* par chaque fois qu'il jouera.

Il est garanti à M. Frédérick-Lemaître un minimum de quinze représentations par chacun des mois dont se composera le présent traité.

Art. 5. — Le présent traité est fait pour trois mois qui commenceront le premier Février prochain, sauf la clause d'anticipation prévue en l'art. 1.

Art. 6. — A l'expiration des trois mois ci-dessus, c'est-à-dire à la fin d'Avril prochain, le présent engagement pourra être prorogé d'un mois, aux mêmes conditions, à la volonté de M. Hostein, pourvu qu'il ait prévenu M. Frédérick-Lemaître quinze jours à l'avance.

Art. 7. — En cas de maladie ou d'indisposition de M. Frédérick-Lemaître qui l'empêcherait de jouer, M. Frédérick-Lemaître n'aura droit à aucune rétribution. Si la maladie durait plus de huit jours, le présent traité pourrait être annulé.

Art. 8. — M. Frédérick-Lemaître s'engage à jouer vingt-cinq fois par mois, et plus, d'un commun accord. Les jours de repos de M. Frédérick-Lemaître sont fixés spécialement aux Dimanches.

Art. 9. — Le présent traité aura même force et valeur envers celui qui prendrait la Direction à la place de M. Hostein, pour quelque cause que ce soit.

Art. 10. — En cas d'inexécution de tout ou partie des présents, le dédit à payer par le contrevenant sera de *vingt-cinq mille francs*.

Fait double à Paris, le 1er Décembre 1855.

HOSTEIN.
LEMAITRE.

11. Paris, le 14 Mars 1864.

Mon cher Frédérick,

J'apprends par M. Plouvier que vous joueriez volontiers le rôle de l'amiral dans son drame du *Comte de Saulles* que je vais mettre en répétition de suite.

Je ne change rien aux conditions que nous avions posées pour la pièce de M. Paul Meurice, savoir : 15 répétitions gratuites, à partir de la seizième, 50 francs par jour, et, pendant les représentations, dix pour cent de la recette brute.

La lecture aux artistes ayant lieu lundi, veuillez me répondre sans retard et croire aux bons sentiments de votre vieux camarade,

De CHILLY.

12. — Entre les soussignés,

M. Marc Fournier, agissant comme directeur-gérant de la Société Marc Fournier et Cie, d'une part,

Et M. Frédérick-Lemaître, artiste dramatique, demeurant à Paris, rue de Vendôme, d'autre part,

Il a été convenu ce qui suit :

Art. 1er. — M. Frédérick-Lemaître s'engage à se mettre à la disposition de M. Marc Fournier pour répéter, sur le théâtre de la Porte-Saint-Martin, le rôle principal dans un drame de feu Paulin Deslandes, intitulé *le Père Gachette*.

Art. 2. — Pendant le cours des répétitions du dit drame jusqu'au jour de la première représentation, il sera alloué à M. Frédérick-Lemaître un traitement de *quinze cents francs* par mois, soit un cachet quotidien de *cinquante francs* payable tous les dix jours.

. . . .

Art. 4. — A partir de la première représentation du *Père Gachette*, l'administration allouera un traitement de *dix pour cent* sur la recette brute à M. Frédérick-Lemaître, lequel restera en possession du dit rôle pendant tout le cours des dites représentations; néanmoins M. Marc Fournier se réserve le droit de suspendre les représentations du Père Gachette au cas où, pendant six jours, la moyenne des recettes se serait maintenue au-dessous de 2.800 francs.

Art. 5. — L'administration fournira à M. Frédérick-Lemaître tous les costumes et accessoires nécessaires à son rôle.

Art. 6. — La direction accorde à M. Frédérick-Lemaître un billet de deux personnes chaque soir, recevable à toutes places.

Art. 7. — M. Frédérick-Lemaître s'engage à ne pas interrompre les représentations, sauf le cas de force majeure, tel que maladie, indisposition constatée par les médecins du théâtre.

Art. 8. — Dans le cas où une indisposition de M. Frédérick-Lemaître durerait plus de trois jours, l'administration aurait le droit de le faire remplacer par tel artiste qui lui plairait.

Art. 9. — Si la maladie de M. Frédérick-Lemaître durait plus de huit jours, le présent traité serait frappé de nullité.

Art. 10. — Le présent traité commencera un mois après l'avis officiel qui en aura été donné par M. Marc Fournier à M. Frédérick-Lemaître; cependant si cet avis n'avait pas encore été donné le 1er Décembre prochain, M. Frédérick-Lemaître aurait seul le droit de résilier le présent engagement.

Art. 11. — *Le Père Gachette* ne pourra être mis en répétition ou être lu aux acteurs sans le secours de M. Frédérick-Lemaître.

Art. 12. — Le présent traité sera exécuté dans toute sa teneur sous peine d'un dédit de *trente mille francs*, payable par le premier contrevenant.

Fait double et de bonne foi à Paris, le 2 Août 1866.

Marc Fournier et Cie.
Frédérick-Lemaitre.

13. — Entre les soussignés :

Moi, Moreau-Sainti, directeur du Théâtre des Folies-Dramatiques, agissant tant en mon nom personnel que comme directeur de la Société du dit théâtre, d'une part,

Et moi, Frédérick-Lemaître, artiste dramatique, demeurant à Paris, rue Béranger, 10, d'autre part,

A été convenu ce qui suit.

Art. 1er. — Moi, Frédérick-Lemaître, m'engage à me mettre à la disposition de la direction du théâtre des Folies-Dramatiques, pour y répéter le rôle principal d'un drame en cinq actes et huit tableaux de feu Paulin Deslandes, intitulé *le Père Gachette*.

Art. 2. — La dite pièce ayant déjà été répétée au théâtre de la Porte-Saint-Martin, M. Frédérick-Lemaître dirigera de nouveau sa mise en scène, comme représentant l'auteur ou les auteurs, et cela avec le concours de l'administration qui s'engage à donner tous ses soins à cette mise en scène.

Art. 3. — La Direction s'engage à taxer le prix de ses places de manière à pouvoir atteindre le chiffre de 3.000 à 3.500 francs de recette par soirée (clause de rigueur).

Art. 4. — La Direction s'interdit le droit de donner des places ou billets, autres que ceux des auteurs et ceux réputés de service.

Les art. 5 à 14 reproduisent les clauses du traité précédent.

Art. 15. — A dater du jour de la lecture aux auteurs, la Direction payera à M. Frédérick-Lemaître la somme de *quarante francs* par jour, à titre de jeton. Cette somme lui sera comptée tous les dix jours, soit *quatre cents francs*.

Art. 16. — A dater du jour de la première représentation de M. Frédérick-Lemaitre, il cessera d'avoir droit à la susdite indemnité. Dans le cas d'une indisposition qui durerait plus de deux jours, M. Frédérick-Lemaître cesserait de même d'avoir droit au jeton de quarante francs.

Art. 17. — Les représentations de M. Frédérick-Lemaître auront lieu aux conditions suivantes : il lui sera alloué une somme de *cent cinquante francs*, à titre d'appointements fixes, pour chacune de ces représentations. Lorsque le montant de la recette dépassera la somme de *seize cents francs*, l'excédant de cette somme sera partagé chaque soir, par moitié égale, entre MM. Moreau-Sainti et Frédérick-Lemaître, et ce sans que ce dernier cesse de recevoir ses *cent cinquante francs* quotidiens ci-dessus mentionnés.

Art. 18. — Les représentations de M. Frédérick-Lemaître devront s'arrêter lorsque sept représentations consécutives auront produit une somme au-dessous de celle de *neuf mille francs*. Néanmoins, elles pourront continuer d'un commun accord.

Art. 19. — Le présent traité recevra son exécution pleine et entière, dans ses détails et son ensemble, sous peine d'un dédit de *vingt mille francs* payable par le premier contrevenant.

Fait double entre nous et de bonne foi, à Paris, ce 16 Avril 1867.

MOREAU-SAINTI et Cie.
FRÉDÉRICK-LEMAITRE.

14. — Entre les soussignés,

1° M. Billion, directeur du théâtre de l'Ambigu-Comique, d'une part,

2° M. Frédérick-Lemaître, artiste dramatique, demeurant à Paris, boulevard Magenta, 37, d'autre part,

Il a été convenu et arrêté ce qui suit :

M. Billion engage par le présent M. Frédérick-Lemaître qui accepte pour répéter et jouer le rôle principal dans un drame nouveau en cinq actes reçu au théâtre de l'Ambigu-Comique et intitulé *le Portier du n° 15*, et cela aux conditions suivantes :

M. Frédérick-Lemaître s'engage à faire trente jours de

répétitions dudit ouvrage gratuitement, à partir du jour de la lecture qui devra avoir lieu le 1er Mars au plus tard.

Si le travail de la mise en scène ou tout autre cause que ce soit exigeait plus de trente jours de répétitions, alors M. Frédérick-Lemaître aurait droit pour chacune de celles en plus à laquelle il assistera à un feu de *quarante francs.*

A partir du jour de la première représentation de l'ouvrage dont s'agit, M. Frédérick-Lemaître recevra pour tous appointements et pour chacune de celles dans laquelle il jouera un feu de *deux cents francs*, payable chaque soir pendant les trente premières représentations.

Ces trente premières représentations sont assurées à M. Frédérick-Lemaître, sauf le cas de force majeure.

A partir de la trente et unième représentation, il ne sera plus alloué à M. Frédérick-Lemaître qu'un feu de *cent cinquante francs*, toujours pour chacune de celles dans laquelle il jouera.

M. Frédérick-Lemaître devra jouer sans interruption jusqu'à la fin des représentations de la pièce.

Il va sans dire que le nom de M. Frédérick-Lemaître sera placé en tête d'affiche sur bande blanche et ces caractères exceptionnels.

M. Frédérick-Lemaître, à dater de la lecture de la pièce, prendra possession de la loge dans laquelle il a l'habitude de s'habiller, et en jouira pendant toutes ses répétitions et ses représentations.

M. Frédérick-Lemaître aura droit à deux billets de deux places chacun (stalles d'orchestre ou premières galeries) pour chacune de ses représentations, les dimanches et fêtes excepté.

Le tout sous un dédit fixé à la somme de *vingt mille francs*, payable par celle des parties qui provoquerait la rupture du présent par l'inexécution de l'une des clauses ci-dessus stipulées.

Fait double et de bonne fois à Paris, ce 20 Février 1872.

BILLION.

FRÉDÉRICK-LEMAITRE.

TABLE

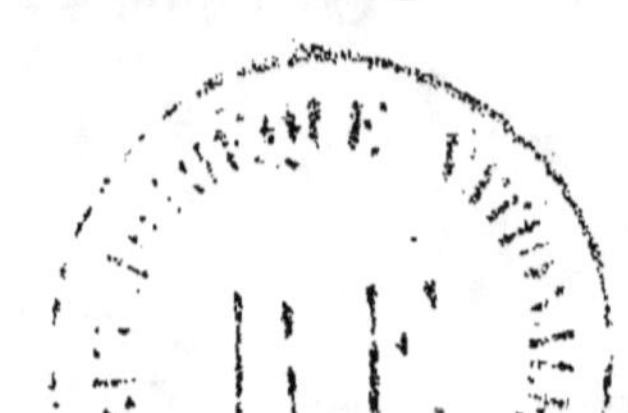

Imprimé par

J.-M. DEMOULE

A Cluny (Saône-&-Loire)

DU MÊME AUTEUR

POUR PARAITRE SUCCESSIVEMENT

EN PRÉPARATION

ALBUM FRÉDÉRICK-LEMAITRE

Collection de 30 eaux-fortes représentant le comédien dans ses principaux rôles

A cette collection seront annexés divers renseignements biographiques et bibliographiques, récapitulation de tous les rôles joués par Frédérick Lemaître, liste complète de tous ses portraits, charges et scènes où il figure, nomenclature de toutes les publications où il est spécialement ou incidemment parlé de lui, etc.

UNE ACTRICE AU XIXe SIÈCLE

VIRGINIE DÉJAZET

Étude biographique et critique d'après des documents inédits

[illegible]

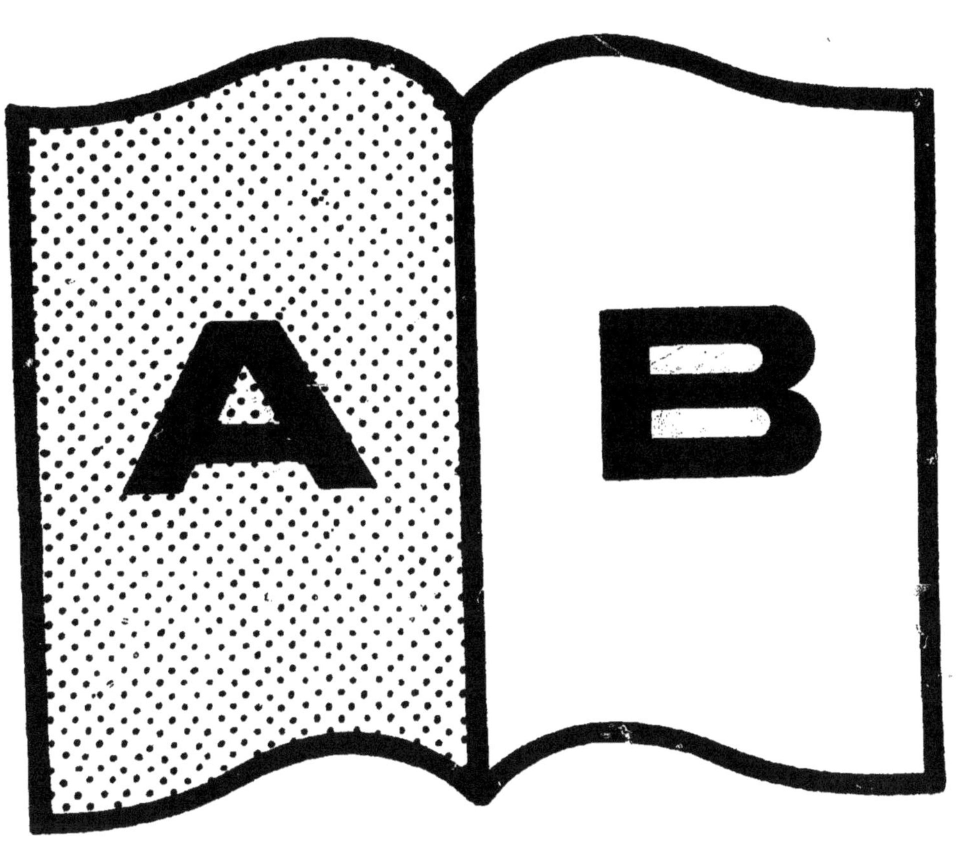
A
B

www.ingramcontent.com/pod-product-compliance
Lightning Source LLC
LaVergne TN
LVHW020607110826
845149LV00002B/395

* 9 7 8 2 0 1 2 7 7 9 5 7 0 *